CW01654933

《3～6岁儿童学习与发展指南》解读

幸福新童年编写组 编

旅游教育出版社 首都师范大学出版社
CAPITAL NORMAL UNIVERSITY PRESS

总策划：刘　权　舒　达
策　　划：潘丽杰
责任编辑：康庆苗

图书在版编目（CIP）数据

《3~6岁儿童学习与发展指南》解读/幸福新童年编写组编.
—北京：旅游教育出版社，2012.11
ISBN 978-7-5637-2409-3

I.①3… Ⅱ.①幸… Ⅲ.①学前教育—指南 Ⅳ.①G61-62

中国版本图书馆CIP数据核字（2012）第108328号

suì ér tóngxué xí yǔ fāzhǎnzhǐnán jiě dú
《3~6岁儿童学习与发展指南》解读
幸福新童年编写组　编

出版单位	旅游教育出版社
地　　址	北京市朝阳区定福庄南里1号
邮　　编	100024
发行电话	（010）65767163　65761253（传真）
本社网址	www.tepcb.com
E-mail	tepfx@163.com
印刷单位	北京甜水彩色印刷有限公司
经销单位	新华书店
开　　本	710×1000　1/16
印　　张	18
字　　数	281千
版　　次	2012年11月第1版
印　　次	2012年11月第2次印刷
定　　价	40.00元

（图书如有装订差错请与发行部联系）

出版说明

为深入贯彻《国家中长期教育改革和发展规划纲要（2010—2020年）》和《国务院关于当前发展学前教育的若干意见》（国发[2010]41号），指导幼儿园和家庭实施科学的保育和教育，促进幼儿身心全面和谐发展，教育部制定了《3～6岁儿童学习与发展指南》（以下简称《指南》）。

《指南》作为国家指导性文件，从健康、语言、社会、科学、艺术五个领域描述了幼儿学习与发展中最基本、最重要的目标和教育建议。这一条一条的目标与教育建议，幼儿园园长、教师如何用它来指导幼儿园的教育实践？这是摆在他们面前的难题。

本书恰恰解决了困扰我国幼儿园园长、教师的实践难题，填补了《指南》颁布后我国幼教界如何在实践中贯彻落实《指南》精神这一领域的空白。本书以《指南》划分的五大领域为经线，以各领域目标、教育建议在实践中的应用为纬线，详细、具体地为幼儿园园长、教师解读了《指南》包含的全部内容。

为了编写本书，我们特成立了幸福新童年编写组。本编写组集结了众多综合大学、师范大学、师范学院、幼儿园园长、幼儿园教师等一大批理论与实践方面的专家、学者。多数编写组成员具有幼儿教育领域的中、高级职称，理论基础雄厚、实践经验丰富。本书具体执笔人为：王立娟（第一章），刘晓倩（第二章），宫学芳、孟庆艳（第三章），李娟（第四章），赵娟（第五章）。在此，我们对参与幸福新童年编写组的所有专家、学者及本书的具体执笔人一并表示感谢，并恳请读者给予指正。

旅游教育出版社

2012年11月

代 序

教育部学前教育专家指导委员会负责人就《3~6岁儿童学习与发展指南》答记者问

10月9日，教育部印发了《3~6岁儿童学习与发展指南》（以下简称《指南》）。日前，记者就有关问题采访了教育部学前教育专家指导委员会负责人。

问：近日，教育部印发了《指南》，请您谈谈制定《指南》的背景和意义。

答：人生百年，立于幼学。学龄前阶段是人生最重要的启蒙时期，科学的学前教育对人的后继学习和终身发展具有不可替代的重要作用。

教育规划纲要确定了到2020年基本普及学前教育的发展目标，国务院印发了《关于当前发展学前教育的若干意见》（以下简称学前教育“国十条”），出台了一系列加快发展学前教育的重大举措，各地以县为单位实施学前教育三年行动计划，学前教育改革发展取得了前所未有的历史性成就。

在学前教育跨越式发展的历史新阶段，研究制定《指南》，是贯彻落实教育规划纲要和学前教育“国十条”的重要举措。教育规划纲要明确提出：遵循幼儿身心发展规律，坚持科学保教方法，保障幼儿快乐健康成长。学前教育“国十条”明确要求“国家颁布幼儿学习与发展指南”。《指南》的印发对于有效转变公众的教育观念，提高广大幼儿园教师的专业素质和家长的科学育儿能力，防止和克服“小学化”倾向，全面提高学前教育质量具有重要意义。

问：据了解，《指南》的研制工作经历了几年的时间，能否请您介绍一下《指南》的研制过程？

答：《指南》的研制工作主要经历了四个阶段：

一是文献研究。从2006年起，我国参与联合国儿童基金会“遍及全球”项目，与40个发展中国家同步启动研发工作。借助这一国际交流平台，专家组分析比较了美、英、德、法等13个国家早期儿童学习与发展指南（标准）的文本结构和内容框架，并先后多次邀请国际知名专家来华交流。同时，认真总结了有关国内经验，对改革开放以来我国有关儿童发展方面的研究成果和实践经验进行了全面梳理。

二是效度检验。专家组利用两年的时间对《指南》初稿进行了严格的内容效度和年龄效度检验。内容效度检验广泛征求了100多位学前教育、儿童心理领域专家及120名有实践经验的幼儿园园长、教师和家长的意见，目的是检验《指南》的内容是否能够全面、准确地反映3～6岁儿童学习与发展的主要方面。年龄效度检验先后在全国东中西部抽取6个省（区），30个县（区）的4、5、6足岁幼儿各1 200名，共3 600名幼儿及其家长作为测查对象，目的是确定《指南》中各年龄段目标的难易程度是否恰当。

三是三次集中征求意见。先后两次面向各省（区、市）教育行政部门和有关师范院校征求意见。今年5月~6月，在教育部门户网站上面向社会公开征求意见，各大媒体在第一时间进行了报道，连续多日展开广泛讨论，百度搜索以《指南》为词条的查询量在上网一周内达到4 010万次，社会各界反响强烈。教育部收到邮件和书面反馈意见200余份，整体上看，《指南》得到社会各界的广泛认可和高度肯定，普遍认为《指南》的针对性、时效性、操作性强，不仅对提高幼儿园教师的专业素质，也对转变广大家长的教育观念，提高科学育儿能力，引导舆论宣传提供了权威性的指导资料。

四是学前教育专家指导委员会审议。今年7月，教育部学前教育专家指导委员会成立并召开第一次全体会议，对《指南》进行了审议，一致认为《指南》内容科学准确、系统全面，针对幼儿园教育和家庭教育中存在的问题和误区的有关建议，有较强的前瞻性、指向性和可操作性。

问：请您介绍一下《指南》的基本框架。

答：《指南》从五个领域描述幼儿学习与发展，分别是：健康、语言、社会、科学、艺术。每个领域按照幼儿学习与发展最基本、最重要的内容划分为若干方面。每个方面分为两个部分。一是学习与发展目标，分别对3～4岁、4～5岁、5～6岁三个年龄段末期幼儿应该知道什么、能做什么，大致可以达到什么发展水平提出了合理期望，共32个目标。二是教育建议，根据幼儿的学习与发展目标，针对当前学前教育普遍存在的困惑和误区，列举了一些能够有效帮助和促进幼儿学习与发展的教育途径与方法，同时也指出了错误做法对幼儿终身发展的危害，为广大家长和幼儿园教师提供了具体、可操作的指导，共87条教育建议。

问：《指南》在面向社会公开征求意见时，很多家长非常关注语言领域和科学领域，请您简要介绍这两个领域的主要内容。

答：语言领域从倾听与表达、阅读与书写准备两个方面，提出6个目标。强调语言领域重点在于培养幼儿的口语交流能力，培养幼儿的阅读兴趣、习惯以及初步的阅读理解能力。在教育建议方面，强调要积极为幼儿提供与同伴和成人交流的机会，提供丰富、适宜的低幼读物，经常和幼儿一起看图书、讲故事；强调要在生活情境和阅读活动中萌发幼儿对文字的兴趣，反对通过机械记忆和强化训练过早识字。

科学领域从科学探究和数学认知两个方面，提出6个目标。强调幼儿的科学学习应注重激发幼儿的探究兴趣，体验探究过程，培养初步的探究能力；幼儿的数学学习应注重在生活和游戏中感知数学的有用和有趣，初步理解数量关系、形状与空间关系，培养初步的逻辑思维能力。在教育建议方面，强调成人要善于发现和保护幼儿的好奇心、求知欲，注重探究过程，引导幼儿通过观察、比较、操作、实验等方法，学习发现问题、分析问题和解决问题。反对提前学习小学教育内容，反对强化训练某些知识和技能。

问：请您概括介绍一下其他三个领域着重强调了哪些方面。

答：健康领域从幼儿身心状况、动作发展、生活习惯与生活能力三个方面，着重强调了三点：一是幼儿积极、健康的身心状况不仅是身体健康，也包括心理健康；二是身体动作和手的精细动作发展；三是具有良好的生活与卫生习惯、基本的生活自理能力和自我保护能力。建议要为幼儿提供合理均衡的营养、充足的睡眠、适宜的锻炼和有规律的生活，让幼儿充分感受到亲情和关爱，保持愉快的情绪，形成安全感和信赖感。反对成人过度保护和包办代替，养成幼儿过于依赖的不良习惯。

社会领域从人际交往和社会适应两个方面，着重强调了三点：一是培养幼儿的交往愿望与交往能力；二是学习自尊、自主和自信；三是关心和尊重他人，逐步适应群体生活，遵守基本的行为规范。建议要为幼儿创设温暖、关爱和平等的家庭和集体生活氛围，建立良好的亲子关系、同伴关系和师生关系。强调幼儿的社会性在日常生活和游戏中通过观察和模仿潜移默化地发展起来的，成人的榜样作用至关重要。

艺术领域从感受与欣赏、表现与创造两个方面，强调让幼儿学会发现和感受自然界与生活中美的事物，让幼儿欣赏多种艺术形式和作品，萌发对美的感受和体验；鼓励和支持幼儿自发的艺术表现和创造，培养初步的艺术表现能力与创造能力。在教育建议方面，着重强调要在日常生活中萌发幼儿对美的感受和体验；要充分理解和尊重幼儿的艺术想象、表现和创造，不用成人的审美标准去评判幼儿，不追求技能训练。

问：请您介绍一下《指南》突出强调了哪些教育理念？

答：《指南》既适用于幼儿园教师，也适用于广大家长，操作性和实用性都很强，着重强调了以下几个方面的教育理念：

1.幼儿是积极主动的学习者。促进幼儿学习与发展最重要的是要为幼儿创造机会和条件，注重激发和保护幼儿的求知欲和学习兴趣，调动幼儿学习的积极性和主动性，鼓励、支持和引导幼儿去主动探究和学习。

2.珍惜童年生活的独特价值。要充分认识生活和游戏对幼儿成长的教育价值，把握蕴含其中的教育契机，让幼儿在一日生活中，在与同伴和成人的交往中感知体验、分享合作、享受快乐。

3.尊重幼儿的学习方式和学习特点。要最大限度地满足和支持幼儿通过直接感知、实际操作和亲身体验获取经验的需要，严禁

“拔苗助长”式的超前教育和强化训练。

4.尊重幼儿发展的个体差异。幼儿的学习方式和发展速度各有不同，在不同学习与发展领域的表现也存在明显差异。孩子年龄越小，个体差异就越明显。成人不应要求孩子在统一的时间达到相同的水平，应允许幼儿按照自身的速度和方式到达《指南》所呈现的发展“阶梯”，不用一把“尺子”衡量所有幼儿。

5.重视家园共育。强调要重视家庭教育对幼儿终身学习和发展的重要影响，倡导建立良好的亲子关系，创设平等、温馨的家庭环境，注重家长对孩子言传身教和潜移默化的影响。只有家长和幼儿园共同努力，才能有效地促进幼儿身心健康成长，否则就会事倍功半。

问：《指南》对幼儿的学习与发展提出了非常具体的目标和教育建议，教师和家长在运用《指南》时需要注意什么？

答：考虑到幼儿发展的速度和在各领域的表现存在明显的个体差异，学习和运用《指南》时，最重要的是融会贯通地理解《指南》所倡导的理念，用正确的态度和行为去关心幼儿、观察幼儿、理解幼儿、尊重幼儿，遵循幼儿的成长规律和年龄特点，为幼儿成长创设宽松、适宜的条件和环境，因势利导，因材施教。运用《指南》时要特别注意几点：

1.《指南》提供的幼儿学习与发展目标和典型表现是家长和教师观察了解幼儿的参照，但不是评价和衡量幼儿发展快与慢、好与差的“标尺”，不能简单地对照指标评判幼儿，更不能将《指南》作为分领域训练的“清单”，为追求“达标”而对幼儿进行强化训练。

2.《指南》有助于帮助家长和教师根据每个幼儿的特点，确定适合其身心状况的合理发展目标，但《指南》中的各学习与发展目标不能简单、直接地用作幼儿园的具体教育活动目标和活动内容，应该根据幼儿的兴趣和需要，制定有针对性的活动目标，选择活动内容，提供丰富、适宜的玩教具和游戏材料，并善于把握蕴含其中的教育契机，促进每个幼儿在原有水平上的发展。

3.要从促进幼儿全面发展的角度，理解和运用《指南》各领域的目标及要求，注重各领域之间和目标之间的相互渗透和整合，促进幼儿身心健康协调发展，绝不能片面强调和追求幼儿在某一方面和几个方面的发展。

问：《指南》面向社会公开征求意见时，得到广大家长的广泛关注和充分肯定，也有少数家长认为目前小学择校和禁而不止的入学考试将影响《指南》的实施，担心孩子会输在起跑线上。您怎么看这个问题？

答：《指南》指明了幼儿学习和发展的基本方向，为正本清源，防止和克服“小学化”现象提供了具体方法和建议。不可回避的是，小学择校现象和入学考试问题屡禁不止，一定会影响到《指南》的实施和贯彻落实，最终牺牲的还是幼儿的童年快乐和身心健康。解决这些问题的有效办法，一是各级教育行政部门要加快推进义务教育均衡发展，同时加大整治力度，要严格执行义务教育招生政策，规范小学招生程序，依法坚持就近免试入学制度，坚决取缔围绕小学招生开展的各种形式的考核、面试、测试等选拔性考试，铲除学前教育“小学化”的土壤。二是要积极探索幼儿园和小学的双向衔接，幼儿园要科学、合理地帮助幼儿做好入学准备，重点做好语言表达、初步逻辑思维等学习适应能力的准备，以及主动性、规则意识和遵守规则的能力、任务意识和执行任务的能力等社会适应能力的准备。严禁幼儿园提前学习小学的教育内容。小学要重点做好入学后的过渡和适应教育，有针对性地缩小两个阶段在环境、课程、班集体和人际关系方面的差异，减缓学习的坡度和难度。严禁小学一年级以任何理由压缩课程或加快课程进度。三是广大家长要切实转变观念，一方面要进一步增强自身的教育责任，提高育儿信心和能力，重视和珍惜与孩子沟通、交流、分享快乐的重要性，多花些时间了解孩子、陪伴孩子；另一方面，要自觉抵制各种违反幼儿身心发展规律的提前学习和强化训练活动，还孩子们一个快乐的童年生活。

目 录

第一章　健康

第一节　引言

教育家陶行知先生认为：健康是生活的出发点，也就是教育的出发点。婴幼儿期是人生的初始阶段，这一时期健康的发展状况，将对幼儿一生产生重要影响。幼儿的健康教育是根据幼儿身心发展特点，提高健康认识，改善健康态度，培养健康行为，保持和促进健康的教育活动。（顾荣芳，2004）它是幼儿整体教育体系中一个重要的组成部分。

《指南》首先强调了健康教育对于幼儿的重要性，认为幼儿阶段是儿童身心发展非常迅速且十分重要的时期，健康教育能够增强幼儿体质，使其保持愉快的情绪，养成良好的生活习惯和基本的生活能力，并为其他领域的深入学习和发展奠定基础。其次，《指南》还从幼儿身心发展的内外部环境的视角，指出成人应如何有效促进幼儿身心健康发展。最后，《指南》进一步指出，尽管幼儿身心发展尚未成熟，需要成人的悉心呵护，但是这种保护不应过度，否则将会影响幼儿主动性和独立性的发展。

对于3～6岁幼儿来说，什么样的身心发展状况是健康的？不同年龄阶段应该达到何种水平？成人在幼儿健康教育方面应该注意什么，能够提供哪些教育建议呢？《指南》针对这些大家非常关心的问题，阐述了明确具体的目标、指标与教育建议，以此反映了国家对3～6岁幼儿教育发展的合理期望。《指南》对各年龄段幼儿健康教育与发展提出了具体要求，作为幼儿教育者，应该根据《指南》的要求，为幼儿设定适宜的教育活动目标、选择适合幼儿学习的内容、评估和反思教育活动的效果，同时应注意幼儿的差异性，因材施教，并有针对性地改善健康教育活动，从而提高教育的有效性。

《指南》对幼儿发展水平目标的界定更加详细规范，体现了幼儿发展水平层层递进的特点及不同年龄阶段幼儿能力发展的差异，为幼儿教育工作者根据幼儿年龄特点制订教学计划，提供更好的参考价值。《指南》中的教育建议，并不只限于幼儿某一方面的发展，一种活动经常具有多种功能，幼儿教育工作者可以以此作为参考，设计和拓展健康教育活动，把健康教育的目标融入到幼儿的日常生活和教育活动之中。

本章的主要内容包括以下几个方面：

1. 研究背景介绍。简述幼儿的身心健康、动作发展与生活习惯和生活能力方面相关研究成果和主流的理论，指出各项能力培养的发展历程、发展趋势及教育的最新动向。

2. 发展目标解读。对《指南》中各年龄段幼儿的身心健康、动作发展与生活习惯和生活能力方面的能力发展与培养指标进行分析，突出说明不同年龄阶段幼儿身心健康、动作发展与生活习惯和生活能力方面的差异，解释依年龄阶段来设定不同标准的原因。

3. 教育建议解析。对《指南》中列举的教育建议进行简要解释，使读者明确活动目标，设计活动时更有针对性，避免进入活动设计的误区。

4. 课程与区角活动设计建议。根据幼儿园课程设置和区角活动的共同教育目标，说明各子领域的课程设置如何与区角活动更好地联系在一起。

5. 能力评价问题分析。说明各年龄段的子领域能力发展的一般评价方法，帮助读者有效理解相关问题，能够较科学全面地对3～6岁幼儿的身心健康、动作发展与生活习惯和生活能力进行测评。

第二节　身心状况

幼儿身心发展具有非常明显的规律性，而我们需要做的就是，严格按照幼儿身心发展规律培养，既要注意循序渐进，不能依照成人思维，妄图一蹴而就，揠苗助长，同时又要适时出手，决不能过于放任“自然”，以免耽误幼儿身心健康成长的好时机。

一、幼儿身心状况发展与培养的研究背景

新中国成立以后，为了统一领导全国的幼教工作，我国首次在初等教育司下设幼儿教育处。1951年《关于改革学制的决定》规定了幼儿教育机构的名称——幼儿园，后颁布了《幼儿园暂行教学纲要》。《幼儿园暂行教学纲要》（以下简称《教学纲要》）培养目标为：培养幼儿基本卫生习惯、语言和智力、爱国思想。此纲要并未提及健康，主要是培养幼儿基本的卫生习惯，注意其营养，锻炼其体格，保证幼儿身体的正常发育和健康。以幼儿基本卫生习惯代替健康，对幼儿的心理及良好行为习惯方面并未涉及，显然存在着一定的局限性。

1958 年，我国进入第二个五年计划时期，中共第八届全国人民代表大会上通过了“鼓足干劲，力争上游，多快好省地建设社会主义”的总路线，继而又发动了大跃进运动和农村人民公社化运

动，使得高标准、瞎指挥、浮夸风和“共产风”为标志的“左”倾错误泛滥。在幼儿教育方面，主要表现在硬件设施上的大飞跃和以寄宿制为主的办园方针，而幼儿的身心教育并未获得实质性的发展。

20世纪60年代初，我国国民经济出现严重困难，国家和人民遭受了重大损失，盲目发展起来的幼儿园也纷纷解散，这种大起大落的变化对幼儿的身心发展带来了很大的负面影响。“文革”十年中，偏颇的文化政策对幼儿教育亦产生了很大的破坏作用。这个时期主要有两次比较大的批判，一次是对《幼儿园工作指南（初稿）》的批判，一次是对现代儿童教育家陈鹤琴等人的批判。这两次批判都混淆了政治和学术的界限，严重挫伤和打击了知识分子尤其是教育界人士的积极性，影响了高等学校幼儿教育系的教学和教材建设，在健康教育领域，不注重幼儿身心发展的规律和特点，导致幼儿教育政治化、过早成人化。

改革开放之后，我国的政治经济文化都得到了拨乱反正。1981年，教育部颁发《幼儿园教育纲要》（试行草案）以下简称《教育纲要》，它将1951年的《教学纲要》改为《教育纲要》，是从关注教学到关注人的变化，体现了幼儿园根据幼儿年龄特点办园的思想，突出其主要工作是“教育”幼儿而不仅仅是“教学”过程。《教育纲要》还吸取了很多国内外幼儿生理学、心理学理论的研究成果，特别是将幼儿大脑研究成果，作为文件第一部分，使幼儿身心教育的科学依据更加鲜明。《教育纲要》强调幼儿身心教育应通过游戏、体育和日常生活等教育手段完成，这对于教育者注意防止幼儿教育小学化和成人化，主动争取社会和家庭的支持，以大教育观增强幼儿园教育有非常积极的效应。

1996年，《幼儿园工作规程》以下简称《规程》发布。《规程》规定了幼儿园的性质和任务，还具体规定了幼儿园保育和教育的主要目标、幼儿园教育工作的原则等，这对于加强幼儿园内部的科学管理，提高保育和教育质量都起着重要作用，并在第三章幼儿园的卫生保健中要求幼儿园必须切实做好幼儿生理和心理卫生保健工作，这体现了时代的新需要和新世纪对人才的需求。

2001年，教育部颁布的《幼儿园教育指导纲要（试行）》（以下简称《纲要》）明确指出:“幼儿园必须把保护幼儿的生命和促进幼儿健康放在工作的首位”，提出的幼儿健康领域教育目标、内容、方法和评价更加儿童化，更加科学化，为我国幼儿健康教育发展指明了方向。

21世纪以来，幼儿健康教育领域发生了一个空前的变化，那就是渗透、融合理念对幼儿健康教育的影响。首先，幼儿健康教育的渗透、融合理念认为，幼儿健康教育是生活教育，应当在盥洗、进餐、睡眠、锻炼、游戏等日常生活的每一环节渗透健康教育。幼儿园不仅要依靠健康教学活动，而且要重视创设健康的物质和心理生活环境，譬如，园内自来水龙头旁的洗手图示、就餐时播放的轻音乐，和谐的班级氛围、平等鼓励的师幼关系和互帮互助的家园关系等。其次，幼儿健康教育需要各领域教育的融合。幼儿园各领域的内容是有机联系、相互渗透的。幼儿健康的价值和幼儿成长的特点决定了幼儿园在进行任何领域的教育时都必须将维护和促进幼儿的健康放在首位，故健康领域与其他领域的融合是最必要的。如果幼儿教师真正持有健康第一的教育观念，那么健康领域与其他领域的融合也是最本质的。譬如，在画画、看图书时提醒孩子坐姿端正、握笔正确、手眼保持一定距离等。

从以上梳理可以看出，当前幼儿健康教育的内容有所拓展，不仅注重幼儿的身体健康，同时也关注幼儿的心理及良好行为习惯的养成。幼儿健康教育是一项系统工程，幼儿园教师应改变传统的幼儿健康教育观念，根据幼儿自身发展的特点和规律，将幼儿健康教育放在第一位，科学地将其融入到幼儿园的一日活动之中。

二、幼儿身心状况发展与培养的标准与内容

3～6岁幼儿身心状况发展处于很活跃的阶段，较婴儿期与外界接触的机会日益增多，但是生长速度较婴儿期缓慢了很多。而近年来，幼儿教育中揠苗助长的现象正日趋严重，这种违背幼儿教育规律的做法深深地伤害着可爱的孩子，实在令人担忧。其主要表现是不顾幼儿的年龄特点，忽视幼儿身心承受能力，不注重幼儿综合素质的培养，而是过于强调向幼儿“灌输”知识。其实从幼儿的情绪、适应能力来看，3～6岁幼儿的情绪逐渐稳定，能够较快地适应新环境了。因此，《指南》从“具有健康的体态”“情绪安定愉快”及“具有一定的适应能力”三个方面详细阐述了幼儿在各个具体年龄段所应该具有的身心状况与发展水平。

（一）具有健康的体态

健康的躯体是幼儿心理健康和形成健全人格的生理基础。幼儿躯体的健康同先天的条件有关，然而后天的保护和锻炼亦十分重要。

《指南》指出：健康包括身体和心理两个方面，是一种在身体上和精神上的完满状态及良好的适应能力。幼儿阶段是儿童身体发育和机能发展极为迅速的时期，也是形成安全感和乐观态度的重要阶段。发育良好的身体、愉快的情绪、强健的体质、协调的动作、良好的生活习惯和基本生活能力是幼儿身心健康的重要标志，也是其他领域学习与发展的基础。

◆3～4岁幼儿的发展指标

1. 身高和体重适宜。

3岁以后，孩子进入医学上所谓的幼儿期，发育趋于缓慢。在

这个时期，孩子体格发育方面的特点主要是增长比较稳定。但是这种增长并不是完全直线上升的，一般不同的孩子，都会出现不同的几个快速生长期。从外表上来看，孩子活动量增大，体力消耗增加，孩子就显得消瘦、细长些。

《指南》确定了3～4岁幼儿的身高与体重的参考标准：

男孩的参考标准为：身高94.9～111.7厘米，体重12.7～21.2公斤；

女孩的参考标准为：身高94.1～111.3厘米，体重12.3～21.5公斤。

应该说，这个参考标准是人民物质生活大发展之后幼儿成长的一个新标准。在这个标准的衡量下，现代幼儿的身高与体重就有了一个参考值，教师们可以根据这个标准适时对幼儿进行成长发育判断，从而使孩子成长的数据变得更客观、真实。

2. 在提醒下能自然坐直、站直。

3岁之后，幼儿的行为意识日渐完善，脊椎、腿、胳膊日渐变得有力气，平衡性也有了进一步提高。但是，3～4岁的幼儿整个身体还比较柔软，很多孩子走路仍然有些晃，平衡性不强，当走到不平稳的路面时，仍然有摔倒的危险。同时，有些幼儿可能还没有养成良好的站直、坐直的习惯，因此，当教师发现有些孩子坐和站的姿势经常不正确的时候，就应该适时地给予纠正，从而使孩子尽早形成正确的坐、站的好习惯。

◆4～5岁幼儿的发展指标

1. 身高和体重适宜。

4～5岁的幼儿比起3～4岁的幼儿，身高增长得比较明显，而体重变化则不是很大。这是因为幼儿的发育进入了相对缓慢的时期，而不像3岁以前那样成长得快。

《指南》确定的4~5岁幼儿身高与体重成长的参考标准为：

男孩身高100.7~119.2厘米，体重14.1~24.2公斤；

女孩身高99.9~118.9厘米，体重13.7~24.9公斤。

比较3~4岁的幼儿，4~5岁幼儿的身高增长了5~7厘米，而体重大约增加了2公斤。他们的脂肪会进一步下降，肌肉组织将进一步增强。

2. 在提醒下能保持正确的站、坐和行走姿势。

4~5岁幼儿的骨骼进一步发育，孩子的肌肉开始变得更有力量。4~5岁的幼儿比起3~4岁的幼儿的站、坐行为更加稳重与持续。同时，幼儿的节奏感变得日渐增强，平衡性亦日渐改善，很多幼儿能保持正确的站、坐和行走姿势。然而，4~5岁幼儿的骨骼仍然是弹性大、硬度小，容易变形，有很多孩子，尤其是男孩仍不能长时间保持正确的姿势。所以，在4~5岁幼儿的指标中，《指南》依然把目标定为在提醒下能保持正确的站、坐和行走姿势，可以说是兼顾了绝大多数孩子。成人需要不断地提醒、纠正孩子的错误姿势，以防止幼儿骨骼变形。

◆5~6岁幼儿的发展指标

1. 身高和体重适宜。

5~6岁幼儿依然处于平稳增长期，身高增长约5~7厘米，而体重增加大约2公斤。

《指南》给出的参考标准为：

男孩身高106.1~125.8厘米，体重15.9~27.1公斤；

女孩身高104.9~125.4厘米，体重15.3~27.8公斤。

从数据来看，小女孩身高体重的合理范围更宽一些。教师可以更多地从肉眼来判断孩子的身高体重比，对体型偏瘦或偏胖的孩子应给予关注，还可以对身高体重比值比较大的孩子进行食物营养的调整。

2. 经常保持正确的站、坐和行走姿势。

到了5岁，幼儿的身体日渐强壮，肌肉日渐发展，骨骼也日渐完善。这个时候，孩子的日常行为习惯渐渐形成，基本上所有的孩子能够经常自觉的站直、坐直，行走姿势亦形成。即使在不是很平整的路面上，孩子也能很好的保持平衡，一般来说不会跌倒。孩子的身体行为基本上可以称之为一个“小大人”了。

（二）情绪安定愉快

幼儿时期的心理状况直接影响幼儿一生的健康成长。以往对幼儿健康的理解往往偏重于身体好等健康方面，而忽略了幼儿心理健康。《指南》将心理健康作为一个重要标准纳入到健康标准中来，为幼儿心理健康教育指明了发展方向。因为情绪稳定愉快是孩子心理健康的一个重要表现。

◆3～4岁幼儿的发展指标

1. 情绪比较稳定，很少因一点小事哭闹不止。

一般而言，1～3岁的孩子的情绪还非常不稳定，经常会因为环境的枯燥与环境的变化而哭闹，很难保持长时间的稳定。甚至有些孩子和其他孩子玩的时候，动不动就会哭或者打闹。而到了3～4岁，孩子的情绪变得比较稳定，不会再因为一些小事号啕大哭。但是教师应该注意有些较内向的孩子，他们比较安静，从表面上来看，不吵不闹，其实他们的内心是非常敏感的，教师应该有意地多去关注这些孩子，保护他们敏感脆弱的心，让他们保持愉悦的情绪，以促进他们健康成长。

2. 有比较强烈的情绪反应时，能在成人的安抚下逐渐平静下来。

当然，3～4岁幼儿的情绪仍然是一个过渡时期，他们的自我控制能力还不明显，仍不能控制自己的情感冲动，因此生气和遇到挫折时仍会哭泣、踢打和尖叫。这个时候，教师千万不能把他们看成是成人，去呵斥他们或者对其进行惩罚，而是需要对他们进行安抚。3～4岁幼儿的一个非常重要的心理特征就是，当他情绪反应激烈的时候，成人的安抚能够使他们很快安定下来，而不再像1～2岁的孩子那样很难哄下来。

成人在3～4岁幼儿情绪的调解过程中起着重要作用，教师要帮助3～4岁幼儿初步学会用语言或表情等表达自己的情绪。例如，幼儿在入园的时候，情绪不好，教师应该关注这个幼儿，并鼓励他："怎么了，愿不愿意告诉老师"。或是教师看到幼儿入园特别高兴，就询问"什么事情让你这么高兴，让我们一起分享好吗？"（李姗泽，2008）教师除了教会孩子们合理地表达自己的情绪外，也要帮助他们合理地宣泄自己的不良情绪，比如向知心的人倾诉或是转移注意力等。

◆4～5岁幼儿的发展指标

1. 经常保持愉快的情绪，不高兴时能较快缓解。

比起3～4岁的幼儿，4～5岁的幼儿会经常保持愉快的心情，因为随着认知和语言系统、神经系统的发展，幼儿的自我情绪体验和自我控制能力开始出现。此阶段幼儿的情绪主要表现为外来刺激引发的情绪冲动逐渐减少，稳定性逐渐增强。另外，幼儿的心中充满了对生活与未来的新奇感，心中的渴望亦以一种愉快的状态表现出来。当然，偶尔由于环境的枯燥，幼儿也会产生不高兴的情绪，但这时的幼儿能自觉地通过寻找快乐的事情来缓解不愉快的情绪。他们对自己情绪的控制也逐渐由被动变为主动。在成人的教育与在幼儿园集体活动及生活规范的约束下，4～5岁的幼儿开始有了自觉的调节情绪的意识。

2. 有比较强烈情绪反应时，能在成人提醒下逐渐平静下来。

4～5岁幼儿对特别感兴趣的事和物仍然会出现情绪"失控"

的现象，他们会本能地有情绪的反应，甚至是强烈的反应。这个时候，教师仍然需要对幼儿予以安慰并加以提醒。因为4~5岁的幼儿已具有了移情能力，能将自己置身于他人处境，设身处地地为他人着想，当教师在说明事情的原委、帮助他们分析问题以后，他们的情绪会逐渐平静下来。

3. 愿意把自己的情绪告诉亲近的人，一起分享快乐或求得安慰。

4~5岁幼儿比较明显的长进就是比1~3岁的孩子的语言进步快，他们学会了更多地表达情绪的词语，比如高兴、难受、生气、恨、喜欢、害怕、讨厌等，他们经常利用这些情绪词语描述自己和别人的情绪体验。另外，4~5岁幼儿情绪的内隐性逐渐增强，即当自己不高兴的时候不会立即表达出来，可能会隐藏在心里，如果没有找到倾诉的对象，他们可能会一直隐藏在心中。比如幼儿遇到不顺心的事情，他们更喜欢告诉亲近的人、信任的人，所以他们能够在当时控制掩饰自己的情感，等见到亲人以后才会表达他们的情绪。通过这种情绪的表达方式他们以期得到对方的回应与分享，并进而得到他们的安慰。所以教师应该成为幼儿的朋友，成为他们信任的人，只有这样幼儿才会将自己的情绪倾诉出来，教师才能够及时了解幼儿心理的发展，并有针对性地给予干预和指导。

◆5~6岁幼儿的发展指标

1. 经常保持愉快的情绪。知道引起自己某种情绪的原因，并努力缓解。

5~6岁幼儿心智发展得更为成熟，情绪也更加稳定，能长时间保持愉快的心情。偶尔有小事情惹到了他，他也会产生一些负面情绪，甚至动怒。但是，在动怒的同时，他会努力分析产生负面情绪的原因，并扪心自问："这样的小事情是否值得生气呢？"从而能主动缓解这些负面情绪。

2. 表达情绪的方式比较适度，不乱发脾气。

受现代家庭教育与传统文化的熏陶，5～6岁幼儿开始变得日渐成熟起来，他们不再像小时候那样任性或是恣意妄为，会因为很小的事情而号啕大哭，而是变得比较“中和”。在面对使自己不愉快或太兴奋的事情时，他们表达情绪的方式不再那样偏激了，不再随便乱发脾气了，而是做得比较适度。

3.能随着活动的需要转换情绪和注意。

比起4～5岁的幼儿，5～6岁幼儿的感情更加丰富。他们开始更加了解他们所生活的世界，而且能根据具体环境的变化来使用不同的情绪。比如在一个热闹的酒会之中，幼儿也会因为大人的兴奋而兴奋，变得异常高兴，语言也是热烈的。从酒会中出来，回到家里，如果看到爷爷正在安静地读报，幼儿会变得安静下来，开始学着爷爷阅读他的小画册，可见4～5岁幼儿转换情绪和注意的能力增强了。

（三）具有一定的适应能力

5~6岁时，幼儿脑的结构发展得已经比较成熟了，这就意味着可以开始系统地学习知识了。这一阶段，大脑皮质的兴奋和抑制过程都有所增强，但抑制机能还比较差。大脑兴奋机能的增强表现在觉醒的时间延长，睡眠的时间相对减少，条件反射建立的速度加快。抑制机能的增强表现在已经能较好地用言语控制自己的行动，对事情的分辨也更加准确。

◆3～4岁幼儿的发展指标

1. 能在较热或较冷的户外环境中活动。

对于1～2岁的孩子，由于娇嫩的皮肤与敏感的感官器官，他们还不能自由穿梭于变化较大的环境之中，若是出入于温度变化较大的环境，很容易患感冒或其他疾病。而到了3～4岁，他们对外部环境的适应能力进一步增强，若是有小伙伴，他们能在较热或较冷的环境中自由玩耍，环境的变化对他们影响就会变得越来越小。但注意不要较长时间待在过热或过冷的环境之中，以免幼儿患上疾病。当然，在变换环境时，成人还是要注意给幼儿添加或减少衣服。有时候成人大意，看到孩子玩得高兴，并没有感觉什么不合适，但是，当孩子回来后，很可能会流鼻涕甚至感冒。

2. 换新环境时情绪能较快稳定，睡眠、饮食基本正常。

3～4岁幼儿的睡眠时间大约为14个小时，一般晚上睡12小时，白天睡2小时。这个阶段，若是换了新环境，比如搬入新居，幼儿的适应能力变得比较强，在新环境下能很快地安定下来，并喜欢上这个新环境，睡眠与饮食习惯不会发生很大变化。而1～2岁的宝宝往往因为环境的变化而患上各种疾病，也因为环境的变化使睡眠与饮食出现波动。

3. 在帮助下能较快适应集体生活。

3岁多，幼儿大多都开始上幼儿园了，这个时候，很多家长非常焦急，“他还没有学会穿鞋子呢！”“他还不会脱裤子，那拉便便撒尿怎么办？”“到幼儿园老是哭怎么办？”很是担心幼儿对新的集体环境的适应能力。其实，家长们完全没有必要这么担心。现在幼儿园都有一个亲子班的过程，在正式入园之前，孩子已经能很好地跟教师相处，教师已经作为孩子生活中的一员而出现，甚至有些幼儿跟教师的关系比父母还亲近。而且，从心理发展的角度来看，3~4岁的幼儿已经有了较强的适应能力，再说，“人毕竟是群居的动物”，小孩子也一样，园里还有很多小朋友，只要家长和幼儿园教师共同努力，为孩子创造一个温馨的环境，他们就能够较快地适应这个大家庭。

◆4～5岁幼儿的发展指标

1. 能在较热或较冷的户外环境中连续活动半小时左右。

由于大肌肉群的发展，4～5岁幼儿会“不知疲倦”地从事各种活动。如：自如地走、跑、跳；单脚跳跃，甚至跃过低矮的障碍物；跑上跑下楼梯，熟练地攀登；抛掷各种物体；他们还能在音乐的伴奏下，节奏明快、动作整齐地跳舞，并能按照一定的规则参加体育竞赛。这个时候，幼儿能自由地在较热或较冷的户外环境中连续活动半小时，甚至能耐住一定的低温与高温，通过运动御寒或通过运动出汗降温。

2. 换新环境时较少出现身体不适。

随着抵抗力、免疫力的不断增强，4～5岁幼儿适应环境的能力越来越强，这个时候，教师就不要过分担心孩子因外界环境变化而生病了。一般来说，要不是水土非常的不同，孩子很少出现身体不适的状况。当然，教师也不要过分放纵孩子的行为，若是遇到天气的剧烈变化，还是要随时给孩子增加或减少衣服。

3. 能较快适应人际环境中发生的变化。如换了新老师能较快适应。

由于已经上了至少一个学年的幼儿园了，幼儿对幼儿园的环境已经相当熟悉，甚至会对老师产生一种依赖心理。因此，很多人认为这个时候最好不要给幼儿换新老师。这个担心是必要的，毕竟长时间建立起来的感情对幼儿的情绪稳定有很重要的作用。但同时，我们也要认识到，这个时候，幼儿的适应能力已经非常强了，若是因为工作调动，换了新老师，他们也能较快地调整角色，很快适应新老师的风格与特色。

◆5～6岁幼儿的发展指标

1. 能在较热或较冷的户外环境中连续活动半小时以上。

5～6岁的幼儿处于很活跃的阶段，他们的体质进一步增强，免疫能力也大大增强。随着抵抗能力的增强，他们也越来越喜欢外部的环境了。大多数幼儿能在较冷或较热的户外环境中连续活动半小时以上，并且丝毫不觉得外部环境的不适。

2. 天气变化时较少感冒，能适应车、船等交通工具造成的轻微颠簸。

5～6岁的幼儿，随着身体的快速发育，肌肉群的日渐出现，运动能力的逐渐提高，免疫能力也增强了，因此当天气发生较大变化时，他们很少出现感冒等疾病。而且，随着骨骼与肌肉群的发展，幼儿对于颠簸的环境亦表现出一定的耐受性，如坐车时行驶于不甚平坦的路面时，或者在有微浪的水面行船时，他们不会出现非常不适应的状况。

3. 能较快融入新的人际关系环境。如换了新的幼儿园或班级能较快适应。

幼儿日渐适应了小班、中班的生活，当到了大班之时，他们对外部环境的适应能力会越来越强，心理也会越来越成熟。5～6岁的幼儿能很快融入到一个新的人际环境中，开始寻找自己的话语权与志同道合的好朋友，使自己成为其中的一分子。他们已经懂得了一些普遍的处事原则，比如，对别人有礼貌就会得到别人的认可和喜欢等，所以即使当幼儿更换新的幼儿园或班级之时，他们也能较快适应新环境，并会努力做好自己，与新的小朋友与老师打成一片。

三、幼儿身心状况发展与培养的教育建议

为有效促进幼儿身心健康发展，成人应为幼儿提供合理均衡的营养，保证充足的睡眠和适宜的锻炼，满足幼儿生长发育的需要；创设温馨的人际环境，让幼儿充分感受到亲情和关爱，形成积极稳定的情绪情感。

（一）为幼儿提供营养丰富、健康的饮食

加强营养是幼儿身体成长的必备条件。幼儿的生长发育离不开营养，而且生长发育速度越快，所需营养也越多。

首先，我们应为幼儿提供谷物、蔬菜、水果、肉、奶、蛋、豆制品等多样化的食物，均衡搭配。优质蛋白质如鱼、鸡、兔、瘦肉、豆制品能为孩子提供身体发育所必需的营养，新鲜蔬菜、水果含丰富的维生素，对调整身体各器官的功能有重要作用。而且食物的多样化对于促进食欲、增强孩子的消化吸收能力也很有帮助。烹调方式要科学，尽量少煎炸、烧烤、腌制。鼓励幼儿多喝白开水，少喝饮料。

其次，要为幼儿提供相当数量的粗粮、杂粮。可常食用的粗杂粮有玉米、小米、糯米、绿豆、黄豆等。粗粮、杂粮能给人体补充矿物质，保证微量元素的供应，如铁、锌、锰、铜、钙、磷等，其中还包括纤维素和各种维生素，以及具有特殊结构的有机化合物，如芳香物质、氨基酸等。

再次，要适时为幼儿提供合理的维生素C。维生素C在人体内的作用是提高脑神经的灵敏程度，使脑对刺激的反应灵活，还能提高免疫力和抗病能力。补充维生素C最好是多让孩子吃些含维生素C的蔬菜和水果，如柑橘、苹果、西红柿、大枣等。

最后，由于幼儿需要的钙量远远超过成人，所以我们还要适时为孩子补钙。含钙丰富的食物有芝麻、黄花菜、牛奶、萝卜、胡萝卜、海带、芥菜、田螺、虾皮等。但是要提醒家长的是不能让孩子多吃糖、碳酸饮料、巧克力、糕点等，因为这些食物里面含有较多的磷酸盐，会阻碍钙在体内的代谢。冬天时，由于幼儿户外活动减少，日照较少，还需要给幼儿补充一定数量的维生素D，从而促进钙的吸收。

同时，我们还要注意孩子的饮食搭配和饮食习惯，防止孩子肥胖。肥胖是指体内热量摄入大于消耗，脂肪在体内积聚过多，导致体重超常的病症。随着人们生活水平的不断提高，肥胖儿童越来越多。儿童肥胖症已日益成为影响人类健康的一种全球性流行病。对于年龄很小，或刚刚发生轻中度肥胖的幼儿可按不太严格的饮食调整方案进行治疗。这个方案的内容包括：（1）要求幼儿多食含纤维素的或非精细加工的食物。少食或不食高热量、高脂肪、体积小的食物，如油炸食物、软饮料、西式快餐、甜食、奶油制品等；（2）食物切小块，进食速度减慢，小口进食；（3）吃饭时间不要过长，吃饭时可用适当方式分散其对食物的注意力。

（二）保证幼儿睡眠

幼儿的身高虽然受先天遗传因素的影响，但后天因素也不容忽视，如适当的营养和运动，再加上休息得当。

3～6岁的幼儿每天睡11～12小时，其中午睡一般应达到2小时左右。午睡时间可根据幼儿的年龄、季节的变化和个体差异适当减少。保证睡眠是幼儿身体健康成长的必要因素。大量的调查研究已经证实：身体发育不良或个子矮小的儿童所分泌的生长素量少于正常儿童，而相当一部分是由于夜间睡眠不足所致。鉴于此，一定要保证幼儿的睡眠。

对身高起决定作用的，主要是体内“生长素”的分泌量。生长素是脑垂体细胞所分泌的一种激素，在幼儿时期，如果生长素因病理性分泌过少，即造成“侏儒症”。生长素的分泌特点是：从幼儿时期到青春前期，在睡眠时分泌旺盛，晚上9时至次日上午9时所分泌的生长素数量是白天12个小时的3倍，特别是在晚上9时入睡后的70分钟，可出现一个分泌高峰。如果由于外界因素的制约，生长素在生理范围内产生较少，那么个子就可能长得矮些。人体生长素分泌量的多少受多种因素的影响，其中人为能控制的影响因素就是睡眠。处于生长发育旺盛期的幼儿，每天应该保证10小时以上的睡眠时间，这对孩子长高和正常发育是很有益处的。

（三）注意幼儿的体态，帮助他们形成正确的姿势

与成人的骨骼相比，幼儿的骨骼弹性大而硬度小，不易骨折但却容易发生变形，因此我们要注意幼儿的体态，一旦发现他们经常性地保持不正确姿势时，就要适时提醒他们要保持正确的站、坐、走姿势，如有骨骼发育异常的情况，应及时就医矫治。同时，我们要注意桌、椅和床要适合幼儿的身高以及发育规律。椅子的高度以幼儿写画时双脚能自然着地、大腿基本保持水平状为宜；桌子的高度以写画时身体能坐直，不驼背、不耸肩为宜；床不宜铺过多东西，以致过软，这对于孩子的成长来说都是不适宜的。

（四）经常参加体育锻炼

世界卫生组织对儿童发育统计资料表明：春季是幼儿身体发育生长最快的时期。这是因为继寒冬的休眠和春的复苏之后，自然万物都在春暖花开、艳阳高照中进入了生长发育的高峰。人类，尤其是对幼儿也有同样的效应，因为骨骼的生长与光照时间有密切的关系。光中的红外线具有渗透物体和加热的作用，温热可以深达身体内部，使深度组织的血管扩张，尤其能促进骨膜血管的扩张和加快血液循环，骨细胞得到更多营养物质供应，骨骼生长发育就会更快更好。户外体育锻炼也是有助孩子长高的重要因素之一。通过跑、跳、蹦等动作对骨骼进行机械刺激，可加强骨骼的增殖能力，从而使骨骼的生长发育加快，但要注意不可过于疲劳。

四、幼儿身心状况发展与培养课程与区角活动的关系

3~6岁的幼儿，脂肪会进一步下降，肌肉组织将进一步强化，

这会使孩子具有更加强健和成熟的外观，幼儿的上下肢更加苗条，上身狭窄成锥形。他们每天精力都非常充沛，活动量很大，这个年龄段的幼儿需要通过感觉、知觉以及各种操作活动来探索周围世界，建立对周围环境的认识和概念。促进幼儿身心健康发展的课程主要包括两个方面：一个是促进幼儿身心发展的集体教学活动，一个是促进幼儿身心发展的区角活动。

（一）促进幼儿身心状况发展的集体教学活动

幼儿园在集体教学的过程中，要充分考虑到幼儿的身心发展规律，设置并开发促进幼儿身心健康发展的课程内容。下面介绍两种集体教学活动。

1. 课间操

课间操是全面锻炼幼儿身体的各个部位，培养正确身体姿态的一种易行的集体教学活动，通过课间操可以锻炼幼儿的小肌群、关节和韧带，以及发展协调、柔韧等素质。幼儿正处在长身体、长知识，大脑发育还不完全的阶段，学习效率有一定的界限，超过了界限就会产生头晕，注意力不集中等现象。如果按课间操的要领认真地做，用力地做，使肢体的活动量加大，加强支配运动中枢神经细胞的兴奋程度，还会使大脑思维中枢神经细胞休息得更好，这样，再学习时，效率会更高一些。

此外，课间操还能加快心脏的搏动，加深呼吸，促进血液循环，加快体内新陈代谢过程，从而使在前两节课中积累的疲劳更快消除。课间操一般在上午或下午上完一、二节课后进行，时间约为20分钟左右。通过上课间操，有助于消除幼儿在学习中产生的疲劳，调节大脑皮层神经活动过程，舒畅筋络，活跃身心，缓解眼睛疲劳，并可防止身体因在室内久坐而可能产生的畸形姿态。

冬夏季节进行课间操，可以有效地提高幼儿适应变化了的环境的能力，帮助他们增强体质，从而达到少病、无病的健康状态。

2. 多种多样的集体游戏活动

游戏中欢乐、愉快、活泼的气氛，是幼儿主动性、创造精神和思考能力养成的重要环境条件。幼儿的欢乐情绪是其生长发育和健全心理形成的重要环境因素。缺乏双亲爱抚、经常挨打受骂的孩子，因缺少欢乐的环境气氛，其智力与健康水平都不佳。游戏可以给幼儿创造欢乐的氛围，并能够在幼儿脑海之中留下深刻的记忆痕迹，所以游戏是开发幼儿智力的重要手段。

教师可以开发出多种集体游戏活动，如捉迷藏、老鹰抓小鸡、追球、玩画笔等游戏，可以缓解幼儿焦躁的心情，使其保持长久的愉快感觉。这些游戏有助于培养幼儿积极向上的性格和努力达到目的的意志力，这是孩子成材极重要的心理品质。

（二）促进幼儿身心状况发展的区角活动

幼儿身体发育不完善，心理发育也未成熟，很多时候，成人会错误地理解幼儿的行为，致使一些有心理问题的幼儿和需要发泄或通过另外一种方式来表达自己情绪的幼儿的出现。集体教学不一定能完成疏导幼儿心理问题的任务，区角活动恰恰能弥补集体教学活动的这一缺点。下面我们以沙盘游戏区角的设置为例来说明一下教师如何设立适合幼儿身心状况发展的区角活动。

1. 沙盘游戏简介

在幼儿园，沙盘游戏被广泛应用于幼儿的心理教育与心理治疗。沙盘游戏通过唤起童心，帮助人们找到了回归心灵的途径，进而化解身心失调、社会适应不良、人格发展障碍等问题。尤其适合幼儿心理教育和幼儿心理辅导的需要。

投放材料：沙盘和玩具

（1）沙盘：尺寸57×72×7（厘米），外侧涂深颜色或木本色，内侧涂蓝色，以便将箱子摆放在像腰部一样高时沙内部大体可以置于视野之中。

（2）玩具：人、动物、树木、花草、各种车船、飞行物、建筑物、桥、栏杆、石头、怪兽等。

2. 沙盘游戏的操作过程

（1）指导语。比如："请用沙子和玩具，在箱子里做个什么，做什么都可以。"

（2）记录和提问。对做沙盘游戏的幼儿的解释及放玩具的顺序和最后作品都要拍照记录（需得到幼儿的同意）。

（3）分析。主要包括整合性、空间配置、主题。整合性指：对作品的整体感受及何种印象。空间配置：分析幼儿作品时的沙箱空间的左右配置、玩具的摆设状况。主题：对作品表现的主题的分析。

3. 注意事项

沙盘不仅是幼儿心理问题的一种检测工具，同时更是一种治疗的手段。沙盘的解释是一项非常专业的工作，不同的人对沙盘操作可能会有不同的解释，所以对幼儿评论不要轻易下结论，而应注重幼儿的发展性。（李姗泽，2008）

五、幼儿身心状况发展与培养的评价

正如前文所述，人们对幼儿身心状况的认识越来越深刻，并开始关注到孩子的心理健康方面。这种逐渐深刻的认识对幼儿的发展无疑有着重要意义。而把幼儿心理健康发展纳入到幼儿健康发展的内容中来，促使幼儿教育发生了翻天覆地的变化。

幼儿健康内容的发展带来了评价方法、评价工具、评价机制和评价技术的改变。因此，当代更加提倡幼儿教师运用多种评价方法和工具来评价幼儿的身心发展状况。这些方法和工具除了传统的量尺、称等定量评价方法，还应加上档案袋、谈话、游戏、观察等定性的评价方法。当然教师不能为了评价而评价，而应该以促进幼儿健康发展作为评价目标，把评价作为教学的一部分。教师可以通过幼儿园一日活动观察幼儿身心发展状况，倾听幼儿的心理诉求，关注幼儿在课堂及活动中的参与程度，或者通过敏锐捕捉幼儿的感觉来实现对幼儿身心发展状态的评价。

以当今所提倡的身心健康发展评价理念为基础，很多研究者进行了幼儿身心健康发展评价方面的研究，主要聚焦于开发幼儿身心健康评价模式、评价方法、评价工具等。幼儿身心健康发展与培养的评价最常用的方法是绝对评价，绝对评价是在被评价对象的集合之外确定一个客观的标准，将被评价对象与这个客观标准进行比较，并作出价值判断。（李姗泽，2008年）即教师通过观察幼儿的身心发展状况，对比《指南》所列的数据，从而了解幼儿身心发展的真实水平，并进而及时纠正幼儿的不良行为以及较差的身体状况。

◆通过测量幼儿身高与体重以及身高与体重比，来观察幼儿的营养程度，并进而调节幼儿的饮食。

◆设置一些问题情境，让幼儿参与到其中，从而帮助幼儿在任何环境下保持坐、站的正确姿势。

◆通过观察幼儿面色、活跃程度以及指甲颜色，了解幼儿是否得病。

◆通过观察幼儿在户外的表现，了解幼儿的体质以及幼儿的性格。

◆通过观察幼儿更换新环境的表现，了解幼儿对新环境的适应能力。

第三节 动作发展

一、幼儿动作发展与培养的研究背景

动作发展不仅是生理学研究的范畴，也是儿童心理学研究的重要课题。因为动作发展是个体身心健康发展的重要领域。一方面，幼儿的粗大动作、精细动作以及动作的平衡性与协调性直接影响到幼儿身体形态的发展。另一方面，幼儿动作的发展也能够增强幼儿的自信心，动作发展落后的幼儿耐挫能力较差，自信心和同伴关系也会受到影响。

动作的发展是幼儿活动发展的直接前提。它是神经中枢、神经、肌肉协调控制的结果。幼儿期的动作发展主要表现在两大方面：一是手部的精细动作的发展，二是全身性的身体运动（粗大性运动）的发展。幼儿粗大性动作发展得较快，而手指和手腕等小肌肉的精细化动作发展得较慢，幼儿需要较长的时间才能够学会恰当地控制自己的双手，有些幼儿直到进入小学以后才能够较好地控制和协调手的动作。而粗大性动作的发展和精细化动作的发展又都遵循着循序渐进的规律，比如，幼儿先学会走路然后才会跑跳，再如幼儿手的动作发展由无目的地乱“抓”，发展到有目的地“抓”，进一步又发展到由拇指、食指合作的“拿”。因此幼儿动作的发展有一定的进程和顺序，前一个动作的发展经常是为下一个动作的发展做准备的。

“前苏联著名生理学家巴甫洛夫认为，运动技能的形成是以高级神经活动的基本规律为基础的，根据这一高级神经活动学说原理，各种运动的活动技能都属于‘随意动作’，而条件反射生理机制又是形成随意动作的基础，随意动作只有在动作技能达到自动化程度时才能产生。然而，动作技能的形成绝非是一次或者几次就能达到熟练程度的，是要经过多次反复不断的练习逐渐日益完善。”（朱伟等，2009）由此可以发现动作的发展是有阶段性的，各个阶段又有着不同的生理、心理特征。幼儿园教师应采取符合幼儿客观实际的教法与措施，才能使教学建立在科学的基础上。

蒙台梭利认为出生到5岁是幼儿动作发展的敏感期。幼儿在2到3岁时基本上学会了走路，平衡能力和协调能力逐渐增强。在出生到5岁，幼儿经历了从翻身到爬，从爬到走，从走到跑，以及一系列的身体运动。他们逐渐会用动作来表达自己的情感。如果幼儿不能发展和提高某些运动技能，也未获得某些活动所需要的运动技巧，他们就可能因为不能顺利地参加到这些活动中而感到失望，遭到失败。当然幼儿敏感期并不意味着在以后生活中再也不能习得。但是，在这些技巧的敏感期过后再去学习这些动作技巧，就很难学会。

而且，在对动作发展的敏感期的认识上也出现了许多误区。一方面，有的家长为了更早地促使幼儿动作发展，让幼儿2、3岁学钢琴，4、5岁学跳芭蕾、拉丁这些舞蹈。其实，这一阶段幼儿身体各部分骨骼和肌肉还未发育完全，这种拔苗助长式的教育，只会给幼儿身体造成伤害。另一方面，一些成人将幼儿的动作发展简单地等同于幼儿园日常的体育教学活动，以发展幼儿的动作、增强幼儿体质为主要任务的幼儿园健康教育成为体育教学和常识教学的代名词。而实际上幼儿园体育教学活动只是幼儿健康教育的一个方面。基于渗透理念下的幼儿园健康教育所倡导的是在幼儿园的生活活动、学习活动和游戏活动中渗透健康教育活动，提高幼儿健康认知，改善幼儿健康态度，培养幼儿健康行为。

幼儿期是大量学习动作技能的最佳时期。这个时期幼儿身体柔软，容易学习，再加上他们喜欢模仿，喜欢不厌其烦地重复相同的动作，因此只要成人能积极为幼儿创造条件，他们就可以获得许多运动技能。作为教师应该把握幼儿动作发展的关键期，关注幼儿健康教育，促进其身体各部分动作协调发展。

二、幼儿动作发展与培养的标准与内容

幼儿动作发展与培养是幼儿发展的重要组成部分，《指南》从“具有一定的平衡能力，动作协调、灵敏”“具有一定的力量和耐力”“手的动作灵活协调”三个方面详细阐述了各个具体年龄段幼儿所应该具有的动作发展水平，下面我们分别详细阐述。

（一）具有一定的平衡能力，动作协调、灵敏

从蹒跚学步，到自主行走、跑、跳，幼儿身体动作发展非常快，往往不经意间，他们已经和成人一样动作协调、灵敏，平衡能力也越来越强。3～4岁幼儿对动作已经有了初步印象，但是由于大脑皮层的兴奋过程广泛扩散，内抑制、控制能力不够，容易在动作上表现出肌肉过分紧张而不协调、不准确、有多余动作等。在一些较难的动作上表现出有力不从心之感。那么在“具有一定的平衡能力，动作协调、灵敏”这方面，各个年龄段的幼儿都应该发展到何种水平呢？

◆3～4岁幼儿的发展指标

1. 能沿地面直线或在较窄的低矮物体上走一段距离。

相对于1～2岁宝宝步履蹒跚，在平坦的路面都较难走直来说，3～4岁幼儿开始能够在地面上沿着直线行走，这是幼儿平衡性、协调性进一步增强的表现，有些喜欢登梯上高的幼儿甚至能在路边的花坛的小窄边上行走。教师应该因材施教，根据幼儿不同的发展水平和性格特征有针对性地、循序渐进地施教。

2. 能双脚灵活交替上下楼梯。

3～4岁幼儿小脑的发育基本完成，所以基本上能够维持身体的平衡和保持动作的准确性。由于骨骼肌肉系统的发展，大脑控制能力的增强，加上日常生活中大量的练习所获得的技能和经验，他们已经能掌握基本的各种大动作和部分精细动作，在上下楼梯或台阶之时，可以双脚交替迈动，而不再像1～2岁那样只能慢慢踱步行走。

3. 能身体平稳地双脚连续向前跳。

3～4岁是幼儿学习动作技能的最佳时期，这个时期幼儿身体柔软，容易学习许多动作，加之他们喜欢模仿，喜欢不厌其烦地重复同一动作，不怕失败，还不怕别人嘲笑，因而只要能积极地加以指导和训练，幼儿可以获得许多动作技能。3～4岁幼儿可做向上纵跳、立定跳远的动作，并能身体平稳地双脚连续向前跳。他们还能端装水较满的水杯，手脚协调，这也表现出了3～4岁幼儿已经具有了一定的平衡能力。

4. 分散跑时能躲避他人的碰撞。

我们发现，1～2岁宝宝在走路过程中总是不管不顾向前走，丝毫不管前方是否有人或车，不懂得避让。而到了3~4岁，幼儿平衡性、协调性以及反应能力大为增强，应激能力的一个重要表现就是“分散跑时能躲避他人的碰撞”，而不再像1～2岁时只能是成人躲避他们了。

5. 能双手向上抛球。

1～2岁时，宝宝一般只能把手中的球“洒”出去，没有方向感，更不能向上抛，3～4岁的幼儿上肢的力量随着肌肉和骨骼的发展而有所增强，不仅有了一定力气，把球抛出去，而且还能用双手向上抛球了。虽然高度可能不会很高，但这已经是实现了一次质的飞跃。

◆4～5岁幼儿的发展指标

1. 能在较窄的低矮物体上平稳地走一段距离。

4~5岁幼儿神经中枢进一步发育，动作的稳定性和灵活性逐渐增强，各种感官的协调性进一步发展，较3~4岁幼儿平衡能力更强，他们能在较窄的低矮物体上平稳地行走，并能保持较长的一段距离，他们的步伐是那么协调，以至于教师可以放心地让他们行走，而不再像以前那样比幼儿本身还战战兢兢了。

2. 能以匍匐、膝盖悬空等多种方式钻爬。

幼儿平衡性、协调性进一步增强的一个重要表现是他们能够以匍匐、膝盖悬空等多种方式前行。1～2岁的宝宝只能是用双手与膝盖交替向前爬行，而到了4～5岁，幼儿的小胳膊越来越有劲，脊柱的支撑作用进一步提高，幼儿可以用双手与双脚支撑住整个身体，乃至向前钻爬了。

3. 能助跑跨跳过一定距离，或助跑跨跳过一定高度的物体。

由于筋骨肌肉的发育，孩子的跳跃能力进一步增强，他们能够实现单腿跳、双腿连续跳跃等动作。大多数孩子还能够通过助跑跳过小沙地、小水洼，也能跳过小台阶或其他矮小的物体了。

4. 能与他人玩追逐、躲闪跑的游戏。

4～5岁的幼儿能够开始参与一些比较剧烈的游戏了，如参加捉迷藏、跳皮筋、追逐或躲闪跑等游戏，他们的平衡性、协调性进一步增强，反应速度也越来越快，能够较为自由地进行跑、跳、躲闪、避让等动作。

5. 能连续自抛自接球。

由于大脑的发展，4～5岁幼儿的手、脑及各个感官的协调性与身体的平衡性进一步增强，反应速度也越来越快，其中一个重要表现是：他们不仅能够向上抛球，而且，他们还能够根据球下落的方向跑过去接到自己向上抛的球，而且能够重复这个动作，虽然并不能接到所有向上抛的球。

◆5～6岁幼儿的发展指标

1. 能在斜坡、荡桥和有一定间隔的物体上较平稳地行走。

5～6岁幼儿处于很活跃的阶段，已经能够离开成人自由地活动了，他们动作的目的性和自控能力逐渐提高。5～6岁幼儿的走路速度基本与成人相同，平衡能力明显增强，已经能较好地控制身体，运动也能够较以前更为剧烈，并且已不太容易摔跤。他们能够在斜坡、荡桥和有一定间隔的物体上较平稳地行走。最初训练幼儿在斜坡、荡桥或是有障碍物的物体上行走的时候，教师应密切关注幼儿的身体反应，看他们是否有身体重心不稳的现象，对这样的幼儿要有所记录，并通过游戏或活动等锻炼来达到提高其身体平衡和协调能力的目的。

2. 能以手脚并用的方式安全地爬攀登架、网等。

5～6岁的幼儿小肌肉群发展很快，韧性更为增强，他们除了能够在不平稳的路面上表现出非常协调、平衡的动作外，还能够手脚并用，攀爬不甚平稳的物体，如爬攀登架、网等。在攀爬过程中，幼儿的动作是协调、灵活的，丝毫没有不协调、扭扭歪歪的状态。

3. 能连续跳绳。

5～6岁幼儿的跳跃性亦进一步增强，他们习惯于连续跳动，这个时候，教师们可以用一根短绳，教幼儿单脚或双脚跳，顺跳或反跳，还有花色跳等。也可用一根长绳，由其他两个人帮助甩动，让幼儿在绳中间跳，亦可用单脚、双脚或花色脚等。教师在教授跳绳的过程中应注重激发幼儿的学习兴趣，可以利用群体活动中榜样的力量，增强同伴对幼儿的影响力。另外，要教会孩子跳绳的运动技巧，可以将连续的动作分解，比如将跳绳的动作分解为两步：让孩子先练第一步，即单个跳；再练第二步，即将两次动作连起来。当他们练好第一步以后就慢慢地能够将两次动作连起来了。

4. 能躲避他人滚过来的球或扔过来的沙包。

5～6岁幼儿的反应时间更短，中枢指挥能力更强。当有人向他们滚过来球或扔过来沙包时，他们能够非常灵巧地跳过球或躲避沙包，应激反应跟成人已无大距离。教师在这项活动训练的过程中尤其要注意幼儿的安全，最好选用较轻的塑料球等材料，并向幼儿讲明滚球和扔沙包时不能冲着人的脸等一系列安全规则，以免发生危险。

5. 能连续拍球。

5～6岁幼儿的节奏感以及对节奏感的控制能力大为增强，能够控制球的速度与距离，能够连续拍球，并控制其节奏。教师应逐步训练幼儿的拍球活动，最初幼儿可能只能拍一下，不能连起来，此时教师应注重过程，幼儿的每一次进步都应加以鼓励。随着训练次数的增多，幼儿大脑的反应能力及对各个感官的控制能力及协调能力逐渐增强，他们就可以很容易地连续拍球了。

（二）具有一定的力量和耐力

在少年儿童时期，由于心血管系统和呼吸系统尚未发育完善，较宜采用有氧耐力训练，刺激相关系统更好地发育，但负荷不宜过大。那么不同年龄阶段的幼儿在力量和耐力方面的发展指标是怎样的呢？

◆3～4岁幼儿的发展指标

1. 能双手抓杠悬空吊起10秒左右。

3～4岁幼儿骨骼弹性大，易弯曲变形；肌肉柔软，肌纤维较细，能量储备差，肌肉力量和耐力较差，但是随着幼儿骨组织不断骨化，上下肢的肌肉群发育较快，相对于3岁之前已经有了较大的进步，所以具有了一定的力量和耐力，双手的抓握能力增强，能双手抓杠悬空吊起10秒左右。

2. 能单手将沙包向前投掷2米左右。

3～4岁幼儿臂部肌肉收缩能力增强，尤其是肱二头肌，发展更是迅速，腕力亦进一步增强，其力量亦随之水涨船高，他们能单手抄起沙包，并能将沙包向前投掷2米左右。

3. 能单脚连续向前跳2米左右。

3～4岁幼儿腿部的肌肉、骨骼、关节的发展很快，这都进一步增强了他们的腿部力量，使他们能单脚连续向前跳2米左右。这个时候，教师需要注意的是，尽量锻炼幼儿两条腿，而不是只锻炼一条。比如，一些幼儿习惯用右脚或左脚单脚跳，在活动中为了显示自己，他们总是用自己习惯的一只脚单脚跳，教师此时应提醒其锻炼另一脚单脚跳的能力。

4. 能快跑15米左右。

由于腿部肌肉、骨骼、关节的进一步发展，3～4岁幼儿的耐力与爆发力变得很强，他们能够短时间爆发出力量，在较为平稳的地面上能连续快跑15米左右。教师可以设计“小狗快快跑”之类的游戏，跑道15米，跑道终点放置塑胶肉骨头，看谁最先拿到肉骨头就赢了。

5. 能行走1公里左右（途中可适当停歇）。

3～4岁幼儿耐力强的另一个重要表现是，在成人的陪伴下，他们能自由行走1公里左右。当然，由于孩子的骨骼与肌肉还不是特别发达，在行走的途中，可以适当地停歇，允许他们喝点水以及吃点东西，以补充能量。

◆4～5岁幼儿的发展指标

1. 能双手抓杠悬空吊起15秒左右。

4～5岁幼儿较之3～4岁幼儿的大肌肉发育较为迅速，动作发展明显，肌肉力量和耐力、心肌收缩能力、肺活量都有了一定提高，双手抓杠时间能够延长50%左右，达到15秒。

2. 能单手将沙包向前投掷4米左右。

4～5岁幼儿臂部肌肉收缩能力增强，肱三头肌发展更是迅速，腕力亦进一步增强，他们能将沙包向前投掷4米远了。

3. 能单脚连续向前跳5米左右。

比起3～4岁幼儿，4～5岁幼儿腿部的肌肉、骨骼、关节发展很快，他们的腿部力量进一步增强，3～4岁幼儿能单脚连续向前跳5米左右。

4. 能快跑20米左右。

由于腿部肌肉、骨骼、关节的进一步发展，4～5岁幼儿耐力与爆发力变得更强，他们能在较为平稳的地面上连续快跑20米左右。教师可以通过游戏来提高幼儿的跑步能力，如设计“大灰狼捉小兔”的游戏，游戏的程序为“大灰狼开始追捕，兔子为了自救，可以向任何一个窝里跑。这时窝里原有的兔要马上向外逃跑，大灰狼继续追，如果被大灰狼捕到的兔，两人就另换角色。”

5. 能连续行走1.5公里左右（途中可适当停歇）。

4～5岁幼儿肌肉力量和耐力较3～4岁幼儿更强，心肌收缩能力、肺活量也有了一定的提高。在成人的陪伴下，他们能自由行走1.5公里左右。这个阶段的幼儿已经适应了一定的活动量和活动时间，所以成人应鼓励幼儿在日常生活中多走路，少坐车，以保证幼儿力量和耐力的训练。

◆5～6岁幼儿的发展指标

1. 能双手抓杠悬空吊起20秒左右。

力量练习不仅能够提高幼儿肌肉的力量和耐力，而且对幼儿身体健康、损伤的预防以及运动技能的提高也大有裨益。随着5~6岁幼儿手腕及胳膊骨骼及肌肉发育的进一步完善，他们动作的稳定性和自控能力增强，双手抓杠时间变得更为持久，能达到20秒左右。

2. 能单手将沙包向前投掷5米左右。

5～6岁幼儿臂部肌肉收缩能力增强，筋骨发展更是迅速，腕力进一步增强，能将沙包向前投掷5米左右。

3. 能单脚连续向前跳8米左右。

5～6岁幼儿腿部的肌肉、骨骼、关节的发展很快，腿部力量进一步增强，5～6岁幼儿能单脚连续向前跳8米左右。

4. 能快跑25米左右。

由于腿部肌肉、骨骼、关节的进一步发展，5～6岁幼儿耐力与爆发力变得很强，他们能够在较为平稳的地面上能连续快跑25米左右。此阶段的幼儿的平衡力和协调力增强，教师可以和幼儿玩“老鹰捉小鸡”的游戏，以锻炼孩子快跑的能力。

5. 能连续行走1.5公里以上（途中可适当停歇）。

5～6岁幼儿的体力和耐力较4～5岁时有所提高，活动量和活动时间进一步增强，能连续行走1.5公里以上，而不感觉疲倦。但幼儿神经系统兴奋与抑制仍然不平衡，兴奋占优势，容易扩散，所以表现为活泼好动，长时间单调乏味的活动，易使幼儿疲劳且失去兴趣，所以成人在与孩子锻炼行走的时候，一方面要鼓励幼儿坚持下来，不怕累；另一方面在行走的过程中可以休息调整，或是加入一些跑跳的游戏，增强趣味性。

（三）手的动作灵活协调

幼儿的小肌肉群，如手指和腕部的肌肉群较之大肌肉群发育较晚。所以幼儿的精细化动作较之大动作发展得较晚。3～6岁幼儿腕骨、指骨和掌骨的骨化还没有完成，腕部的力量不足，手的精细化工作还比较困难，不宜长时间作业。

◆3～4岁幼儿的发展指标

1. 能用笔涂涂画画。

3～4岁幼儿的手部能够完成一些简单的动作，动手能力开始增强，能用蜡笔、铅笔或是油画棒等笔涂涂画画。他们大多可以画流畅的直线，能控制住腕部肌肉画短线，大多小朋友能绕线圈，但终点不封闭，也有的小朋友开始能画封闭的圆。3～4岁幼儿在涂涂画画时并没有目标，可能在画的过程中看到什么或是联想到什么就会告诉成人那是什么，教师在指导的时候要尽量关注幼儿涂画过程中动作的愉悦性，任幼儿发挥想象，千万不要说“画得一点也不像”之类的话，以免扼杀幼儿涂画的兴趣和想象力。

2. 能熟练地用勺子吃饭。

3岁以前，很多孩子已经开始自己试着吃饭，但总是把饭掉得到处都是，甚至吃得满脸都是。而3～4岁的幼儿开始日渐娴熟，能熟练地用勺子自己吃饭。他们小小的心灵有了很大的主动性，饭前饭后总是努力发挥自己的主动性：淘米、端碗、拿筷子、拿干粮、洗碗。而在吃饭时，很多孩子不再让成人喂，而是开始自己吃饭了。

3. 能用剪刀沿直线剪，边线基本吻合。

对3～4岁的幼儿，走、跑、跳、跃、攀、爬已难不住他们，而细致的手工活动仍十分困难，如按图形轮廓剪波浪会剪成狗齿状，对照细小的实物画下来肯定会大而走形，不过他们和3岁之前的幼儿相比，已有了较大的提高，开始能够用剪刀沿直线剪，而剪出来的纸的边线基本吻合。

◆4～5岁幼儿的发展指标

1. 能沿边线较直地画出简单图形，或能边线基本对齐地折纸。

4～5岁幼儿手上的肌肉日渐发展，他们的小手日渐有力而稳定。他们开始能够沿着边线画出简单的图形，如三角形、四边形等等，他们还能沿着边线整齐地对折纸张。

2. 会用筷子吃饭。

4～5岁幼儿应该学会用筷子吃饭。用筷子吃饭可以锻炼幼儿肩部、胳膊、手掌、手指等30多个大小关节和50多条肌肉的能力，这对正处于精细动作发育中的幼儿来说，不失为最好的锻炼方法。学用筷子对4～5岁的幼儿来说，并不是一件非常容易的事情。幼儿要用专门小儿用的筷子，短而轻，容易掌握。成人可以手把手地告诉幼儿拿筷子的姿势，用拇指、食指和无名指夹住筷子，并以虎口开合练习夹的动作。使用筷子，一定要用力得当、协调，才能夹起食物。成人在教孩子使用筷子时一定要有耐心和细心。教师也可以设计一些游戏来教幼儿使用筷子，如让幼儿用类似于筷子的小树枝将散在外边的积木或是一些有多棱角的小石子等夹回到盒子中。

3. 能沿轮廓线剪出由直线构成的简单图形，边线吻合。

4～5岁的幼儿较之3～4岁的幼儿的手的动作更加灵巧，能沿轮廓线剪出由直线构成的简单图形，边线吻合。也会折纸、穿珠、拼插积木等精细动作。动作质量明显提高，既能灵活操作，又能较长时间坚持。教师应对他们动作细节进行改进，尤其是动作的协调性方面，注意小肌肉群的锻炼。

◆5~6岁幼儿的发展指标

1. 能根据需要画出图形，线条基本平滑。

5～6岁幼儿的手部肌肉逐渐发育，已能自如地控制手腕，能够做一些更加精细的工作了，但时间仍然不能过久，否则容易产生疲劳。5~6岁幼儿能够正确地使用画笔、铅笔进行简单的美工活动，能够画出各种图形，包括几何图形、人物、动物、植物等，线条基本平滑。这个阶段的幼儿可以开始学写字，但还写不好，开始写的字很大，大小不一、歪七扭八，这时教师要根据幼儿的兴趣教他正确的书写姿势，多鼓励少强迫。

2. 能熟练使用筷子。

有研究表明，手指头是儿童的智慧所在，儿童不断的运动手指会刺激大脑皮层，提升那些“负责”想象、创造力区域的活动能力，达到手脑并用的效果，从而对智力发育有很大的帮助。在5~6岁之前幼儿使用筷子可能通过成人的指导以及自己的方法，夹到食物，但还不是太熟练，到了5~6岁，幼儿手指小肌肉快速发展，再有之前的练习，大部分已经能够熟练地使用筷子了。所以幼儿学会熟练地使用筷子的进程一般持续到5~6岁。成人在幼儿使用筷子的过程中不应着急，一定要注意给予他们一个轻松愉快的环境，他们一点点的进步都应该鼓励。

3. 能沿轮廓线剪出由曲线构成的简单图形，边线吻合且平滑。

5 ~ 6岁幼儿运用手指活动的能力日益增强，他们已经能灵活地使用剪刀，并用剪刀沿轮廓线剪出由曲线构成的简单图形，而且剪出来的图形边线吻合且平滑。

4. 能使用简单的劳动工具或用具。

5 ~ 6岁幼儿行为的积极性、主动性日渐增强，因此他们很喜欢参与幼儿园及家庭的劳动。在劳动过程中，他们能够使用简单的劳动工具，比如他们可以用扫帚打扫房间，用拖把拖地，虽然不能打扫得很干净，但这种热心与主人翁意识，是生命本能的一种反应。著名的幼儿教育家蒙台梭利提出了“工作”教育理论。她认为幼儿“工作”的实质和成人的工作截然不同，幼儿的“工作”是幼儿在“有准备的环境”中，与环境相互作用的活动，“是一种自由、自主、自助的活动，是满足儿童内在活动需要的活动，是儿童喜欢并乐在其中的活动，是一种手脑结合、身心协调的活动。”所以幼儿园里的活动要为幼儿提供一个符合其需要的真实环境，为幼儿准备一定的用具和材料及活动场所，以促进幼儿身心健康发展。

三、幼儿动作发展与培养的教育建议

幼儿动作的发展有助于幼儿生长发育，能促进幼儿动作协调，增强身体各器官系统的功能及身体的耐受力，使幼儿体格健壮，从而使幼儿保持机体与外界环境平衡。据研究发现：经常跑跑跳跳、爱活动的孩子，各种动作提前发展，在日常生活中可更自然、更协调、更省力地实现自己的目标。

（一）遵循幼儿动作发展规律，不揠苗助长

多年来，我们经常会从媒体上看到关于某某“神童”的报道，3岁的孩子认识几千个汉字，4岁的孩子能识别几百种汽车标志，5岁的孩子能倒背字典，6岁的孩子会几门外语，等等。殊不知，这些“神童”都是人造出来的，“神童”的“成功”是以牺牲健康和快乐为代价的。在过高的期望值带来的压力下，一些“神童”未“老”先衰，有的甚至自杀、精神失常，成为功利性教育的牺牲品。这种违背科学、急功近利的做法，为孩子的成长带来了种种问题：扼杀幼儿天性，严重损害幼儿身心健康，侵害了孩子玩耍、活动、动作发展的权益，剥夺了本该属于孩子的快乐。

即使是注重孩子身体、动作发展的家长，也存在揠苗助长的现象。目前许多家长很重视对孩子的培养，在孩子很小的时候就给他们做抚触、婴儿操等，孩子大点了就让孩子盲目运动身体。他们认为跑得最快、跳得最高就是孩子们要实现的目标，认为这样的孩子身体才最好，但因为方法不慎或是训练过度，结果恰得其反，有的孩子还出现了肌肉拉伤甚至更严重的后果。这些看似耸人听闻的事情其实都是真实的例子。我们来看一下国外的研究者对幼儿动作发展的研究，可能会给我们一定的启示。

美国心理学家格塞尔做了一个著名的“双生子爬梯实验”。他认为双生子有同卵与异卵之分，同卵双生子是由一个卵细胞分裂而成的，所以在遗传因素方面是相同的。有同卵双生子A 和 B，A 从出生 48 周起每天进行 10 分钟的爬梯训练，而 B不进行这种训练。在 A 进行了 6 周训练之后，B从 53周开始每天也做 10 分钟的爬

梯训练，结果表明，B的爬梯能力在2周以后就达到了A经过 6 周训练后的爬梯水平。B开始爬梯训练的年龄大于A，但获得同样能力所需的时间却远远少于A。这说明，人的发展首先依赖于机体的成熟，在机体器官与机能没有成熟以前，对幼儿进行任何提前开始的学习训练都是收效甚微的。格塞尔非常注重研究幼儿发展的年龄特点和发展的顺序。

格赛尔的成熟主义幼儿教育理论给予我们这样的启示：幼儿的身心发展是有一定顺序的，这种顺序是由先天因素决定的。这种发展规律表现在，到一定年龄，幼儿就会做什么事情。例如，到一定年龄，幼儿就会走路、爬楼梯，不到这个年龄，机体这方面的能力没有成熟，即便去提前训练，也是事半功倍。

格塞尔的成熟主义理论因为过于强调成熟在幼儿发展中的作用，忽视了环境对人的发展的影响作用，这一点一直受到人们的批评。近年来的研究表明，人的发展是多种因素相互作用的结果，成熟只是其中一个因素。“成熟”与“学习”是交互作用的，在“成熟”的基础上进行适度的动作与游戏训练，才能促进幼儿身心健康发展。

幼儿正处于生长发育阶段，教师要根据孩子的年龄特点合理安排运动量，不要一味追求运动的强度，而要根据孩子的年龄特点、兴趣和需要，选择适合他们年龄段的、他们自己喜欢的，并且有条件的、能够主动坚持下去的游戏或运动进行锻炼。孩子在进行活动的时候，成人要少批评，多指导，多肯定，多鼓励，给孩子营造一种宽松和谐的气氛。

（二）每天让孩子参加户外锻炼

幼儿参加户外活动锻炼能增强其对环境的适应能力。因为幼儿经常到户外活动，可以接受到自然界的各种刺激，并且逐步经受外界环境变化的锻炼，可以保持幼儿机体与外界环境平衡，增强其身体的耐受力。

成人可以依据各年龄、季节变化，安排多样的户外体格锻炼内容，提高他们对外界气候变化的适应能力、增强对疾病的抵抗能力。在户外活动中，要进行适合幼儿身心发展的体育活动，注意掌握幼儿的活动密度和负荷量，做到动静交替，对“疯玩”过度的幼儿要让其注意休息，炎热的夏季要避免幼儿过度的跑跳，以防脱水或中暑。

3~6岁幼儿肢体动作不协调，四肢力量弱，平衡能力差，易摔倒。成人可以让幼儿尝试慢跑，自然慢跑是一种较为平稳和缓慢的跑步形式，跑步时心率一般为140~150次/分钟，较适合于3~5岁的幼儿。下面简单介绍一下如何教孩子慢跑。

1. 最初学跑可以是以走跑交替的方式进行，主要以游戏形式激发幼儿学习跑的兴趣，如在跑中穿插有模仿动作的走步。

2. 要根据幼儿体质和气候等因素，安排跑的运动负荷及跑的时间。刚开始可以是几分钟，以后逐步加长时间。由于幼儿身体各方面功能还不完善，因而慢跑可与走交替进行，一般以不超过20分钟为好，夏季尽可能安排在清晨，冬季可适当晚一点。

3. 在慢跑前，不能让幼儿吃得过饱，也不能空腹跑步，否则会损伤身体。

有些成人担心幼儿摔痛、摔伤，而省去或缩短了幼儿锻炼的过程，以致使幼儿的大脑和神经得不到相应的刺激。因为没有通过四肢的主动运动，达不到刺激大脑神经细胞发育的目的，幼儿各方面的能力反而受到了明显的影响和阻碍。一般情况下，成人应该每天让幼儿进行至少一个小时的户外游戏或锻炼，并长期坚持。

当幼儿不愿意自己走路时，成人要注意是否运动时间太长，幼儿累了；孩子是不是病了。如果不是，就应该坚持让他自己走。做法是：多用语言鼓励，夸孩子走得快，开展走路比赛；或者在走路时跟孩子玩一些游戏，比如猜拳游戏，赢者向前进、输者暂停，扔抢沙包游戏等。总之，利用一切方法，使幼儿体验走、跑的快乐。

（三）引导幼儿进行一些精细的动作训练

1～6岁是幼儿感觉和运动发展的最佳时期，此时有目的、有计划地发展幼儿的感觉和运动，不仅对大脑有良好的刺激，提高大脑对全身各器官系统的支配能力，还能促进运动神经的发展。其中精细化动作要求幼儿运动的技巧性更高，动作控制力更强。

训练3～6岁幼儿精细动作的游戏有：让幼儿玩耍各种套叠玩具、穿绳玩具、积木、积塑、剪纸、涂画以及球类游戏等。下面简单介绍两种发展精细动作能力的游戏。

球类游戏是比较古老的儿童游戏，它不但可以训练幼儿的手腕力量，还可以训练幼儿控制方向的能力，提高手眼协调性，增强幼儿的快速反应能力。而球的反弹特性，又会使幼儿对事物运动方向的改变产生思考和认识，从而还可以提高幼儿预测运动方向的能力。

握笔涂鸦：成人给幼儿一只蜡笔，让宝宝在纸上涂画。教师应交给幼儿正确的握笔姿势：先教孩子用右手三个手指拿稳蜡笔，用左手压着纸，随心乱画。或是成人画一些叶子或球等图画，让幼儿填充颜色。当幼儿能够画出一条长线时，成人要及时给予表扬鼓励。握笔涂鸦可以增进幼儿手脑协调的能力，而且学握笔画画也可以为以后写字、画画、计算等做准备。

四、幼儿动作发展培养课程与区角活动的关系

幼儿的动作发展是一个系统工程，而系统的锻炼对孩子的动作发展有莫大好处。促进幼儿动作发展的课程主要包括两个方面：一是促进幼儿动作发展的集体教学活动，一个是促进幼儿动作发展的

区角活动。

（一）促进幼儿动作发展的集体教学活动

在室外进行的集体教学活动无疑是锻炼幼儿动作技能发展的最佳课程。多种室外活动能增强孩子身体各器官系统的功能，使孩子体格健壮，增加肌肉力量，促进心肺功能，使血液循环加快，新陈代谢加强。另外，多种室外活动还能够促进幼儿胃肠消化能力，食欲增加，吸收营养，使孩子发育更好，并进而在脑中枢建立联系，从而使幼儿的动作变得灵敏，使幼儿从无秩序的动作，逐步形成和发展为分化的、有目的的、协调的动作。

在室外，教师要鼓励孩子进行垫上体操活动，诸如翻筋斗、跳跃、拉撑、走平衡木等等简单且基本的全身性大动作，以此平衡肢体、认识肢体。幼儿还可以借用“滑轮椅”“滑梯”“跷跷板”等活动器材，锻炼跑、跳的爆发力与耐力等能力。

在锻炼过程中，教师要注意孩子的安全性，因为室外活动空间较大，需要教师密切关注孩子的行动，并适时提醒哪个孩子玩过了火等等。同时，教师要注意，虽然幼儿身心发育尚未成熟，需要成人的精心呵护和照顾，但不宜过度保护和包办代替，以免剥夺幼儿自主学习的机会，养成过于依赖的不良习惯。因此，教师要积极地参与其中，并给予适度的指导，努力培养孩子的爆发力、耐力、精巧度以及柔韧度等，从而使孩子的动作行为得到良好的发展。

（二）促进幼儿动作发展的区角活动

幼儿动作技能的训练可以通过室外的集体活动完成，但是由于一些客观的原因，比如冬季严寒、夏季酷暑以及刮大风、下大雨等特殊天气，或由于场地的限制不能满足幼儿的户外活动需要，有的运动内容则更适合在室内进行。所以幼儿园根据自身的情况，可以建立室内活动室或手工区，下面简单介绍下这两个区角。

1. 室内活动区

（1）选择空间：根据不同的活动内容选择和设置不同的场地。比如，对于占用空间较大的，幼儿的走、跑、爬行等活动，应该选择在宽敞的活动室进行；活动本身占用空间相对较小的，幼儿的投掷、纵跳等力量素质练习活动，则可以选择在不大宽敞的楼道、阳台等进行。

（2）投放材料：教师需要选择玩具体积相对较小、功能多样的手头玩具如，小球、沙包、短棍、沙袋、套圈，教师也可以利用废旧物品开发材料，比如，利用泡沫制作的爬行手垫练习爬行，用废弃的可乐瓶底盘做练习抛接沙包或皮球等。

2. 手工区

手工制作是幼儿园中常见的活动。手工制作是指幼儿利用废旧材料、多种纸张等进行创作的活动。前苏联教育家苏霍姆林斯基曾认为："幼儿的才智反映在他的手指尖上。只有让孩子在操作中动手，动脑，多种感官参与活动，才能使他们的智慧和能力得到最大限度的发展。"著名的教育家陶行知曾提出，"小孩有创造力"，"要解放幼儿的双手"。而手工制作正是典型的手脑并用、手眼协调，能调动幼儿的全部感官的活动，既是左右手的合作协调，同时也是手与脑的协调训练。那么，在幼儿园的活动区开辟出一块手工区就显得十分必要。下面我们来具体看一下手工区设置要求：

（1）目标：锻炼幼儿手部的精细动作。

（2）投放材料：剪刀、橡皮泥、纸盒、挂历纸、毛线头、布头、米粒、蛋壳、树叶等等。投放的材料要非常丰富，以激发幼儿的兴趣。可以让幼儿收集质地不同的废旧纸张，如宣传单、报纸、图片、文件纸等。

（3）内容：练习剪、扭、搓、揉等加工技巧。

下面列举两种手工活动供教师参考：

★我的房子

活动目标：能够用各种图形卡片粘贴房子。

活动材料：三角形、圆形、长方形、梯形、正方形、椭圆形、半圆形等等多种图形卡片，各色不同尺寸的卡纸若干，双面胶。

区域规模：教师根据班级人数及活动区大小而设。

活动指导：请幼儿用各种图形卡片，粘贴出自己想象的房子；教师提醒幼儿活动中要保持安静、活动后分类整理好材料，并对幼儿作品进行评价。

★折纸船

活动目标：探索折纸船的方法。

活动材料：彩纸、彩笔等。

区域规模：教师根据班级人数及活动区大小而设。

活动指导：根据步骤图，探索学习折小船的方法，教师帮助幼儿掌握主要步骤；折好后，引导幼儿装饰自己的小船。

教师最好在每次活动之前有引导语，激起幼儿动手的兴趣。另外，在进行手工活动时选择的内容要多样性，如可以进行泥工、纸工、粘贴、编、织等各种手工活动。这样一方面让幼儿在每一次手工活动中都有新鲜感，激发学习的兴趣，另一方面也能对幼儿进行多种操作能力的训练。但是要使手工活动达到较好的教育效果，还需要教师预先科学合理的安排好每一个环节的工作。

五、幼儿动作发展与培养的评价

正如前文所述，幼儿身心发展教育已经从原来不关注幼儿动作发展转变为重视幼儿动作的协调与平衡及灵敏度等。与此相应，对幼儿动作发展与培养的评价也更应该注重发展过程中的学习而不是终结性的静态状况，所以我们提倡使用绝对评价、相对评价与发展性评价。

绝对评价我们于第二节已经进行了详述。相对评价是在被评价对象的群体中建立基准（通常以该群体的平均水平作为基准），然后把该群体中的各个对象逐一与基准进行比较，以判断该群体中每一成员的相对优势。我们可以通过幼儿动作的娴熟程度来判断他们的发展状况。

发展性评价是在事物发展进程中，综合发挥教育评价的多种功能，运用多种科学的评价手段，诊断出事物发展中产生的效果和存在的问题，激励评价者与被评价者发现问题，对照问题改进自己、完善自己，然后求得发展。发展性评价不仅关注幼儿目前的发展状况，而且也注重分析过去，预设未来，从而体现了当前幼儿教育评价的最近发展趋势和先进的评价理念。幼儿各种动作技能的学习过程，是通过结合自身与外界的多样性反馈信息，不断尝试着调整自己的动作技能的过程，所以发展性评价非常适合评价幼儿的动作发展。（林少杰，2003）发展性评价的方式应多种多样：（1）可以差异性评价，比如“红红上次接住了两个球，这次接住三个，有进步！”让幼儿和自己比，而不是与别人相比，使其感受到自身的进步，体验健康活动带来的快乐。（2）也可以体态式评价。比如，教师在指导孩子学习各种动作技能时，通过身体动作来表示自己的态度或情感，可以用点点头、拍一下手、竖大拇指等动作给幼儿愉快的情感体验。（3）也可以互相评价。比如“我投篮比希希准，但动作还是她漂亮！”从而保证幼儿的主体地位，使他们时刻保持自信。

三种评价方法共同使用，基本上可以勾勒幼儿动作的发展过程以及发展水平，教师可以运用档案袋描绘幼儿的动作发展过程，记录幼儿的动作发展的轨迹，从而展示幼儿每个阶段动作发展的进步。

第四节　生活习惯与生活能力

一、幼儿生活习惯与生活能力发展与培养的研究背景

我国是四大文明古国之一，我们的祖先历来注重幼儿生活习惯与生活能力的教育，古谚云："三岁住皮，五岁住骨。"意思是说，小孩子在3岁以前所学到的事物、观念或所养成的行为习惯，仅仅附着在孩子的皮上，还有改变的可能；到了五岁就不容易改变了，因为它们已牢固地附着在小孩的骨骼上。而之后的荀子、孟子以及各朝各代的知识分子与教育精英都对童蒙教育非常关注，而童蒙教育中最核心的观念就是从小培养孩子良好的生活习惯与生活能力。

到了近代，著名教育家陶行知先生曾说过："凡人生需要之习惯、倾向、态度多半在孩子六岁前培养成功，这个时期培养得好，以后只需要继续增高，培养上去，自然会成为社会的优良分子。"这也体现了注意幼儿的习惯与基本能力的教育。

陈鹤琴先生在《家庭教育》一书中从生理上、心理上、哲学上的一些最为基本的原理出发，与小孩子的科学知识学习、道德习俗养成、生活习惯培养、身体健康护卫等一些具体的事例形成了互证。如"凡是幼儿能够学的而又应当学的，我们都应当教他""幼稚园要使幼儿养成良好的习惯"。他也认为越早关注幼儿的生活习惯与生活能力，并努力培养良好的生活习惯与生活能力对幼儿将来的发展意义非凡。

我国教育部一些重要文件等都非常重视幼儿卫生习惯的养成。2001年，《幼儿园教育指导纲要（试行）》颁布，其中对幼儿生活

习惯和生活能力有明确的要求："生活、卫生习惯良好，有基本的生活自理能力；""既要高度重视和满足幼儿受保护、受照顾的需要，又要尊重和满足他们不断增长的独立要求，避免过度保护和包办代替，鼓励并指导幼儿自理、自立的尝试。"，等等。这对于指导幼儿园以及家长教育幼儿有非常重要的意义。

西方关注幼儿生活习惯和生活能力的人物也很多，其中最具代表的是美国行为主义心理学的创始人华生，他认为："教育的目的就是培养幼儿的各种习惯。人的各种习惯综合成系统，就形成了'人格'。而习惯的培养主要取决于后天的环境和教育，要用正确的方式方法来培养幼儿良好的行为习惯，使幼儿成为一个快乐、自由、独立、有毅力、有诚意、有创造力、没有怯懦自卑心理的人。"

然而，我国家长的溺爱致使很多孩子没有形成良好的习惯，自我生活能力也很弱，甚至连基本的生活能力也没有。因此，3～6岁时可以说是人的生活习惯形成的关键时期，在这一时期加以训练将会收到事半功倍的成效。拥有良好的生活习惯，对孩子来说会终生受益。生活实践告诉我们：一个不会生活的人，也就不会学习、不会工作。穿衣、吃饭、喝水这些在成人看来再简单不过的生活内容，却构成了幼儿生活习惯养成教育的点点滴滴，而且关系着幼儿一生的健康发展。所以，良好生活习惯的养成，需要从幼儿时期就进行培养，需要幼儿教师、家长密切配合，倾注温情、付出心血。

二、幼儿生活习惯与生活能力发展与培养的标准与内容

3～6岁幼儿的精力比以前更加充沛，大脑皮层细胞的功能日渐成熟。这一阶段正是幼儿形成良好生活习惯与生活能力的最佳时期。《指南》从"具有良好的生活与卫生习惯""具有基本的生活自理能力""具备基本的安全知识和自我保护能力"三方面进行了

阐述。

（一）具有良好的生活与卫生习惯

良好的生活卫生习惯是孩子身体健康成长的关键因素。良好的习惯可以让孩子受益终生，不良的恶习则会贻害孩子一生。培养良好的生活习惯是对幼儿进行早期教育的最重要内容之一。

◆3~4岁的发展指标

1. 在提醒下，按时睡觉和起床，并能坚持午睡。

幼儿的睡眠是幼儿健康成长的关键，不同年龄段的幼儿的睡眠时间有所不同。睡眠的长短也应根据季节情况做适当调整。夏季昼长夜短，天气炎热，夜间睡得少，可以延长午睡时间来补足幼儿睡眠；冬季昼短夜长，天气寒冷，夜间睡得多，午睡时间可以缩短。3~4岁幼儿的自律性还不是很强，这需要成人适时提醒他们按时睡觉起床，并让他们形成午睡的好习惯。

2. 喜欢参加体育活动。

幼儿是天生的乐天派，他们好动不好静，喜欢整天蹦蹦跳跳。由于骨骼、肌肉的发展，3~4岁幼儿已经习惯于走路，很多孩子喜欢随音乐而起舞。但有些孩子还是对户外活动不很积极，这需要教师调动其主动性，通过游戏等比较有意思的方式让他们一起融入到集体活动中来。

3. 在引导下，不偏食、挑食。喜欢吃瓜果、蔬菜等新鲜食品。

从添加辅食开始，幼儿的味觉越来越灵敏，成人应该努力做好一个“厨师”，翻花样的给孩子做出好吃并适合孩子吃的营养饭菜。成人应多引导幼儿多吃各种蔬菜，少吃甜食。当然，想要孩子吃掉足够的蔬菜水果实在不容易，建议可以将新鲜而色彩鲜艳的蔬菜切成小条，再根据孩子的口味，辅之以少量花生酱等健康的酱类，让幼儿的饭菜变得多姿多彩。

4. 愿意饮用白开水，不贪喝饮料。

幼儿的新陈代谢比成人快，加之肾脏收缩功能差，排尿量相对较多，这使得幼儿每日需水量比成人多，尤其是进入炎热的夏季，幼儿的饮水量更是猛增。中国青少年研究中心青少年幼儿所助理研究员赵霞介绍说，自然冷却后的白开水是最适合幼儿的饮品。因此，成人要让孩子养成喝白开水的习惯，同时尽量让孩子少吃冷饮，因为吃冷饮后，孩子的胃黏膜受到冷刺激，黏膜血管会强烈收缩，使胃酸、胃酶分泌锐减，胃的消化、杀菌、免疫能力就会下降，孩子可能出现腹胀、恶心、呕吐、消化不良等症状。

5. 不用脏手揉眼睛，连续看电视等不超过15分钟。

眼睛是人体的重要器官， 用眼过度容易引起眼睛的疲劳， 全身疲乏， 精神极度紧张。幼儿出生时，眼球的发育还不完善，1～3岁是眼球发育的快速增长期，3岁以后增长变慢。3～6岁幼儿眼睛的晶状体弹性较大，调节能力强，近点距离使用很近，也就是当物体距眼球很近的情况下仍能看清楚。但是长时间的近距离视物，就会使睫状肌持续紧张，引起调节性近视，也就是假性近视。教师也要注意提醒孩子不要用脏手揉眼睛，这样极容易引起眼睛感染，造成幼儿沙眼或是睑腺炎，严重者还需要动手术。3～4岁的幼儿看电视的时间不要超过15分钟，要注意劳逸结合。

6. 在提醒下，每天早晚刷牙、饭前便后洗手。

牙齿是咀嚼的工具，乳牙的好坏，有利于促进颌骨的发育及诱导恒牙的萌出，所以要保护好幼儿的牙齿。培养幼儿早晚刷牙，饭后或吃糖后漱口的好习惯。教会幼儿掌握正确的刷牙方法：顺着牙缝上下刷，里外都要刷到。3～4岁幼儿还不能自觉进行早晚刷牙、饭前便后洗手，这需要家长教师适时提醒。幼儿刷牙应选用只有两排柔软稀毛的牙刷和专用的幼儿牙膏。

◆4~5岁幼儿的发展指标

1. 每天按时睡觉和起床，并能坚持午睡。

4~5岁的幼儿生活自理能力逐步提高，良好的生活卫生习惯逐步形成。从睡眠方面来看，4~5岁的孩子已经知道什么时候睡觉，大部分已经能够自觉睡觉和起床，并能坚持午睡了。但是，有些幼儿往往到了睡觉的时候还想玩或看电视等，磨磨蹭蹭地不肯上床，并且装出一点都不困的样子。碰到这种情况，教师应给予安抚，并要求幼儿按时睡觉。

2. 喜欢参加体育活动。

4~5岁的幼儿的大肌肉群已经很发达，小肌肉群也日渐发展，他们变得很不安静，喜欢在户外跑跑跳跳，因此，教师只要适时给予引导，并提醒他们不要玩过了头，以免伤害到自己或其他的小朋友。

3. 不偏食、挑食，不暴饮暴食。喜欢吃瓜果、蔬菜等新鲜食品。

4~5岁幼儿的胃容量还很小，他们的胃黏膜柔软而血管丰富，胃壁较薄，弹性组织、肌肉层及神经组织发育较差，所以胃的蠕动机能较差。挑食、偏食、暴饮暴食等不良的饮食习惯极容易造成幼儿消化不良。此阶段应该给幼儿多吃绿色和红黄色的新鲜蔬菜，因为这类蔬菜中含有的维生素以及其他营养物质比其他类蔬菜高。

4. 常喝白开水，不贪喝饮料。

4~5岁的幼儿应该形成常喝白开水的好习惯。若是有些幼儿仍然没有形成习惯，家长教师应有意识引导他们多喝水、少喝饮料，尤其是不能喝碳酸饮料以及添加剂饮料。

5. 知道保护眼睛，不在光线过强或过暗的地方看书，连续看电视等不超过20分钟。

4~5岁的幼儿自我保护意识越来越强，他们日渐知道在光线过强或过暗的地方看书会刺激眼睛，甚至引起眼睛疼痛、视力下降等等，开始意识到保护眼睛的重要性，连续看电视、玩电脑时间不超过20分钟。

6. 每天早晚刷牙、饭前便后洗手，方法基本正确。

4～5岁的幼儿能够独自漱口、刷牙、洗脸，而且动作娴熟、方法正确。这个年龄段的幼儿一般都能自己搓着洗手了。所以，每次外出回家、饭前、便后、玩耍以后等，都要记住不厌其烦地让幼儿洗手。同时要教幼儿学会用肥皂洗。4～5岁的幼儿在洗澡时凡小手够得到的地方都能自己洗，要教育孩子洗干净，不要马虎行事，使孩子养成爱卫生的好习惯。在卫生方面，4～5岁幼儿一般都能自己上厕所大小便了。但是，偶尔因一心扑在玩上，也会尿在裤子上。碰到这种情况，不要过分责骂，而是应该鼓励孩子，比如“下次可千万不要这样啦”等等即可。在这个时期必须教育孩子养成便后洗手的好习惯。

◆5～6岁幼儿的发展指标

1. 养成每天按时睡觉和起床的习惯。

5～6岁的幼儿基本上已经养成了一定的生活与卫生习惯。5～6岁幼儿开始知道一年中12个月的名称和一周中每一天的名称；开始能看钟表，时间概念已比较明确，因此这是培养幼儿按时睡觉和起床，从小养成珍惜时间的好习惯的最佳时期。

2. 能主动参加体育活动。

由于骨骼、肌肉的发展，5～6岁幼儿已经日渐热爱体育锻炼。同时，由于有些体育锻炼很枯燥，幼儿难免会产生一些消极、抵触情绪。这个时候，教师一方面要引导幼儿积极参加，另一方面，教师也要采用多种锻炼方式，增加体育活动的趣味性，从而让幼儿主动参与体育活动。

3. 吃东西时细嚼慢咽。

5～6岁的幼儿最容易得小儿慢性胃炎，最常见的症状是反复性的中上腹疼痛。一般多为隐痛，也可能会出现刺痛或剧痛。所以家长要注意：孩子吃饭要定时定量，少食多餐，注意营养搭配，细嚼慢咽。另外还要避免挑食、偏食，不要过饥或过饱，不要零食或糖果等不离口。

4. 主动饮用白开水，不贪喝饮料。

5～6岁的幼儿能够主动饮用白开水。幼儿平时吃的牛奶、蔬菜、水果和米饭等食物中均含有水分，补充了幼儿需水量的60%~70%，另外，幼儿还需靠饮水来补充剩余的30%～40%。随着5～6岁幼儿活动量的增加，体内需水量剧增，成人一定要注意幼儿在剧烈运动后不宜马上大量饮水。因为剧烈运动后幼儿心脏跳动加快，喝水会给心脏造成压力，容易产生供血不足。

5. 主动保护眼睛。不在光线过强或过暗的地方看书，连续看电视等不超过30分钟。

5～6岁幼儿的视力已逐渐成熟，到6岁时视力能达到1.0，基本达到成人的水准。这个时期不可让孩子用眼过度，如果孩子喜欢近距离看电视，喜欢眯眼或歪头看东西，喜欢揉眼睛，这些都可能是出现近视的征兆，需要及时接受检查并进行矫正治疗。在孩子专注做作业或看书时，一定要避开光线过强或过暗的地方。看电视的时候要严格限制时间，每次不应超过30分钟就要让眼睛休息，带孩子到户外转转，做做眼保健操或者眺望远方。

6. 每天早晚主动刷牙，饭前便后主动洗手，方法正确。

5～6岁的幼儿，在乳磨牙的后方，上下左右会各长出一颗恒牙，就是第一恒磨牙，它牢固地埋植于牙槽骨中，在人的一生中承受的咀嚼力最大，在咬碎、研磨固体食物的过程中起着主要作用。这一时期，幼儿经过之前的训练，应该形成了早晚主动刷牙的好习惯。此时期幼儿基本上能够在饭前便后主动洗手了。

（二）具有基本的生活自理能力

著名教育家陈鹤琴先生说过："凡是幼儿自己能做的，应该让他们自己去做！幼儿习惯养得不好，终身受其累。"从小培养幼儿的独立生活自理能力及卫生习惯对幼儿的发展具有重要的意义。独立生活的能力是完整人格的重要组成部分，为了培养幼儿的自理能力，就要让幼儿自己动手做自己的事情，从系鞋带、用勺子吃饭、自己穿衣服等小事做起，只有这样，幼儿的生活自理能力才能得到有效培养和提升。

◆3～4岁幼儿的发展指标

1. 在帮助下能穿脱衣服或鞋袜。

孩子最先学会的是一些最简单的动作，然后才开始学习较复杂的动作。3～4岁的幼儿自我意识逐渐增强，也希望自己能够不依赖成人，独立地去完成某件事，但是他们仍然需要成人的帮助才能穿脱衣服和鞋袜。教师可以让幼儿玩替娃娃穿脱衣服的游戏，锻炼幼儿手指的灵活性，从而培养幼儿的自理能力。

2. 能将玩具和图书放回原处。

2岁左右的孩子，可以使用第一个人称代词"我"，这标志着孩子独立意识的形成。3～4岁幼儿开始意识到自我的存在，并希望增进与周围环境的积极互动，这个阶段是培养幼儿独立意识和独立能力的关键时期。将看完的图书放回原处，是比较简单的事情，但现实中许多成人为了节省时间而为幼儿代劳，从而忽略了幼儿的独立自理能力的锻炼。另外，应注意，幼儿独立或经过帮助完成了某件事后，成人的赞扬也十分重要，这可以激励幼儿继续强化独立行为，养成独立的生活自理能力。

◆4~5岁幼儿的发展指标

1. 能自己穿脱衣服、鞋袜、扣纽扣。

4~5岁的幼儿生活自理能力逐步提高，注意力集中了，集中精力从事某些活动的时间比以前延长了，因此也能够接受成人的指令，完成力所能及的事情了，并通过成功地完成这些事情，而表现出最初的责任感。4~5岁的幼儿几乎都能自己脱衣穿衣了。至于那些套头的衣服，对于4~5岁幼儿来说，有些困难，但只要大人穿给孩子看看，妈妈教教穿脱要领，孩子慢慢就会了。如果还不会自己料理，那可能是还没有掌握穿衣脱衣技巧。遇到这种情况，成人应该尽早试着让幼儿学会自己穿脱衣服、鞋袜、扣纽扣。

2. 能整理自己的物品。

4~5岁幼儿已经能够将脱下来的衣服叠放整齐了，成人应提醒孩子脱下衣服、鞋袜不要乱扔，应养成叠放整齐的习惯，对于其他物品也应该放回原处。

◆5~6岁幼儿的发展指标

1. 能知道根据冷热增减衣服。

5~6岁的幼儿日渐懂得：热要脱衣，冷要加衣，到室外要加衣，在室内可脱衣；运动前先脱衣，运动后要穿衣，起床要穿衣，早晚凉，要加衣。教师需要教会幼儿知道测冷热的方法：比如身上感到热，脸红了，用手触摸一下额头和脖子，如果都出汗了，就该脱衣；如果感到身上有寒意，皮肤上出现鸡皮疙瘩，甚至打喷嚏，就要及时加衣，以防受凉感冒。

2. 会自己系鞋带。

5~6岁幼儿的小肌肉群日渐发达，尤其是手部肌肉与肌腱更是发展很快，他们的小手日渐灵活，动作日渐细腻，开始会给自己系鞋带了。这个时候，成人要适时给孩子穿需要系鞋带的鞋子，或幼儿园教师在幼儿生活区里，设置相应的材料，使孩子有更多的机会锻炼小肌肉，这样能提高其生活自理的能力。

3. 能按类别整理好自己的物品。

5～6岁幼儿分类意识日渐增强，他们已经能够按类别整理好自己的物品，比如，他们能够将书本放到书架上，将玩具放在玩具盒里，将鞋子放在鞋架内，并努力使自己生活的空间变得有次序、更合理。

（三）具备基本的安全知识和自我保护能力

自我保护是幼儿生存、安全的重要保障，自我保护能力则是幼儿在社会中保存个体生命最基本的能力。孩子在幼儿期由于生理、心理发展尚未完善，好奇心强，好动，随心所欲，而且不知深浅，不明是非，常常趁成人不注意玩一些危险物品，做一些危险的事或到一些不安全的地方玩，从而发生事故。因此，成人有责任保护幼儿的生命安全，但也不能因为这些就限制幼儿的活动。孩子需要不断地获取经验，在生活中去不断地探索和反思，在与环境进行交互作用之后从而获得相应的信息和感受。孩子的健康与安全不能被动地等待给予，而应该主动地去获得。

◆3～4岁幼儿的发展指标

1. 不吃陌生人给的东西，不跟陌生人走。

3～4岁的幼儿已经能够懂得一些深入浅出的道理。教师要告诉幼儿不要轻信陌生人，要经常给幼儿讲社会上既有好人也有坏人，而坏人脸上并没有“我是坏人”的字样，也没有像电影里坏人的那种形象。要教育幼儿，如果大人不在身边，有陌生人前来领你，或哄你去公园玩，或说去找你父母时，不要相信陌生人的话，不要跟陌生人走，不要吃陌生人的东西。如果遇到陌生人硬拉你走，要大声喊叫周围的叔叔阿姨。

2. 在提醒下能注意安全，不做危险的事。

幼儿园里有很多吸引幼儿的玩具，比如：小木珠、胶粒等插塑玩具。教师要教育幼儿不要把这些玩具放在嘴里，并告诉他们由此产生的后果：这些东西会误入食道、气管而造成窒息。吃饭时，教师要教育幼儿不要边吃边说话，或边吃边笑，以防食物呛入气管。

3. 在公共场所走失时，能向警察或有关人员说出自己和家长的名字、电话号码等简单信息。

3～4岁的幼儿已经能够记得自己和家长的名字及家庭电话号码。所以家长应告诉孩子家庭住址、家长的姓名和电话号码，并反复念叨，让其牢牢记住，做到准确无误。另外还要告诉幼儿自己家附近有什么明显的标记，有哪几路公共汽车可以到达，万一幼儿迷路，就比较容易找到自己的父母，也可以及时安全回家。

◆4～5岁幼儿的发展指标

1. 知道在公共场合不远离成人的视线单独活动。

4～5岁幼儿自我保护意识和能力逐渐增强。因为4～5岁幼儿对事物的理解能力逐渐增强，能够初步理解周围世界中表面的、简单的因果关系，如能够明白种花若不浇水，花就会枯死的道理；也能够预测到一些事件的后果，比如在公共场合远离成人的视线以后就可能走丢，不能单独活动。但是由于他们的意识、思维发展得仍不完善，在有人诱导的情况下，通常仍会被吸引，比如陌生人拿着一个幼儿特别感兴趣的玩具，孩子就有可能被玩具所吸引，而逐步受到坏人的诱导。

2. 认识常见的安全标志，能遵守安全规则。

4～5岁幼儿的认知能力有了进一步发展，能够认识一些常见的安全标志，能够理解安全规则，并遵守。所以成人要教导孩子遵守交通规则。各种规则的学习，是独立性培养中不可或缺的一部分，独立是为了能够更好地与他人相处，也能够有效地避免不必要的伤害。

3. 运动时能主动躲避危险。

4～5岁幼儿的动作相对来说已经比较灵活，大脑的进一步发育使其能够预测到一些事件的危险后果，并能通过神经中枢指挥身体躲开潜在的危险，比如他们在运动时能够主动躲避飞来的篮球、足球等物体，从而避免了身体受到伤害。

4. 知道简单的求助方式。

4～5岁幼儿需要知道简单的求助方式，比如遇到小朋友掉到了水里，要懂得幼小的自己不足以把他们救上来，不能自己想着去拉他们上来，而是应该积极向周围的大人求助，进而化解身边的危险。

◆5～6岁幼儿的发展指标

1. 未经大人允许不给陌生人开门。

5～6岁幼儿已经开始有自己判断事件、人物对错的想法，所以大人要注意引导幼儿明辨是非，教会他们分辨生活中的安全与危险，并帮助他们掌握生活中最基本的安全知识和自我保护的方法，从而增强孩子的自我保护能力。成人应告诉幼儿如何建立人际交往，正确处理事件。比如，幼儿自己在家的时候或未经大人允许不能给陌生人开门；如果遇到陌生人跟踪，就应跑到人多的地方或就近的商店找大人求救，也可以找巡警帮助，或者随便找一户人家，在门口假装大声叫："爸、妈，我回来了。"

2. 能自觉遵守基本的安全规则和交通规则。

5～6岁幼儿的规则意识逐步形成，他们开始学习着控制自己的行为，遵守集体的一些共同规则，例如，游戏结束了要把玩具整理好放回原处，上课发言要举手，等等。他们比较喜欢有规则的游戏，像体育游戏、棋类游戏等。对在活动中违背规则的行为，幼儿常常会"群起而攻之"。因此这一阶段的幼儿能够自觉遵守基本的安全规则和交通规则，如"红灯停，绿灯行"，行人要走人行横道，走路靠右行，不在马路上玩耍、奔跑，不横穿马路等。认识交通标记，如红绿灯、人行横道线等，并且知道这些交通标记的作用和意义。

3. 运动时能注意安全，不给他人造成危险。

5～6岁幼儿在运动和游戏时，开始有意识注意安全，不再像小时候那样喜欢拥挤推撞，从而伤害到自己或其他小朋友，他们有意识地不给他人造成危险，并进而使自己的生活学习变得更有次序。

4. 知道一些基本的防灾知识。

5～6岁幼儿开始懂得玩火的危险性，他们应该掌握危险时的自救技能，比如发现着火，应立即离开火灾现场，并及时告诉附近的成人，还应知道要拨打110、120、119等紧急求救电话。

三、幼儿生活习惯与生活能力发展与培养的教育建议

幼儿正处于生理、心理快速发展的重要阶段，处于形成各种习惯的关键时期。英国教育家洛克说："一切教育都可归结为养成幼儿的良好习惯，往往自己的幸福都归结于自己的习惯。"培根说："习惯是幼年开始的，习惯在人的天性、情感、意志思想中起着巨大的作用。"所以，重视幼儿的良好行为习惯对孩子一生至关重要，而让幼儿养成良好的生活习惯与生活能力无疑是幼儿园的重要责任，因此，幼儿园应主要采取以下措施：

（一）教师要以身作则，认真培养孩子的生活、卫生习惯

教师要以身作则，做孩子的表率。一般来说，教师在要求孩子养成某种良好习惯之前，自己首先要养成这种习惯，因为教师本身的行为就是标准和规范，是一种极有效的言传身教。正如古人所言："其身正，不令而行；其身不正，虽令不从。""言教不如身教。"这与幼儿情感具有向师性和好模仿等特点有关。所以，教师应规范自己的言行举止，为孩子起表率作用。

此外，教师还应加强自我心理卫生保健，提高自身的心理素

养，以健全的人格影响幼儿。俄国大教育家乌申斯基曾说过：“教师的人格对于年轻的心灵来说，是任何东西都不能取代的，教师的人格是事业的一切，只有人格才能影响人格的形成与发展。”教师人格的健康是维护和增进幼儿心理健康的重要保证。由于工作繁琐，幼儿教师应防止出现倦怠的情绪。

（二）让孩子从小养成良好的习惯

孩子的行为习惯是在日常生活中逐渐形成的。最初，孩子被动地按照家长和教师的要求去吃、睡、玩。久而久之，幼儿的这些活动逐渐稳定化，发展成一些较少变化的行为方式，这就是习惯。古人云“养习于童蒙”，意思就是好习惯要从孩提时代开始培养。据科学调查结果显示：2～3岁的孩子无论是生理还是心理方面都是接受教育的极佳期，因此这个时期的孩子求知欲望强烈，容易接受成人的引导和训练。古人云：“3岁看大，7岁看老。”成人应抓住时机培养幼儿良好的行为习惯。

诸葛亮有一句名言：“勿以善小而不为，勿以恶小而为之。”要使孩子养成良好的行为习惯，家长必须让孩子从点滴小事做起，要根据孩子的年龄特点，适时为孩子立好规矩。如中央电视台《东方时空》报道了一名5岁幼儿，生活很有条理，自己的玩具柜、小书架、抽屉等都是自己整理，小小年纪已初步养成了爱整洁、爱劳动和有条理的良好习惯。而这样良好的习惯，正是自孩子2岁开始母亲对他的影响。从2岁开始，母亲就要求他玩完玩具必须收回原处，若不收回就将玩具没收。正是由于这位母亲注意立规矩并严格要求，孩子才逐渐养成了自己的东西自己整理和爱整洁、有条理的生活习惯。

（三）严格训练，反复强化孩子的基本生活能力

良好行为习惯的形成都有一个长期发展的过程，即有一个把信

念变成习性，把思想化为行为的过程。因此，在养成良好行为习惯之前必须要教给幼儿行为的规范的标准，使其形成一种信念，当然这还不够，还必须要求其持之以恒的实践，最终才能形成良好的习惯。例如，让孩子养成饭前便后洗手的习惯，教师与家长首先要让他知道洗手的好处以及不洗手的坏处，让其从情感上倾向于洗手，再用鼓励等方法帮助他坚持每天做，同时教师与家长要及时监督，久而久之，幼儿就会形成饭前便后洗手的良好习惯。

在教育活动中，教师也要注重生活卫生教育，生活卫生教育的目的是使幼儿获得必要的卫生知识，培养幼儿良好的卫生习惯，如养成早晚刷牙，饭后漱口，饭前便后洗手，保持服装整洁等习惯，学会使用手帕，注意爱护自己的身体等。培养幼儿正确的坐姿以及阅读绘画的姿势，注重用眼卫生，能保持文具、书籍等物的清洁整齐，教育幼儿自己的事情自己做，养成按时作息，不挑食不偏食，少吃零食的好习惯。

习惯是在不断重复中逐渐养成的一种比较稳定的行为倾向。因此，培养孩子良好的行为习惯绝不是一朝一夕的事。作为成人不能想起来就要求一下，想不起来就听之任之，要始终如一，持之以恒，日复一日地进行训练，使孩子养成良好的习惯。

（四）提高幼儿自我保护意识

幼儿好奇心强，喜欢冒险，常常喜欢这里看看，那里摸摸，当自己身处危险之中时，也不能清楚地预见其行为的后果，缺乏自我保护的能力。而教师应时时刻刻做一个有心人，处处留心在意，进行随机教育。对于幼儿已造成的伤害，教师可随时随地对幼儿进行教育，这样更有说服力。

在日常生活中，孩子养成吃饭前、喝水前摸一摸、吹一吹的习惯，可以避免烫嘴、烫手等。吃饭时不嬉笑打闹，以避免异物冲进气管。吃骨头和鱼时，把小骨头和小刺挑出来能免受咽喉之痛。教幼儿在走路跑步的时候，眼要朝前看，重心要在下半身，身体不要往前冲；追逐时，要求幼儿拍到对方即可，不要抓着牢牢不放，对方被拍到后也应立即停下，不要再跑；在追逐时要注意不要和别的幼儿碰撞，要学会躲避和闪让。再如，各班可以开展爱护我们的眼睛，不跟陌生人走，高高兴兴上幼儿园，我不怕打针等教育活动，督促幼儿要养成保护环境的卫生整洁，愉快安静午睡等良好的行为习惯。关键是教师在每一次活动前的说教，让幼儿明白怎么样才算是最好的玩这一游戏活动，对于不良的活动行为，及时的制止，以免产生不良的后果。教师要注意从孩子的生活细节去训练，孩子能做的事就让他自己做，决不包办代替。这样才能提高孩子的自我保护意识和能力。

四、幼儿生活习惯与生活能力发展与培养课程与区角活动的关系

我国幼儿园的师生比相对来说比较低，所以集体教学活动在我国有着非常重要的作用。对于幼儿生活习惯和生活能力的培养，幼儿园并没有统一的教材，建议今后幼儿园在选择活动方案时，要依据《指南》中阐述的幼儿生活习惯与生活能力发展指标来进行有针对性的择。促进幼儿生活习惯与生活能力发展的课程主要包括两个方面：一是促进幼儿生活习惯与生活能力发展的集体教学活动，一个是促进幼儿生活习惯与生活能力发展区角活动。

（一）促进幼儿生活习惯与生活能力发展的集体数学活动

由于幼儿年龄小，坚持性和自控能力较差，所以教师在进行集体教学的过程中，一方面，对幼儿的每一项要求，都要充分考虑到幼儿自身存在的困难；另一方面教师要把握住每项活动的难度，讲

解要清楚，并做好示范，让幼儿反复练习和训练。

另外，集体教学活动并不意味着全部整齐划一，教师要注意到班里的孩子生活习惯与生活能力的发展水平的不同，在进行集体教学的过程中有针对性的教学。教师可以在讲授完课程内容以后，比如讲完正确的洗手姿势以后，让幼儿反复练习，并将活动内容融入到幼儿一日活动之中。教师应该在学科课程结束之后，让幼儿反复练习，并在实际生活过程之中有针对性的给予指导。

（二）促进幼儿生活习惯与生活能力发展的区角活动

除了幼儿生活习惯与生活能力的集体的教学模式以外，还有区角教学模式，它打破了传统的集体授课的模式，把游戏渗透到幼儿的学习之中，生活的全貌在幼儿的游戏中再现出来，让幼儿在周围环境的影响下，通过自身的操作实践活动及外部预设环境发生相互作用来获得发展。幼儿园可以设置生活角和安全活动室给幼儿提供更多的活动机会，使幼儿无需受到“自己要与集体同步”的约束，在轻松、愉快、自愿的状态下养成良好的卫生习惯与生活能力。

1. 生活角

教师可以在活动室，创立专门的“生活角”，为幼儿提供一些录音、图书、图片，让幼儿学会分辨哪些行为对，哪些习惯不好；在区角内多放置一些生活物品：袜子、手套、头梳、围巾等等，让孩子闲暇之余学习生活物品的使用，例如可以提供袜子、鞋带等，让孩子进行翻袜子，提高其生活能力，再让他们卷袜子，提高手眼协调性，还可以让他们配对，提高分类能力；提供雪花片、勺子、筷子等，让孩子掌握拿勺子、筷子的正确方法；区角内挂上几个钩子，将动物的头饰戴在晾衣架上并为其披一件小衣服，鼓励幼儿餐后或游戏时去给小猫、小狗扣纽扣，从而提高生活服务能力等等。再如，一位幼儿教师在生活角组织孩子进行了穿鞋子的活动，他是这样组织的，希望能给其他教师一些启发：教师出示两双鞋，并问："两双鞋有什么不一样？" 幼儿观察后说一双高兴，一双不高兴。教师接着说："为什么一双鞋高兴，一双鞋不高兴呢？" 在教师的引导下幼儿发现一双鞋穿对了，小鞋高兴；一双鞋穿反了，小鞋不高兴。然后边演示边引导幼儿听儿歌《小鞋朋友》（两只小鞋，一对朋友。穿错生气，噘嘴歪头。穿对微笑，点头拉手），使幼儿明确判断小鞋穿得对不对的办法是看看两只小鞋是点头还是歪头。接下来就是孩子自己穿鞋，进行实践活动，教师适时进行引导。

设立幼儿生活角既培养了幼儿的兴趣和动手能力，又激发了其合作意识。既满足了幼儿游戏活动的心理需要，又让幼儿自我服务意识有了很好的提升，从而提高了幼儿的生活卫生的习惯和能力。

2. 安全活动室

幼儿由于年龄小、无知、好奇心强、自控能力差等特点，对于生活中的一切都感到新奇有趣，充满了探索的欲望，但是他们又不懂得什么是危险，遇到了危险不知如何去规避，缺乏防范的基本意识，自我保护能力有限，自我保护意识弱，因此幼儿期是人一生中最易出现危险和遭受意外伤害的时期，在幼儿期对幼儿实施安全教育是十分必要的。在幼儿园创设安全活动区，可以让幼儿掌握一些避开或应对危险的技巧和方法，使幼儿远离危险避免伤害，为幼儿的健康快乐终身幸福奠定良好基础。

在幼儿园的整个室内活动区中，首先，教师要精心创设区内的物质环境，可以投放一些自制的安全画册、安全儿歌、故事，也可以引导幼儿自己动手制作，也可以在室内活动区入口处设立安全教育主题墙，教师与幼儿一起设计墙面，使安全教育与师生互动相结合。其次，可以根据安全活动的内容和不同阶段幼儿的探索需要将其相对划分为若干个活动区，在不同区域内设置不同的环境、投放不同的材料。

安全活动室包含哪些活动区呢？我们可以从以下几个活动区来设置：

交通安全活动区

主要提供玩具汽车，木偶人，用于铺设汽车道、人行横道、人行道的一些材料，红绿灯标牌等材料，并设置一些结构游戏，如“红绿灯”“开汽车”“交通警察”等，让幼儿首先搭建马路，有汽车道、人行道、人行横道及红绿灯标志等，将交通安全融入游戏中。让幼儿在游戏中慢慢地认识了规则，知道规则的重要性，巩固对交通标志和安全的认识，使孩子自我保护的技能在游戏中得到了发展。

通过这些游戏，幼儿了解了交通规则，了解了闯红灯的危险，知道外出要跟随大人、不能在马路上玩耍，这样才能避免交通事故的发生。在看似游戏性质的角色表演中幼儿获得了最为深刻的感性认识，规则意识、自我保护意识也得到培养。

自我保护能力活动区

主要提供玩具房屋及涉及的一些用具材料，可以设计“娃娃过家家”的游戏，让幼儿知道并执行 “陌生人来了不要开门，不吃陌生人给的糖果，不喝陌生人给的饮料，回家时要等爸爸妈妈来接，决不跟陌生人走”等常识，让幼儿产生最初的安全意识和安全感。

生活常识活动区

主要提供家庭生活中涉及的对幼儿产生危险的物品，如插座、暖壶等。同时可以让幼儿通过查找身边可能出现的安全隐患，一起来设计标志，并将这些标志贴到适当的位置上，比如“小心触电”的标志贴在活动区的电源插座旁；“当心滑倒”的标志挂在易摔倒的卫生间台阶旁；楼梯的每个台阶旁都有相应的警示语“注意安全”“安全第一”等标志。

自然现象活动区

提供录音机、大树等玩具材料，供幼儿体验自然现象，并使其科学地了解自然现象，排解恐惧心理，增强自我防范意识。

紧急事故活动区

提供模拟烟雾、救生圈等紧急事故中涉及的模仿材料，供幼儿在安全疏散演练或逃离教师设计的一些“险情”的过程中了解危险，体验危险，学会自救。通过这些模仿游戏使幼儿在模仿中学会正确的姿势和安全逃生的办法，并从中获得力所能及的避害、逃生的方法和保护自己的经验。

五、幼儿生活习惯与生活能力发展与培养的评价

正如上面所论述，在幼儿良好的生活习惯与生活能力形成过程中，必须注重潜移默化的影响，并使之贯穿于生活与各项活动之中。

而对幼儿生活习惯和生活能力的评价方法，定性评价无疑是一种较为实用且客观的方法。定性评价是“不采用数学的方法，而是根据评价者对评价对象平时的表现、现实和状态或文献资料的观察和分析，直接对评价对象作出定性结论的价值判断，比如：评出等级、写出评语等。”定性评价是利用专业的知识、经验和判断通过记名表决进行评审和比较的评标方法。定性评价强调观察分析、归纳总结与描述。

定性评价一般有两种比较实用的具体方法，一种是观察法。观察法是指“研究者根据一定的研究目的、研究提纲或观察表，用自己的感官和辅助工具去直接观察被研究对象，从而获得资料的一种方法。”科学的观察具有明确的计划性、目的性、系统性和可重复性。观察一般利用眼睛、耳朵等感觉器官去感知观察对象，还可以借助各种现代化的仪器和手段，如照相机、录音机、显微录像机等来辅助观察。观察法对于关注幼儿的生活习惯与生活能力，及时发

现他们的缺陷，并制定相应的修正措施有很大的帮助。

另一种是谈话法。谈话法又称问答法，是指“教师引导学生运用已有的经验和知识回答提出的问题，借以获得新知识、巩固旧知识或检查知识的教学方法。”这种方法较易于集中学生的注意，激发其积极的思维活动，提高教育效果。

谈话法是最古老的教学方法之一。我们的至圣先师孔子就常用富有启发性的谈话法进行教学。他主张教学要“循循善诱”、要“不愤不启、不悱不发”、运用“叩其两端”的追问的方法，从事物的正反两个方面去寻求知识。他还鼓励学生提出问题，对于能提出深刻问题的学生常给予褒奖。古希腊哲学家苏格拉底也善于运用谈话问答的方法。他也并不直接传授知识和经验，而是提出问题，以此来激发学生本人寻求正确的答案。当学生提出问题或作了错误的回答之后，他也不直接进行纠正，而是提出补充问题，把学生进一步引向谬误，然后促使他认识与改正错误。这种方法被后世称为苏格拉底法。谈话法能拉近教师与幼儿之间的距离。教师通过身教而使幼儿纠正不良习惯、改变懒惰心理，进而形成良好的生活习惯与生活能力。

总之，幼儿良好的生活习惯与生活能力是一项长期、系统、复杂的工程，幼儿良好行为习惯的养成在很大程度上取决于幼儿园与家长的教育，因此，教师和家长应长期耐心的教育、引导幼儿，家园同步，达成共识，最终使幼儿已养成的良好行为习惯得到巩固和保持。

参考文献：

陈鹤琴. 2006.家庭教育(大夏书系)[M].上海：华东师范大学出版.

陈卫东. 2003.人格是习惯的派生物——心理学家华生论习惯[J].少年儿童研究，(2).

丁育晖. 2006.让区角真正成为孩子们的乐园[J].江苏教育研究，(7).

高媛媛. 2009.关于区角游戏中幼儿自主性的探讨[J].基础教育研究，(23).

顾荣芳. 2002.试论幼儿健康教育的渗透与融合—兼议《纲要》幼儿健康教育思想的贯彻[J].学前教育研究.

顾荣芳. 2004. 幼儿园健康教育 [M].北京：人民教育出版社.

郭晓艳. 2011.幼儿园托班教养经历对3-6岁幼儿动作发展的成效研究[J].四川师范大学学报，（3）.

贾珀尔·鲁普纳林. 2005.学前教育课程 [M].黄瑾等，译.第三版.上海：华东师范大学出版社.

教育部.1981.幼儿园教育纲要（试行草案）[M].北京：人民教育出版社.

李鲁.2006.健康导论[M].浙江：浙江大学出版社.

李姗泽.2008.学前儿童健康教育[M].北京：中国广播电视大学出版社:240， 251-253，66.

林少杰. 2003.什么是发展性评价[J].现代教育论丛，(6）.

罗宾·福格蒂. 2006.多元智能与课程整合[M].北京：教育科学出版社.

孟祥芝，谢利苹. 2004.幼儿动作发展与动作抑制研究[J].心理发展与教育，(3).

潘光玲 等.2002.幼儿园素质教育统整课程[M].重庆：西南师范大学出版社.

庞建平，柳倩.2008. 学前儿童健康教育[M].华东师范大学出版社.

乌申斯基. 2007.人是教育的对象[M].北京：人民教育出版社.

中华人民共和国教育委员会.1996. 幼儿园工作规程（试行）[M].北京：北京师范大学出版社.

中华人民共和国教育部.2001. 幼儿园教育指导纲要（试行）[M].北京：北京师范大学出版社.

朱伟，朱昌荣. 2009运动技能形成的规律与体育教学方法的研究[J].教育与职业，(35)：107.

第二章 语言

第一节 引言

语言是人类思维和交际的工具。它以语音为物质外壳，以语义为内容，以语法为组织体系，以文字为视觉形式，来传递信息。语言是每个人必备的能力，是一种基于认知的综合实践能力。语言学习的目的和基本途径是与他人进行交流。

幼儿语言的发展大致可以分为三个阶段：1.5岁之前是语言准备阶段；1.5～3岁是语言的发展阶段；此后是语言的完善阶段。3岁的幼儿基本上能掌握本民族语言，词汇量达到1 000左右，开始使用一些复杂的修饰语和句子。他们不仅能说出自己的姓名、年龄、父母姓名、家庭住址，而且能够流畅地背诵儿歌、诗词、广告词等，会猜简单的谜语；但交流中还存在语病，与成人交谈还存在一些困难。

3～6岁的幼儿在听、说、读、写等方面都需要进一步加强和完善。《指南》将3～6岁幼儿在语言领域的学习和发展分为倾听与表达、阅读与书写准备两个子领域。教育者可以根据《指南》中描述的不同年龄段的幼儿在倾听与表达、阅读与书写准备两个子领域的发展目标和教育建议，为孩子创造良好的学习环境和条件，对孩子进行针对性地训练，并把这些训练贯穿到幼儿在幼儿园的学习、生活、游戏等各个环节当中。

本章的主要内容包括以下几个方面：

1. 研究背景介绍。简述国内外幼儿听、说、读和写等几项能力的相关研究成果和主流的理论，指出各项能力的发展历程与基本轨迹。

2. 发展目标解读。对《指南》中3～4岁、4～5岁、5～6岁幼儿的语言能力发展与培养目标进行分析，突出说明不同年龄阶段幼儿语言能力发展的差异，解释依年龄阶段来设定不同标准的原因。

3. 教育建议解析。对《指南》中列举的教育建议进行简要解释，帮助读者明确教育活动的目标，从而在设计活动时更有针对性，避免进入活动设计的误区。

4. 课程与区角活动设计建议。根据幼儿园课程设置和区角活动的共同教育目标，说明各子领域的课程设置如何与区角活动更好地联系在一起。

5. 能力评价问题分析。说明各年龄段的子领域能力发展的一般评价方法，帮助读者正确理解相关问题，能够较科学地对3～6岁幼儿的语言能力进行测评。

第二节　幼儿语言能力发展与培养的研究背景

语言是社会约定俗成的符号系统，幼儿语言习得的过程，是通过日常交流，在自然的生活环境中不知不觉地掌握本民族语言的发音、理解词义、学习组词成句、表达思想的过程。幼儿语言发展的必要条件，是让他们多听、多说、多看，并适当地写写画画。幼儿园语言教学工作要遵循幼儿语言能力发展的基本规律，引导幼儿生动、活泼、主动地学习。幼儿教师应了解幼儿语言发展的基本理论，按照各年龄阶段倾听与表达、阅读与书写准备的指标对幼儿进行有针对性的培养。

一、幼儿语言能力发展与培养的主要理论

（一）语言获得理论

将语言与思维联系起来，以幼儿语言能力习得规律为目的的研究活动始于19世纪末。20世纪中期以来，国内外学者更加广泛地关注幼儿语言能力的获得及其制约因素等问题，并形成了很多有价值的理论和观点。根据“幼儿是如何获得语言的？”这一问题的不同回答，幼儿语言能力发展与培养的主要理论可以分为三大流派：环境决定论、先天决定论、环境与主体相互作用论（祁文慧，2011）。

1. 环境决定论

行为主义者认为，幼儿通过听和说的行为建立了语词之间、语词与客观事物之间的联系，便学会了使用语言进行交流。这种学习行为可以通过加强外部刺激、进行条件反射训练来控制。简单地说，幼儿的语言能力就是通过倾听、模仿成人的行为，加以强化训练塑造而成的。

2. 先天决定论

这种理论否定了环境对幼儿语言能力发展的绝对影响作用，强调幼儿能够说话是由先天遗传因素决定的，认为人类的大脑先天就具有加工语法的功能，幼儿在一定的语言发展的关键期会习得某种语言能力，社会环境只是促进幼儿习得语言的条件，而不是决定因素。

上述两种理论都具有一定的局限性。一方面，遗传素质是幼儿能力发展的物质前提，孩子正是在这种由亲代传递下来的物质前提下形成了自己的行为基础。幼儿的大脑和神经系统、心理发展的个别差异，很大程度上源自遗传。如果父母的语言能力强，乐于倾听、善于表达，孩子就很可能也具备这方面的优良品质。另一方面，亲代听、说能力的好坏并非孩子此方面能力发展的决定因素。因为每个人语言能力的发展还会受到社会生活条件和教育等多种因素的影响，而且，来自外部的影响更为显著。

3. 环境与主体相互作用论

现代幼儿心理学家让·皮亚杰、布鲁纳、韩礼德等将幼儿的语言获得与幼儿心理整体发展联系起来，从微观上研究了语言与思维的关系、社会交往对语言的作用等问题。他们既肯定了人类具有先天的认知机制，也承认客观环境因素对幼儿语言发展的作用，是目前国内外研究幼儿语言发展的主流理论。

（二）读写准备理论

对幼儿读写能力的发展进行系统研究始于20世纪20年代的美国。教育者发现，很多小学生因为不会阅读而产生学习障碍，究其原因，是幼儿教育没有为孩子进入正规阅读教育环境做好准备。这一现象引起了研究者的普遍关注。

1. “阅读准备”说

1925年，美国国家阅读委员会提出了“阅读准备”说的观点，即“成熟或先前学习，使幼儿个体能容易而有效地学习阅读”，将0～6岁的学前教育阶段称作“为读写作准备的时期”。（张豹，2003）

2.“早期读写能力”论

“1966年，Marie Clay结合认知心理学和心理语言学的有关理论，提出‘早期读写能力’观点。他认为，读写能力的发展是从个体出生时就开始的一个连续发展的过程。幼儿在接受正式的读写教育之前，父母、教师及周围的环境都是重要的影响因素。”（Whitehurst，1998）1986年，Teale和Sulzby进一步明确了“早期读写能力”的概念：早期阅读能力是指幼儿在正式学习读写之前所具有的关于读写的知识、技巧和态度。（李燕芳 等，2004）

二、幼儿“倾听与表达”能力研究的主要成果

《指南》中划分出的“倾听与表达”能力也就是我们常说的口语表达能力，包括听与说，它是幼儿园语言教育的基本任务。近年来，幼儿语言获得的研究逐渐成为幼儿能力发展研究的重点之一。幼儿听辨能力、语音、词汇、语段等的研究都有显著成果。

（一）幼儿语言表达能力发展的机制

幼儿的语言表达行为是靠大脑的言语中枢来控制和调节的。幼儿听、说、读、写的先后顺序由言语中枢的发育成熟顺序所决定，因此，幼儿言语中枢成熟水平的个别差异也决定了他们的语言表达能力有所差别。

听觉是促进语言能力发展的重要感官。幼儿语言能力的获得，很大程度上取决于听觉力的高低。当词汇信息通过耳朵这一特定的通道，传送到中枢神经系统——大脑时，大脑将对听到的信息进行识别、加工、整合，之后由神经元对人体各个器官发出相应的指令。当指令信号发给嘴的时候，它便以语言的形式表达出来。正常

发育的幼儿，其听觉力应该也是正常的。如果听觉出现障碍，个体将不能正确识别言语的内容和意义，也就无法准确地进行语言交流。孩子的听觉中枢发育较早，对语音、语义的理解也早于表达。

孩子达到一定月龄的时候，会表现出言语产生、言语理解、言语复述等能力。当语言单位积累到一定数量、口腔的协调动作能力达到能发出语音的时候，便开口说话。（赵寄石 等，1993）有的孩子开口说话的年龄较小，发音比其他同龄幼儿清楚。但这并不意味着开口说话比较晚的孩子，其理解力和后天的表达能力落后于前者。因为每个人的言语运动中枢成熟时间和口腔运动能力的发展是有差别的。这很大程度上受到遗传因素的影响。研究表明，幼儿在3～4岁时能听懂成人的话，并能说出使人理解的话语；5岁时集中精力能听懂别人对话的内容，能说出符合常用语法的话语；6岁时基本没有发音错误，至少能复述两个短句。

一些学者从生物学和神经生理学的角度，鉴定了语言行为是以大脑的成熟发育为基础，与阶段性心理发展过程相适应的结论。随着年龄的增长，幼儿的感知觉、注意力、记忆力、情绪情感等心理特征都有所发展，与此相联系的语言行为也随之形成和发展。例如，幼儿要将听到的和谈到的词语与其发生的背景联系起来才能理解其含义；幼儿集中注意听的时间越长，他们能够理解语言的深度和广度也越大，从而能进行语言表达的行为也越流畅；情感丰富的幼儿，更能理解所听到的语言、文学作品的意义，更愿意主动学习和使用不同的语言。当孩子情绪高涨、与喜欢的人在一起的时候，听和说的愿望自然也更强烈。

当然，外部刺激对个体言语中枢机能的成熟也是有影响的。早期词语、句法的训练有可能扩大言语器官在大脑皮层的投射面积，从而促进言语中枢的成熟，激活表达能力的发展。这正印证了俗语“脑子越用越活”。另外，幼儿在识字之前，其语言表达能力发展水平与手指的精细运动有很高的相关性。动作思维敏捷的孩子表达能力也相对更强。

（二）幼儿语言表达能力发展的过程

从幼儿语言表达能力的发展历程来看，婴儿一出生便能发出“哎”“哼”等丰富的声音；3～4个月时，有时会发出笑声或有意识地向成人作出应答、呼叫；8个月时发音比较稳定，能用声音和动作相配合来表达自己的感情、愿望，这时父母对婴儿发出的近似于成人说话的声音进行强化，可以帮助孩子更快地获得语言。到了1岁，宝宝基本上可以说出经常训练的词，如“妈妈”，“要”等。我国的语言学专家研究发现，汉语幼儿经过单音发声、音节发声和前词语发声等三个发音准备阶段，在19个月以后开始真正意义上的语言交流。（周兢 等，2004）幼儿早期的语言往往跟熟悉的日常用品、小动物有关，意义和词性、语法也不够准确。在2～12岁的语言发展关键期内，孩子从发音、词句、语段等各方面逐步成熟。根据《指南》对各年龄阶段幼儿“倾听与表达”能力的指标，下面四个方面的研究结论对幼儿园教育工作具有指导意义。

1. 听辨能力

根据幼儿语言学的研究结果，幼儿听辨能力的发展分成三种层次水平：辨音——辨调——辨义。（周兢 等，2004）

（1）辨音阶段（0～4个月）

婴儿首先学会分辨言语声音和其他声音的区别。出生24天之后的婴儿能够对不同性别人的声音、抚养者和陌生人的声音作出明显不同的反应。婴儿在感知语言时能够辨别不同人说话时的音高、音量和音色方面的轮廓性的差异。两个多月的汉语幼儿能够从各种混合组成的话语中分化出不同的语音，并尝试发出如/a/、/ei/、/n/、

/ha/等的语音。

（2）辨调阶段（4～10个月）

这个阶段的婴儿开始注意别人说话时表现情感态度的语调，从整块语音的不同音高、音长变化中逐步体会话语声音的社会性意义，并且能够给予相应的具有交往作用的反馈。大约6个月之后，婴儿可以同时感知愉悦、冷淡和愤怒三种不同的语调，并能用微笑、平淡或紧张等表现对这些语调作出反应。

（3）辨义阶段（10个月以后）

10个月以后的婴儿开始能将语音和语义联系起来，并且随着年龄的增长，理解的词、句量将与日俱增。1岁到1岁半这段时期，幼儿的语言水平发展较快，其语言理解能力进步很大，会根据成人的语音、语调来调节自己的情绪反应。实践证明，大量的丰富的语言刺激可以促进孩子更早地开口说话，使孩子变得更加聪明。家长通过经常跟幼儿进行语言交流，可以使声音、词语、句子等信号不断地刺激幼儿大脑中枢的语言区，帮助幼儿建立语言的条件反射，进而完善幼儿的第二信号系统。这个能听懂成人语言但还不会说话的阶段，有学者称之为“消极语言发展阶段”。（梁联强，2002）

19个月开始，幼儿的话语开始逐渐增多，能够理解的听觉信息也越来越多。3～6岁的幼儿在听、说的时候不仅能注意到词与事物的关系，也能够注意到词与词之间的联系。他们逐渐了解语言规则，能把听到的音、义和事物的形象联系在一起，进行深入思维，并能通过初步的判断、归纳、推理，对所听到的信息作出反馈。在噪声环境中，6岁幼儿对语言的辨别力尚未达到成人水平。（刘伟等，1998）

2. 语音的获得

婴儿最早的发音从哭叫和细语声开始。家长们常听到类似元音

/a/、/ai/、/ou/和辅音/ma/、/ha/等的发音。3个月时，他们有与成人交往的需求，也便开始了咿呀学语的阶段。这时孩子会重复发出一些有节奏的类似词音的音节，如/baba/、/mama/、/nana/。从第9个月起，婴儿的发音不仅有重复的同音节，又增加了不同音节的连续发音，有时会出现音调的变化，如ā–jué–lú–bí。国外有学者称其为“小儿语”，很像对成人句式的模仿，可持续到1岁以后。（赵寄石 等，1993）成人无法了解这种语言的具体含义。它有时像要求，有时像抱怨，有时又像兴奋。总之，这是孩子情绪和意识的表达。1~1.5岁的孩子能够发出更多的连续音节，这也是向词音逐步过渡的阶段。语言发育超前的孩子，在这个阶段就可以说出一些成人可以理解的话语了。1.5岁以后，集中无意义的发音现象基本消失，取而代之的是单双词句和完整句。2.5~4岁的孩子可以掌握大量的语音，但是经常出现错误的发音，以声母居多。4岁以上的幼儿发音机制逐渐成熟，其语音也趋于成人化。在幼儿园阶段的幼儿，有的带有乡音，有的带有“奶音”，但都能听懂普通话。上小学以后，幼儿基本能够掌握发音的技巧。

3. 词句的运用

孩子在1岁半左右开始使用词汇，2岁左右能够说出简单的句子。3岁是词汇量增长的高速期，这时的幼儿已经能用词组成简单的句子来表达自己的意思，但句子经常不完整，常出现缺少成分、用词颠倒的现象，如“妈妈，看一看”（缺少“我想”），又如“妈妈，我要铅笔，长的”。这时幼儿的语句非常简单，没有任何修饰成分，即使能说出“小白兔、大灰狼”等词，实际上也只是将这些短语作为一个词来学习、理解和运用。如有的幼儿常说“灰的小白兔”，他们不会区别使用修饰词和被修饰词，只有经过成人的正确教育和不断的语言交流实践，才能逐渐掌握语法规则。

4~5岁幼儿已经能正确运用简单句子说明自己的意思或描述

见闻了。这时，他们掌握了丰富的词汇，能运用名词、动词、数量词、代词及常用的副词和连接词等。他们的语言表达能力呈现出由单句向复句发展的趋势，复句比例有所增加。容易出现的语言错误有：（1）句子常常省略关联词语，如“因为没穿外衣，（所以）不能出门”。（2）用词不当、逻辑混乱。幼儿对某些词义不完全理解，对句子形式的掌握也不准确，所以常说出类似“我有一辆新车、新衣服，妈妈买的”的话。

6岁是幼儿词汇量增长的又一高速期。这时，幼儿知识经验比较丰富，抽象思维也有了相应发展，已经掌握了较为复杂的语言形式，学会使用各种连接词和复句结构，对迅速增多的新词的词义逐渐理解。疑问句的所有形式幼儿都易掌握，但他们对被动句的理解比较晚，只是初步了解，还谈不上真正理解和灵活运用。幼儿园大班的孩子会用单字组词，还能用修饰性的语言来描述具体事物。

4. 语段的发展

幼儿语段的发展经历从列举事物到描述空间关系，再到说明因果关系或对事物的总体印象。3～4岁幼儿主要以叙事性语段来进行表达。他们经常回忆自己经历的事情并详细说给大人听，向别人说明什么时候，在哪，和谁发生了什么。幼儿谈及他人、自我和交往的信息越多，其语言能力越好。在事件描述的逻辑顺序性、内容丰富性、主动性方面，语言表达能力强的幼儿发展得均好于语言表达能力差的幼儿。另外，幼儿的语言表达能力也与其社会化程度相关。一般语言表达能力很强的幼儿，其社交主动性也较好，所以这样的幼儿对其生活事件的回忆也很主动。（王江洋 等，2010）研究还发现，4岁女孩比4岁男孩回忆提及的有关交往和他人的信息更多，存在显著性别差异。（陆慧菁，2007）

从5岁开始，孩子表达的生动程度明显提高，学会使用比喻、拟人等方式，但是缺乏条理性。6岁幼儿看图讲述的能力逐渐发展，会发表自己的看法，并说出理由和根据。在成人的引导下，幼儿学会有礼貌地倾听和交谈，比较完整地复述故事。

三、幼儿“阅读与书写准备”能力研究的主要成果

读写能力，即日常生活、学习、与人交往中使用文字信息的能力。阅读与书写属于书面的言语过程，是在语言表达能力发展到一定阶段后才发展起来的。关于幼儿阅读与书写能力的发展轨迹，学者们形成了下面的主要观点。

（一）幼儿阅读能力发展与培养研究

幼儿的阅读能力主要是指识别和理解字体特征、字母、声音或音节单元、单词、词组、观点、主要观点以及中心思想的能力，包括图文感知、内在关系理解、鉴赏性理解等要素。幼儿主要凭借色彩、图像、文字或成人的形象讲述来理解读物。在阅读的时候，幼儿可以指出熟悉的文字，并赋予正确的读音；能够了解文字在不同情境下的不同功能，组成简单的词汇；能够发现并尝试使用新学会的词句；能够产生丰富的联想，帮助自己记忆语言的各种形式；能看懂或识别一些路标和生活中公共场所的通用标记。

幼儿阅读图书行为的发展可以分为三个阶段。第一阶段：仅看图画，未能将图画之间的联系形成完整的故事。这个阶段的幼儿注意图书中有趣的画面和人物的行动，能够对图画当中的人和物进行命名，根据成人的讲解重复语段。第二阶段：看图能说出完整的故事。根据图上的人物关系、行为表现复述或自编故事。第三阶段：尝试识读文字。在这个阶段，幼儿的识字、阅读行为表现为五个层次：只关注文字而忽略故事情节；部分地读，重点阅读自己认识的字；以不平衡策略读，略过不认识的字，推测故事情节；独立地读，遇到不认识的字请成人帮助解决，以便顺利理解；独立且完全

阅读。（费广洪 等，2010）

幼儿的阅读行为是幼儿从口头语言向书面语言过渡的准备。幼儿从小通过听自己和别人说话的声音来建立语音和语义之间的联系。作为一种交际的工具，文字的识别和使用为孩子的社会交往提供了更好的条件。在听与说比较成熟的阶段，幼儿开始对书面语言产生兴趣，并有意识、有选择性地阅读。从技能技巧上来说，阅读要比听与说更为困难，因为它涉及语言的有意识知觉、听力理解、信息加工等多方面因素。阅读能力的形成是一个自然习得的过程，其发展是专门训练的结果。在早期获得口头语言的同时，幼儿便萌生对书面语言的兴趣和敏感性。在好奇心和求知欲的驱动下，孩子会主动从图书中提取意义、建构解释、探索书面语言的魅力。

（二）幼儿书写能力发展与培养研究

书写活动是幼儿学习过程中最重要的内容之一。幼儿在正式学习书写之前，经常随意涂涂画画，尝试和探索写字的各种方式，初步学习了很多有关书写的知识和技能。随着阅读量的增加，他们开始了解书面语言的意义，主动结合新知识和既有的知识，学习写出规范的字来。

幼儿书写行为的发展是一个连续的过程。个体从出生时就开始接触语言符号、记忆生动的画面。幼儿在机体成熟的基础上，开始学习书写，一般经过了解文字的用途、练习重复使用少数几个笔画书写、发现简单笔画的变化方式、记忆笔画有限度的变化规律、掌握有次序和方位的书写规则等一系列过程。它跟人的手部精细动作的发展有关，和绘画行为相辅相成。大多数2岁的孩子就能正确拿笔在纸上写写画画。3岁以下的孩子不能很好地掌握书写技能，只会画出点、圆圈、直线等。随心所欲地涂鸦即是孩子早期的绘画作品。我们经常看见孩子们的字掺杂着潦草的笔迹、奇怪的线条和随意安排的可识别的字形，这些书写作品往往与特定的场景结合在一起，通过幼儿的口头解释才可被阅读和理解。（林泳海 等，2004）3～6岁的幼儿可以进行模仿式的书写。他们看见大人在写东西就会立刻模仿。随着年龄的增长，幼儿读写经验逐渐增多，其书写能力可以通过教育逐步增强。当成人或同伴对其书写“作品”表现出兴趣的时候，孩子便会产生强烈的书写意识。在小学阶段，孩子会接受正规的书写教育，了解书面语言的特点和书写的各种要求，在笔顺、拼写等方面都有比较严格的训练。

（三）读写能力的心理准备研究

个体的发展成熟是阅读与书写行为的先决条件。当幼儿具备了听觉、视觉的辨别和记忆能力，手眼协调能力较好，掌握了一般感觉运动和认知技巧等，便可以分辨出语音、字形和字义，认识部分和整体的关系，为之后的阅读与书写打下基础。幼儿从小接受来自书本、电视、室外等各种文字的刺激，自然而然地在头脑中建立了相应的联系。当幼儿了解了文字使用的意义并掌握了初步的读写技巧的时候，便会经常主动地阅读与书写。他们通常运用自己的力量去学习文字的规则和内涵，逐步理解语言与文字的关系，学会正确的读写方式。

从以上梳理可以看出，幼儿的语言能力是在幼儿听、说、读、写的实践活动中发展和培养的。因此，《幼儿园教育指导纲要（试行）》在语言领域明确提出了“喜欢听故事，看图书”的目标，并在“内容和要求”中指出，要“利用图书、绘画和其他多种方式，引发幼儿对书籍、阅读和书写的兴趣，培养前阅读和前书写技能”。

第三节　倾听与表达

“倾听与表达”能力是幼儿语言发展中最重要的能力。幼儿教师正确理解《指南》中不同年龄段幼儿在“倾听与表达”方面发展指标的内涵，从而有针对性地设计教学活动与区角活动，对幼儿语言能力的发展具有重要的意义。

一、幼儿“倾听与表达”能力发展与培养的标准与内容

按照幼儿“倾听与表达”能力发展的基本规律，《指南》将幼儿“倾听与表达”能力发展与培养的目标划分为三个方向，每个方向的发展目标在3～4岁、4～5岁、5～6岁各年龄段都有更明确的描述。

（一）认真听并能听懂常用语言

善于倾听，不仅是一种美德，也是一种智慧。让幼儿养成良好的倾听习惯，掌握倾听的技巧和原则，是促进幼儿语言能力发展的重要条件。3～6岁的幼儿通过不断地接触、感知日常用语，能够听懂生活、学习等环境的常用语言，并产生相应的行为反应。

◆3～4岁幼儿的发展指标

1. 别人对自己说话时能注意听并做出回应。

调皮是孩子的天性，上幼儿园之前，很少有成人会要求幼儿能安静并注意听别人说话。3～4岁幼儿自我意识逐渐形成，他们很在意别人对自己的评价，因此常常能专注听别人跟自己的对话并通过语言或行动来回应，例如根据成人的连续指令做事情、对于苛刻的要求进行反驳等。

2. 能听懂日常会话。

幼儿的语言能力是在相应的语言环境中发展起来的。平时，他们与父母或主要抚养人、经常接触的人进行语言交流，逐渐习得成人化的语音、语调，这便是我们通常说的母语。幼儿初期能听懂的语言限于本民族语言。在幼儿园中幼儿逐渐学会听懂教师的普通话教学语言。

◆4～5岁幼儿的发展指标

1. 在群体中能有意识地听与自己有关的信息。

幼儿园的教育让幼儿的自制力增强，他们能理解别人的感受和想法。一般4～5岁的孩子能短时间集中注意力听教师讲课，会举手发言，也很容易走神。但随着幼儿自我意识的不断增强，他们对于与自己有关的信息能够有选择性地注意倾听，比如教师在上课的时候表扬自己的语言。成人可以带领孩子观看幼儿剧、参加大型的活动，让孩子在自己感兴趣的事情中锻炼倾听能力。

2. 能结合情境感受到不同语气、语调所表达的不同意思。

例如，妈妈在不同的语境说“你还要吃米饭吗？”这句话的意义是不一样的。假设情境一：锅里的米饭只够一个人吃的，其他人要吃面条。妈妈会耐心地解释：家里奶奶年龄最大，应该把米饭给奶奶吃。这时妈妈的语气是渴望理解，希望孩子在听到“你还要吃米饭吗？”这句话以后回答“不，我要吃面条。”假设情境二：孩子喜欢吃米饭，连续很多天不吃别的主食。妈妈为了营养更合理，想让孩子吃点玉米、高粱一类的粗粮。这时妈妈会解释吃粗粮的好处，希望孩子在听到“你还要吃米饭吗？”这句话以后回答“不，我要吃有营养的粗粮。”经正确指导，4～5岁的幼儿能听出说话人的语气、语调，同时也能结合语境理解不同的语气、语调所表达的含义，如上面提到的例子。

3. 方言地区和少数民族幼儿能基本听懂普通话。

普通话是我国各民族的共同语言，也是全球华人的正式交际用语和书面语。它以北京语音为标准音，以北方话为基础方言、以典范的现代白话文著作（现在以《现代汉语规范词典》）为语法规范，具有音节结构简单、音节界限分明等特点，比较容易掌握。我国是一个多民族国家，约有80种以上的语音。在少数民族聚居地的人们，一般使用本民族语言进行交流。到了幼儿园阶段，教师通常使用普通话进行教学。幼儿则对普通话的日常会话也更加熟悉，能够根据教师的引导听懂常用的普通话。

◆5～6岁幼儿的发展指标

1. 在集体中能注意听教师或其他人讲话。

5～6岁的幼儿经过训练之后能够具备良好的倾听习惯，在集体活动中会注意听别人讲话，不随便打断；通过对方的言语和表情、手势等全面了解对方说话的意思，获取自己需要的信息。在集体中，幼儿认真倾听，有助于他们更好地与他人交流，也是他们心理成熟和修养进步的一种表现。

2. 听不懂或有疑问时能主动提问。

幼儿语言的获得需要听觉器官和发音器官的共同作用。这也是人类语言区别于动物语言的重要特点。当幼儿的耳朵接收了听觉信息之后，它会把这些信息传递到思维系统当中。如果幼儿充分理解了对方的意思，便会产生直接的行为动作；如果没能听懂，或者产生了新的想法，便会质疑或提问。一般具有良好倾听习惯的幼儿，在保持有效注意的时候，对听到的东西记忆、接收得非常快，也会作出适当的反馈。

3. 能结合情境理解一些表示因果、假设等相对复杂的句子。

基本能够理解用关联词连接的两个或两个以上、在意义上有密切联系的句子。包括下面几个种类：

（1）表示转折关系的句子，如：尽管……可是……，……却……

（2）表示假设关系的句子，如：即使……也……，既然……就……

（3）表示条件关系的句子，如：只要……就……，只有……才……

（4）表示因果关系的句子，如：由于……因此……，因为……所以……

（5）表示并列关系的句子，如：一边……一边……，有时……有时……

（6）表示承接关系的句子，如：一……就……，起先……后来……

（7）表示递进关系的句子，如：不但……而且……，不仅……还……

（8）表示选择关系的句子，如：不是……就是……，或者……或者……

能准确辨别一定语言情境中的同音词。同音词的声、韵、调是完全相同的。它又分为同形的同音词（也就是我们常说的一词多义）和异形的同音词。年龄小的孩子主要靠自身经验来理解别人的语言，对很多不熟悉的名称，尤其是同音、近音的词都难以辨别清楚。5～6岁的幼儿逐渐能够根据语境判断出对方语言中的同音、近音词语的含义，如“瘦”和“受”、“猩猩”和“星星”在用法上的不同。

（二）愿意讲话并能清楚地表达

随着社会经验的增长和丰富，3～6岁的幼儿在集体学习和日常生活中，有着强烈的交往需求，而语言是他们与人交往的重要方式和手段。幼儿会选择语言同他人互动，适时调整自己的语言策略，把自己的想法清楚地表达出来。具体表现在叙述事情的经过、说明物体的特征、表明自己的态度等方面。语言发育正常的幼儿能主动进行表达，愿意与人沟通。内心紧张、讲话小心谨慎，甚至发生“口吃”的孩子则需要增强训练、建立良好的表达意识。

◆3～4岁幼儿的发展指标

1. 愿意在熟悉的人面前说话，能大方地与人打招呼。

一些幼儿由于胆小、不自信而在陌生人面前沉默、不敢大声讲话。这并不意味着他们的语言表达水平低下，而是表达意识不强。在教师的教导下，孩子能够做到在一定场合跟熟悉的人打招呼、自然地交谈。

3～4岁幼儿已经能用简单的语言与别人进行交流了。但是一些不经常与人交往、天性害羞的孩子与人主动打招呼的意识较为薄弱。这需要教师耐心地引导，让幼儿建立起主动交谈的习惯，根据对方的面貌特征做出比较合适的称呼，如年龄大的男性称为爷爷，年轻的女性称为阿姨。

2. 基本会说本民族或本地区的语言。

3～4岁幼儿的发音器官已经基本成熟，能够比较流畅地进行语音表达，能分清并准确地模仿4～5种语言。此时幼儿的心理的发展水平决定，当他们具备了一定的知觉和动作控制能力之后，就会以亲密接触的成人为榜样，模仿他们的言行，形成自己的语言习惯。孩子在幼儿园接受的是普通话的教育，在家则受到区域性语言的影响。这两种语言是孩子最为熟悉且最易表达的语言，他们会接受并选择性地使用方言和普通话跟成人进行交流。最常见的现象是，同样的一句话，孩子在幼儿园会用普通话对教师说，而回到家则换作方言跟家长讲。这也证明了3～4岁孩子对环境的适应性是很强的。

3. 愿意表达自己的需要和想法，必要时能配以手势动作。

3～4岁幼儿一般会比较直接地提出请求、表达意见，如“你不要坐在我旁边”“我也想玩这个玩具”。社会交往能力较强的孩子还会运用适当的技巧，委婉地请求他人的帮忙或拒绝别人，如以商量的口吻说：“给我一个吧，谢谢妈妈！”幼儿语言表达的词语、语气、语速等都与家长的语言习惯相接近。家长经常与幼儿探讨问题、表达观点，不仅教会孩子如何讲话，而且告诉他们表达自己的需要、想法的重要性。研究发现，幼儿回忆、叙述生活中的事件时，会配合一些额外的动作，如手势、鬼脸等。

4. 能口齿清楚地说儿歌、童谣或复述简短的故事。

3~4岁的幼儿能够做到清楚地发音，平舌音和翘舌音一般也能区别开来。跟读和复述是锻炼这个阶段幼儿口语表达能力的有效途径。让孩子跟读，从词组、短句开始，最后到整段儿歌。复述是在跟读的基础上，由少到多地回忆儿歌的内容。跟读和复述不仅能提高孩子的语言水平，而且能有效扩大孩子的记忆容量。

◆4~5岁幼儿的发展指标

1. 愿意与他人交谈，喜欢谈论自己感兴趣的话题。

4~5岁幼儿的认知能力和交往能力都达到了一定的水平。他们经常会关注某些话题，喜欢问东问西，也愿意听别人谈论自己感兴趣的事情。在轻松、愉悦的环境中，幼儿容易受到他人情绪的感染，倾向于互动话题的问答，喜欢参与自主交流活动。交谈可以使幼儿获得丰富、有趣的经验和信息。在与他人交谈中，孩子逐渐学会理解他人、客观地评价自己、调控自己的情绪和行为。与他人交流得越多，幼儿得到别人的理解、关心也越多。因此，随着年龄的增长，幼儿开始愿意主动交谈，他们也更希望在幼儿园生活或集体活动中，与别人交流自己的想法。

2. 会说本民族或本地区的语言，基本会说普通话。少数民族聚居地区幼儿会用普通话进行日常会话。

4~5岁幼儿的词汇量飞跃发展，他们可以使用母语和别人进行流畅的口语交流。在普通话表达方面，各民族的幼儿在接受了正规幼儿园教育后，都能够使用普通话进行基本的日常交流。城市幼儿普通话说得流畅些，好于农村幼儿。如果幼儿生活在方言较重的地区，但其父母双方或一方讲普通话，并且重视幼儿的正确发音，该幼儿在语言习得阶段直到以后的学生时代，都显示出不同于当地幼儿语音的特点，能讲标准的普通话。（杨丽珠，1996）

3. 能基本完整地讲述自己的所见所闻和经历的事情。

随着交际意图的增长和语言结构的发展，幼儿园中班的小朋友已经能较好地使用名词、动词和人称代词。相对于小一点的孩子来说，他们不仅能自如地表达自己的意见，而且能比较准确地谈论过去发生或者将要发生的事情，不限于谈论眼前的事情。一些细节情况也能表述得很清楚。他们经常模仿大人的口吻细致地讲述自己听到的和看到的东西，例如“今天我和妈妈上市场买菜了。回来的路上遇见了邻居张大爷……”

4. 讲述比较连贯。

随着幼儿思维能力的发展，他们在进行语言表达的时候开始注意句与句的排列、上下句的衔接，说出来的话更符合逻辑。3～4岁左右的幼儿主要通过感知所处情境并调整自己的情绪，运用身体语言和简单的口头语言进行表达；5～6岁的幼儿情境语言的比重逐渐下降，能够逐渐使用连贯语言整段地表述自己的意思。不需要反复提问，成人就能了解事情的经过。但此时的幼儿使用的句子的构造仍不完整。如果用图片和导语对幼儿进行口语训练，多数孩子能够连贯且成段地描述事物之间的外在联系以及事件的主要经过。

◆5～6岁幼儿的发展指标

1. 愿意与他人讨论问题，敢在众人面前说话。

幼儿园大班的孩子能够独立思考，理解力也越来越接近成人。

他们在很多时候会更相信自己的判断并希望与他人沟通自己的想法。因此，这个阶段的孩子经常对事情产生质疑，喜欢和同伴、家人一起讨论问题。他们在讨论问题时思维非常活跃，会联系日常生活中的所见、所闻对某个问题进行描述并发表自己的见解。鼓励孩子使用社会化的语言，在众人面前说话，能有效增强孩子的自信心和语言表达能力。当被同伴或大人认可的时候，他们便会更加积极地学习沟通的技巧，逐渐摆脱自身的“怯场”心理，自如地表达自己了。

2. 会说本民族或本地区的语言和普通话，发音正确清晰。少数民族聚居地区幼儿基本会说普通话。

5～6岁的幼儿已经熟练掌握了本民族或本地区语言的基本技巧，做到语法正确、语义准确，能分清相似音。普通话是以汉语授课的各级各类学校（包括幼儿园）的教学语言，正常3周岁左右入园的幼儿，在教师的引导下，在6岁时不仅能听懂普通话，而且能按照普通话的标准发音和语法规则与他人进行日常交流。即使是在少数民族地区，这个阶段的幼儿也能够比较流畅地使用更复杂的普通话与外界来访者进行沟通。

3. 能有序、连贯、清楚地讲述一件事情。

随着幼儿语言中枢的发展成熟，幼儿园大班的孩子已经可以按照正常的思维方式和语言顺序进行交流。他们的语病越来越少，能基本正确遵守语言规则，准确把握“以前”“以后”“同时”等时间概念，讲述的事情对方能够听明白。这时孩子的叙述仍然以简单句为主，复合句也占有一定的比例。在陈述的同时，幼儿会提出疑问，也会根据情境使用祈使句和感叹句。语言能力较强的孩子，会讲解自己会背诵的唐诗，或大篇幅叙述动画片的情节。

4. 讲述时能使用常见的形容词、同义词等，语言比较生动。

幼儿日常语言中使用得最多的是名词和动词。这两类词语在3～6岁各年龄段的使用频率差别不大。大班的幼儿在讲述时会经常使用形容词和代词，比较抽象的量词、数词、副词、感叹词等，他们能使用的形容词可达100多个，语言听起来生动、形象，其使用频率也会随着年龄的增长逐渐上升。这时孩子会正确使用一一对应的反义词，能根据情境选择性地使用同义词，还喜欢用单音重叠的词语来描述事物，如“慢慢地走”“冷冰冰地说”等。

（三）具有文明的语言习惯

语言是人类表达思想、进行社会交往的最基本方式。良好的表达习惯不仅要求表达流利、发音清晰，还要尊重谈话的对象，注重公共场合的语言文明，养成社会所认可的语言表达习惯。

◆3～4岁幼儿的发展指标

1. 与别人讲话时知道眼睛要看着对方。

这种简单的习惯是幼儿进行言语交际的需要，也是人们利用语言进行交流时普遍遵循的社会规则。一方面，它出于对周围人的理解和尊重；另一方面，它是幼儿对自身语言能力自信的表现。注视对方的眼睛能使幼儿产生一种交际倾向，这对于3～4岁的孩子来说，能有效促进其社会化的进程。而且，注视别人讲话还有助于促进孩子语言能力的发展。当幼儿用眼睛注视说话人时，他通常会听得更认真，能更准确地理解说话人的意思。

2. 说话自然，声音大小适中。

能自信地进行表达，吐字清楚，发音比较准确，会用真嗓门说话，音调不高不低，音量适宜。

3. 能在成人的提醒下使用恰当的礼貌用语。

对于3～4岁的孩子，成人要让他们了解一些不同情境下使用的礼貌用语，以及每种礼节背后的道理。

（1）问候语：你好、早上好、下午好、晚上好、生日快乐。

（2）致谢语：谢谢。

（3）赞美语：真好、太棒了、加油。

（4）告别语：再见、拜拜、晚安、欢迎来我家玩。

（5）应答语：没关系、不客气、我明白了、是的、好。

（6）道歉语：对不起、不好意思。

（7）请求语：请、帮忙。

同时，成人要在实际情景下提醒孩子使用这些礼貌用语，如乘坐公交车有人给幼儿让座时，一般孩子出于对陌生人的警觉不会主动表示感谢，但是，在家长的提示下，会说“谢谢”；又如抢了小伙伴的玩具后，幼儿能在教师的提示下承认自己的错误并说“对不起”。

◆4～5岁幼儿的发展指标

1. 别人对自己讲话时能回应。

幼儿园小班的幼儿总是选择性地回答别人提出的问题，甚至当大人与之讲话的时候视而不见或自言自语。4～5岁的孩子交际需要不断增强，其“应答意识”也随之加强。他们了解到回应是与别人进行言语交流所必需的，应答就是要让对方明白自己的意思。

2. 能根据场合调节自己说话声音的大小。

随着年龄的增长，幼儿逐渐懂得基本的交际礼节，知道在公共场合或他人休息时不大声喧哗和随意哭闹，上课回答问题时声音响亮、口齿清晰。他们能根据所处情境，使用得体的语言来与人沟通。如正式场合下随便说话是不礼貌的，而在非正式场合可以不必过于拘谨。

3. 能主动使用礼貌用语，不说脏话、粗话。

文明的语言，常常体现出说话者美丽、高尚的心灵以及受过良好的教育。4～5岁幼儿的是非观念逐渐形成、语言能力在逐步提高。他们能够在没有情绪的时候说话和气，举止得体，尽量少地使用口头禅，能用简练的语言表明态度和想法；交谈时用词比较规范，能根据场合选择使用礼貌用语。以上是最基本的礼貌用语，4～5岁的幼儿应该学会主动使用。遇见其他语系的客人能主动使用普通话进行交谈。另外，家长要营造积极的语言环境，教育孩子尊重别人，不说脏话、粗话。

◆5～6岁幼儿的发展指标

1. 别人讲话时能积极主动地回应。

5～6岁幼儿掌握了基本的应答技巧。他们逐渐学会使用得体的语言积极回应他人的讲话。他们能根据交际的目的、讲话对象的特征和场合，清晰地传达出信息，也会用手势和暗示性语言辅助自己的表达。

2. 能根据谈话对象和需要，调整说话的语气。

对5～6岁的幼儿，要培养他们根据谈话对象和需要，调整自己说话的语气，如对长者说话、请求别人帮忙时不用命令的口气，对过往问路的人能耐心指明方向；根据个人的喜怒哀乐、赞成或反对、喜欢或讨厌等情态，采用不同的语调来表达感情，提问的语句尾音上扬，重点强调的地方加重发音，失望的时候往往声音低沉，情绪激动时语调会响亮而急切。一般5岁以上的幼儿都能根据所处情境，配合表情传达自己的情绪、情感，如在讲述悲伤的事情时会用低沉的声调和伤感的语气，还会显示出愁眉苦脸的表情。

3. 懂得按次序轮流讲话，不随意打断别人。

了解集体活动应注意的礼貌，能较好地把握说话时机。多人讲话也像排队玩滑梯时一样，要有先有后，按次序发表自己的观点。他人讲话的时候要认真倾听以表尊重，不能随便乱跑、走动。如果因为没有听懂、听清而必须马上打断别人的讲话，或者有事需要离开，须先表示歉意，说明理由，请对方重复或解释。

4. 能依据所处情境使用恰当的语言。如在别人难过时会用恰当的语言表示安慰。

随着幼儿认知能力的发展，他们对情境言语的理解和使用愈加熟练。3~4岁的孩子就能感知所处情境并调整自己的情绪，通过身体语言和简单的口头语言表达出来；5～6岁的孩子能根据环境调节音量和语气、语调，也能配合表情传达自己的情绪、情感。性格活泼的孩子能够在伙伴摔倒的时候主动进行安慰：“别哭了，我扶你起来”，也会鼓励别人或者嘲笑别人。

二、幼儿“倾听与表达”能力发展与培养的教育建议

发展和培养幼儿的“倾听与表达”能力，可以从意识、技能和习惯三个角度，从语言、语法、语义、语用等方面实施有效策略。教师应遵循幼儿的发展规律，在平时利用各种机会，引导孩子聆听大自然中美妙的声音，听辨社会中丰富的声音，充实他们的感性经验，拓宽幼儿获取知识的渠道；多跟孩子进行口头交流，循序渐进地引导幼儿独白、交谈等水平的提高。

（一）把握语言交流情境，让孩子在生活中自然学会倾听

1. 创设积极的交流情境

关注生活中的语言交流，多给幼儿提供一些倾听和交谈的机会，让幼儿掌握正确的语音、丰富的词汇。引导孩子讲述感兴趣的事情，如要看哪本书、早饭吃什么等。主动向孩子介绍周围的事物，和孩子谈论他在家或外出时的所见、所闻。鼓励幼儿提问，并积极回应他们的问题、耐心地进行解答。语言交流内容可根据年龄有所差异。比如，早晨同孩子谈论当天的天气。对于幼儿园小班的宝宝，教师可以告诉他当天是晴、多云，还是阴，有没有下雨。中班的孩子可以认识更多的天气符号，教师可以口述：阴是云的符

号，多云是云带半个太阳。大班的孩子可以理解更深刻的概念，在谈论天气的时候，教师就可以跟他解释天气是如何区分的：阴天是一直都见不到太阳；晴是可以一直看见太阳；多云是有时有太阳，有时没太阳，抬头能看到蓝蓝的天上飘着白白的云；晴转多云是开始时是晴天，过一段时间后变成多云；晴间多云是以晴为主，不时会看见大朵大朵的云飘过。

2. 让交流变得精彩

抓住孩子听的兴奋点，精心设计语言交流的情境，唤起他们听的欲望。交流的内容要贴近生活、符合孩子的年龄特点，通过设置悬念、内容复述、动静结合的游戏活动、积极的鼓励和评价等方式给孩子带来听的乐趣、听的收获。说话时教师要注意结合情境使用丰富、规范性的语言，突出语气、语调在谈话中的作用。如对幼儿的不合理要求以比较坚定的语气表示不同意见。

3. 重视文学作品听读练习

通过听读训练，让幼儿掌握听的技巧和说的规则。选择适合幼儿年龄特点的优秀读物引导幼儿听、读。在空闲的时间或睡觉前给孩子讲一些经典的故事，和孩子一起讨论故事里的人物情感、猜测故事情节，设计一些小的问题帮助孩子理解故事要表达的感情和意境。教师在对幼儿进行听能力训练的时候，要尽量保持清晰、完整的发音，正确使用表示因果、假设、条件等关系的连接词，对可能出现歧义的同音词、语句稍微作以解释或使用特别的表达方式。有意识地运用不同语调让幼儿感受书中人物高兴的、生气的、悲伤的心情，引导幼儿理解不同情境中语句、词汇的习惯用法。

（二）培养语言交流意识，造就幼儿的沟通、自我表达能力

3~6岁是幼儿掌握语言的关键时期，利用好这一时期，培养孩子将自己的想法表达出来的主动意识，锻炼孩子在外人面前表述

自己的能力，这样在以后的集体生活中孩子就会增强自信，减少恐惧、羞怯感。

1. 让幼儿乐于交流

幼儿在群体中愿意主动表达，说明他们对讨论的话题感兴趣，争强好胜，不甘落后；不愿意主动表达，可能因为他们对讨论的内容不感兴趣，或不会回答问题，或羞于开口，也可能是因为不敢向教师表达自己的想法，不敢和小朋友争辩。教师应尊重和接纳幼儿的各种说话方式，理解不同幼儿高低不等的表达水平。鼓励幼儿多使用语言表达自己的意见，让他们在课堂上大胆表述自我见解，对主动表达的行为给予表扬，对表达准确的行为给予奖励，并积极回应孩子的语言行为。涉及幼儿自己的事情，要多询问和听取幼儿的想法和意见，鼓励他们说出理由。当幼儿提出不合理的要求或随便发脾气、与同伴发生冲突时，教师不要简单地进行批评和指责，应多与幼儿沟通，引导他们叙述自己的态度和看法，让他们学会用语言协商解决问题。

2. 为幼儿营造说话的氛围

让孩子体验语言交流的乐趣，喜欢用语言与人交流，通过交流促进幼儿表达能力的提高。对于3～4岁的宝宝，教师可以带领他们做“叫名字”的游戏，让他们在叫出别人名字、应答别人呼唤的同时，体验语言交流的乐趣。对于4～5岁的宝宝，教师可以带他们接触一些新朋友，鼓励他们相互介绍，一起商量怎么玩，互相讲述自己的经历或听说的有趣的事情、看过的书或电视节目等。对于5～6岁的宝宝，教师应该带领他们出去游玩、出席一些社会活动，接触更多的陌生人（包括成人），教他们如何礼貌地进行交流和保持沉默，如何大胆而精彩地在众人面前讲话。另外，幼儿园要保证孩子们每天有足够交谈的时间，教师和幼儿一起讨论他们感兴趣的话题，倾听幼儿讲述每天的生活、学习以及与他人相处的情况，鼓励孩子在适当的时候大胆讲述自己的想法或见闻。教师要积极组织幼儿一起读书，绘声绘色地给孩子讲故事，让孩子练习复述故事、背诵诗歌等，在提高其口语能力的同时增强记忆和理解能力。在方言和少数民族地区，教师要坚持普通话的教学语言，并让幼儿在相互交流时也尽量使用普通话，以便促进他们更好地掌握普通话。

3. 引导幼儿清晰、准确地表达

语言的运用不仅要流畅，更重要的是概念准确，让听者理解其含义。汉语中有很多近似的发音和近似的词汇，却包含着截然不同的含义。因此，要引导幼儿区别各种相似的概念，养成清晰、准确表达的习惯，促进语言的交流。在幼儿园，教师要加强幼儿语言表达的规范训练，从孩子感兴趣的事物入手，帮助他们积累更多的规范使用的词汇和语句。首先，教师用语要规范，语言要清楚、简洁。要使用普通话教学，发音标准，用语文明。如果教师讲话口齿不清楚，很容易影响孩子的语言。其次，注意孩子发音和使用词汇时的正确性，要求他们发音正确、吐字清楚，运用词汇时要使概念准确。对于容易混淆的词语要耐心地给予解释，简单准确地回答幼儿提出的各种问题。当幼儿发音不正确的时候，教师要及时纠正。再次，注意幼儿语法的练习。4岁幼儿语言的连续性已经基本成熟，开始学习应用长句。5岁以上的孩子经常会用一些长句或复合句型。他们往往模仿成人来讲话，有时会发生语病。教师应有兴趣地倾听，及时地采用比较委婉的方式给予示范和纠正。如："你说的是这个意思吗？"最后，鼓励和组织孩子们一起玩耍、交谈。让他们彼此有话可说。多提出幼儿熟悉且感兴趣的话题，引导他们正确使用语言。当幼儿因为急于表达而说不清楚的时候，提醒他不要着急，慢慢说。同时要耐心倾听，给予必要的补充，帮助他们理清思路并清晰地说出来。

4. 使幼儿语言尽量丰富、书面化

语言表达能力是幼儿身心整体发展水平的标志，也是幼儿综合素质的体现。受到良好教育的幼儿，能掌握字、词、句的各种用法和修辞。反之，丰富的语言也能促进孩子认知能力的发展和其他能力的提高。教师要精心设计教学活动，在教学中出示各种挂图或实物，设计由浅入深的问题，让幼儿在感知中掌握，从而懂得使用词汇进行表达。让幼儿涉猎神话、寓言、传说、童话、科学幻想故事、诗歌及谜语、绕口令等各类幼儿文学作品，循序渐进地推进幼儿的书面化语言的积累和使用，让孩子们通过语言与生活的环境、奇妙的世界接触得更加深刻。

（三）注重交流礼仪，帮助幼儿养成良好的倾听和表达习惯

1. 注重倾听习惯培养，引导幼儿学会认真倾听

教师要以身作则，听孩子讲话时一定要表现得很认真，这样才能要求孩子以同样的态度去听别人讲话。以赏识的眼光，及时鼓励和强化孩子认真倾听的行为。对年龄小的幼儿，可以让他们学会听懂并且记住几件需要按顺序做的事情。如，脱下鞋子，把鞋放到鞋架上，之后到椅子上坐好；对年龄大点的幼儿则提出明确要求，布置任务时尽量不重复，要求他们注意听，鼓励他们没有听明白要主动提问。通过集体教学活动或区角活动让幼儿体会倾听的礼仪：交谈时要和幼儿面对面，用孩子能听得懂的语言，有礼貌地注视孩子的眼睛，并以微笑、点头等表示回应；不要轻易打断孩子讲话，语言的示范要得体、规范。

2. 让幼儿学会使用文明用语

教师要起到表率作用，在日常生活、学习中礼貌待人，说话分清场合，不说脏话、粗话。当幼儿表达意见时，教师应用眼睛平视幼儿，耐心听孩子把话说完。让幼儿学会遵守集体活动的语言规

则，如轮流发言、不随便打断别人讲话等。在公共场合教师要提醒孩子不要大声喧哗，并以身作则。鼓励孩子在不同的情境下准确运用礼貌用语，讲话自信、大方。以尊重别人为前提，注意讲话中的文明，如注意听别人讲话、不随意打断别人说话、恰当地称呼他人、主动使用“再见”“谢谢”等礼貌用语。经常结合情景提醒幼儿一些必要的交流礼仪：对长辈说话要有礼貌，客人来访时要打招呼，得到帮助时说谢谢等。引导幼儿说话时注意对方的反应，发现别人没听懂时要作进一步解释。

三、幼儿“倾听与表达”能力培养课程与区角活动的关系

在幼儿园教育中，3～6岁幼儿“倾听与表达”能力目标的实现需要靠集体活动、生活活动、个别活动等丰富的形式和涉及健康、语言、社会、科学、艺术等领域的内容来共同完成。各课程领域的教学内容相互渗透，从不同角度促进幼儿在倾听与表达的情感、态度、能力等方面的发展。语言类和音乐类课程是系统培养幼儿倾听、表达能力的主要途径。

区角活动是以幼儿的自主探究为渠道，以游戏为主要形式，通过运用各种教学资源，激发学习兴趣，从而发展幼儿各种能力的非正式教育活动。开展区角活动应力求做到与课程整合，让幼儿的倾听、表达能力在各区角的游戏活动中得以发展。相应的区角活动，其内容的选择要根据不同的主题教学进行设置，两者相辅相成、相互协调。

（一）区角活动是“倾听与表达”能力培养整合课程的重要组成部分

幼儿园“倾听与表达”能力培养课程主要分为集体活动（或主题活动）和个别活动（或小组活动）两大方式。区角活动属于一

种室内的个别活动。它以游戏化的特征使幼儿的倾听、表达能力在个别活动中得以发展。不少教师受到传统教育观念的影响，对班级区角设置的功能定位不太清晰，认为它只是课前准备和课后练习的辅助场所。因此，不重视区角活动对孩子倾听、表达能力的培养，把区角活动时间变成自由活动时间，降低了区角活动的效率。这种观念应当逐渐改变。

（二）两者的材料准备各有所指向

从材料的准备来看，集体性的教学活动是以教材为基础开展的。教师引导幼儿收听各种声音、进行语音和词汇的训练，让孩子们体会不同的语调、文学作品所表达的含义。在这类课程中教师准备的往往是讲解的辅助材料。而区角活动则侧重引导幼儿把听到的声音整合到自己的思维活动当中，再以个性化的形式表达出来，如自编诗歌、根据故事画画、制作声音道具等。这时教师要选择具有探究性的教学材料，其数量要保证每个孩子都能参与到活动中去。

（三）活动设计突出互补性

主题类的教学活动一般按照既定的时间表来进行，强调标准化。例如，在30分钟内教师带领幼儿聆听诗歌、朗诵诗歌，根据诗歌的特点，创编新的诗句。因为教学目标明确，课程内容需让所有的孩子都能掌握，难以充分体现个体的表现力。这恰恰可以通过区角游戏的方式，让孩子们在语言活动区充分发挥想象力，编出自己喜欢的歌谣。

在区角活动中，教师要发挥以下作用：1.鼓励幼儿说出自己的想法，让孩子们互相倾听、取长补短；2.结合自己观察到的问题及时与孩子们沟通，对幼儿的成果给予一定的评价；3.对幼儿的活动进行个别的语言指导，提高孩子们按照语言指令行动的能力。

（四）根据能力培养目标选择活动方式

1. 语言表达能力培养课程与区角活动相辅相成

不论是主题课程，还是区角活动，体现的幼儿语言教育目标是相同的。它们都是为了培养和发展幼儿听与说的能力，让孩子们在幼儿园的活动中会听、会说、乐说。课程是以幼儿为主体、教师为主导的教学活动。它侧重培养孩子的语言知识，教会幼儿如何进行规范的表达；区角活动把幼儿的语言发展与认知探索活动结合起来，让孩子们在轻松自由的氛围中发展语言能力、态度和习惯。

根据教育内容与活动方式相适应的原则，同一教育内容既可以选择主题课程的方式，也可以选择区角活动的方式。教师在设计语言教育活动时，应该注意两者的互补性。例如，说儿歌是最普遍、最典型的语言教育活动。在主题课程中，教师可以采取跟读、复述、讲解的方式让幼儿进行学习。在区角活动中，教师可以根据幼儿的特点和即时表现让幼儿跟随音乐背诵、自改歌词，或把儿歌改编成故事，活动的内容和方式可以更加灵活。

2. 以习得语言知识为主的课程活动

主题课程活动以系统的语言知识设计为基础，有专门的语言教育内容，同时渗透其他领域活动。它以幼儿的经验获得为目标，强调教师的引导作用，让幼儿学习新的语言技能。主要的教学方法有：示范模仿法、视听法、集体游戏法、练习法、表演法等。活动重点是幼儿的语言表达训练，经常辅以音乐、美工等手段。课程面向全体幼儿，受时间的限制，不能兼顾每个孩子的差异，因此需要利用区角活动继续完善课程内容。

3. 以锻炼语言能力为主的区角活动

3岁以上的幼儿愿意参与探索性、趣味性的团队游戏活动。教师可以借助区角活动进一步提高他们的思考、语言以及人际交往能力。首先，为幼儿创设轻松、愉悦的游戏环境，材料的准备侧重生活化，让孩子敢于开口表达。活动前让幼儿自述游戏的内容、自己喜欢的方式，活动中让幼儿讲述自己的体会，活动后让幼儿评价自己和同伴的表现。其次，充分利用区域的条件，促进幼儿的表达能力。区角的布置要根据语言教育目标和幼儿活动的非确定性等特点，让内容既丰富又不失教育性，既方便幼儿的交流又不会使语言区的活动与其他区域活动互相干扰。再次，恰当运用指导语。可以通过提问、引申说明等方法，把幼儿从简单的模仿性的语言行为引导到通过思考进行叙述的语言行为上来。

【案例】主题活动——参观动物园（大班）

系列活动包括：实地参观、旅行后语言课程、相关区角游戏。

◆旅行后语言课程设计要点

1.课程名称：动物园真有趣。

2.教学组织形式：集体教学。

3.教学过程：

（1）跟读儿歌——《动物园里动物多》《大象》。

（2）视听模仿练习——听，然后模仿各种动物的声音。

（3）动物分类游戏——鸟、爬行动物、哺乳动物。

4.教学方法：示范法、提问法、表演法。

◆相关区角游戏设计要点

1.游戏名称：老虎过生日。

2.材料准备：绘画纸、手工纸、画笔、剪刀、胶水、订书机。

3.游戏过程：

（1）绘画、制作老虎、猴子、大象等动物的头饰。

（2）创编动物歌谣。

（3）分角色进行对话表演。

（4）互相评价。

四、幼儿“倾听与表达”能力发展与培养的评价

我国幼儿“倾听与表达”能力发展水平的评价一般有标准化测验和观察两种方法。前者是英语国家采用的智力量表，在语言特点上有别于我国，我国需要重新设计并慎重运用才能达到科学化。观察法是成人在日常生活中通过游戏、体育活动、作业、劳动、娱乐、散步和浏览等活动，有目的地倾听幼儿的语音、用词、语句结构、对话、看图讲述等等，对幼儿进行观察记录、了解幼儿语言发展的实际水平。（赵寄石 等，1993）[229]对于正常发育的幼儿，我们对其进行“倾听与表达”能力的评价，主要是为了帮助其更好地交流。鉴于幼儿认知能力、情绪发展的差异性，教师可以通过阶段性观察的策略，边培养一边观察—再培养—再观察，测定幼儿在一定阶段“倾听与表达”能力的实际水平，帮助孩子打下扎实的语言功底。

根据《指南》的要求，结合权威幼儿智力量表的指标，我们设计了比较简单的方法来检验各阶段学前幼儿“倾听与表达”的基本能力——使用观察法来测量。（陈帼眉，1994）[354]活动主要在幼儿园进行。由教师亲自进行观察，从游戏活动中获得第一手资料。在幼儿园观察不到的情况，可以由家长创设情境，进行细致的观察。评价活动包括听指令做动作、回答问题、背诵诗歌、口头复述等方式。具体做法如下：

（一）3~4岁幼儿“倾听与表达”能力发展与培养评价

1. 听指令做动作

（1）让幼儿连续执行三个简单的指令，如“把门打开” “把爸爸的鞋放在门口” “给爸爸一个拥抱”。能够准确按照顺序去做的，通过。

（2）成人朗读一组包含动物、水果和日用品等的词语，让幼儿听到动物的名字后拍一下手。进行三组，至少答对一组的，

通过。

2. 回答问题

（1）让幼儿回答三个常见的问题，如“你家有几口人，都有谁？”“爸爸的手大，还是你的手大？”能至少答对两题的，通过。

（2）讲述一小段故事，观察幼儿的反应，就故事的内容提出简单的问题。整个活动持续15分钟。能坚持参与10分钟以上的，并能比较准确地回答“故事里的小朋友叫什么名字？”“他们都干些什么事情？”等问题者，通过。

3. 找语病

（1）说一句话，其中包含小的语病，观察幼儿的反应，如“往杯子外面倒点水喝”“谁来回答这个问题，请举嘴”。听后会纠正错误或发出疑问、表情诧异者，通过。

（2）说一句话，让孩子根据事实判断这句话是否正确。如果不对，应该怎么改正？如“玉米长在水里”“爸爸和妈妈都有胡子”。回答全对的，通过。

4. 复述语句

（1）以每秒一个字的速度念四位数，如2 538，让幼儿复述。进行三组，至少答对一组的，通过。

（2）让幼儿复述7个字左右的一句话。进行三组，至少答对一组的，通过。

（二）4～5岁幼儿“倾听与表达”能力发展与培养评价

1. 听指令做动作

（1）让幼儿连续执行带有连接词、方位词、副词、动词、数量词等的指令。如“把碗和筷子放到厨房的桌子上”“拿一块抹布”“把桌子擦干净”。能够准确按照顺序去做的，通过。

（2）给孩子呈现一幅有故事情节的图画，让孩子根据大人描述的人物特征在画面上找到相应的人物。如“姐姐穿着红色的裙子；妹妹的头发很短，手上拿着书；妈妈左手拿着伞，右手拎着包”。全部答对的，通过。

2. 回答问题

（1）用表示关系的连接词或表示数量、时间的词语讲一句话，让幼儿回答问题。如“如果你把饭全部吃掉，妈妈就让你看电视。你想看电视的话应该怎样做？”“今天是星期一，后天是星期几？”进行三组，至少答对一组的，通过。

（2）带有感情色彩地讲述一小段故事，观察幼儿的反应，就故事的内容提出简单的问题。整个活动持续20分钟。能坚持参与15分钟以上，在表情上或语言上表现出对故事的情感变化的理解，如惊讶、担心、害怕、开心等，并比较准确地回答出“你喜欢故事里的哪个小朋友，为什么？”“灰太狼和喜羊羊是好朋友吗？”等问题的，通过。

3. 找语病

（1）说一句与情境不符的话，让幼儿指出问题并改正。如“妈妈生病了，我真高兴啊”“今天我和牛牛打架了，老师轻松地批评了我们”。进行三组，至少能改正一组的，通过。

（2）说一句连接词、介词或副词等使用错误的话，让幼儿指出问题并改正。如“爸爸一边刷碗一边种地”“我现在在奶奶家和姥姥家”。进行三组，至少答对一组的，通过。

4. 复述句子

（1）以每秒一个字的速度念五位数，如21 538，让幼儿复述。进行三组，答对一组，通过。

（2）让幼儿复述10个字左右的一句话。进行三组，至少答对一组的，通过。

（三）5~6岁幼儿“倾听与表达”能力发展与培养评价

1. 听词语完成指令

（1）让幼儿对与听到词语相对应的物品进行分类。如听到“苹果”，便说“是水果”；听到“菠菜”，便说“是蔬菜”。进行两组，其中至少一组全部答对的，通过。

（2）说一句话，包含同音词或近音词，让幼儿对这类词语做出比较性的描述或再造句。如“自行车上的喇叭和吹的喇叭”“上厕所用的手纸和人体的手指”。能比较准确地解释或成功再次造句的，通过。

2. 回答问题

（1）讲述一小段故事，观察幼儿的反应，使用被动语态、不常用的句型提出简单的问题。整个活动持续30分钟。能坚持参与20分钟以上，主动提问，并比较准确地回答“小狗被谁带回家了？”“一般遇到这种事情应该怎样做？”等问题者，通过。

（2）朗读不同体裁的文学作品，让幼儿说出其文体和主要表达的意思。进行三组，至少答对一组的，通过。

（3）就同一主题选择经典的诗歌和通俗的文章朗读给幼儿听，让幼儿说出经典作品的优胜之处。能指出主要修辞、语言的精彩之处的，通过。

3. 复述语句

（1）以每秒一个字的速度念六位数，如215 386，让幼儿复述。进行三组，至少答对一组的，通过。

（2）让幼儿复述五字诗歌的两句。进行三组，至少答对一组的，通过。

（3）以正常语速讲述一则短小的故事。注意听且能比较流畅地复述大致内容的，通过。

4.找语病

方法同4～5岁幼儿“倾听与表达”能力发展与培养评价。进行三组，至少完成一组的，通过。

需要说明的是，《指南》中已经明确的一些指标，如“能正确发出普通话的语音”，在此不重复列举。某些涉及语言意识、习惯的指标，如“别人对自己说话时能注意听”，要受到认知、情绪情感、生活环境等多方面的影响，很难采用标准化的手段来测量。一旦发现幼儿在此方面存在不足，需要通过多方面的语言规则的教育予以弥补，从而提高幼儿综合运用语言的能力。

第四节　阅读与书写准备

语言的积累和思维的发展离不开阅读和书写。阅读可以打开孩子的视野，让他们在文字中找到乐趣、学到知识；书写可以锻炼孩子手眼协调、注意、思维等多方面的能力，加快智力的成熟。3～6岁的幼儿已经基本掌握日常交际所需的口头用语，其听说能力也逐渐接近成人水平。进而，幼儿教育应该发展孩子的“阅读与书写准备”的能力，促使他们养成良好的读写习惯，为接受小学教育打好基础。

一、幼儿“阅读与书写准备”能力发展与培养的标准与内容

3～6岁幼儿的空间感逐渐形成。他们开始喜欢阅读，并能从大段的语句中辨认出自己的名字，在成人的引导下能较好地书写自己的名字。这个阶段，教师要关注幼儿是否对读写活动有兴趣；加强

对他们的读写训练，培养他们的良好读写习惯，使其具备必需的基本能力并掌握相应的方法。基于《指南》的语言教育要求，3～6岁的幼儿在读写方面应该达到以下标准：

（一）喜欢听故事，看图书

文学作品为幼儿的语言学习提供了丰富而鲜活的素材。形式多样的文学作品，创设了各种语境，缩短了时空和文化的差异，能够有效激发幼儿的语言学习兴趣，促进幼儿语言能力的发展。

◆3～4岁幼儿的发展指标

1. 主动要求成人讲故事、读图书。

孩子拥有强烈的求知欲和社会交往情结。他们渴望从图书当中获得信息、体验书中表达的情感。因此，他们经常拿出自己感兴趣的图书，让成人讲解其中的内容。他们喜欢揣摩故事中的各种情绪，更喜欢讲故事者做出的夸张的神情和语调。

2. 喜欢跟读韵律感强的儿歌、童谣。

跟读，是幼儿早期阅读的重要形式，在儿歌教学中广泛应用。幼儿喜欢模仿式的语言学习，能准确或创造性地再现其模仿的内容，逐渐形成自己的语言。而韵律感强的儿歌、童谣正符合幼儿学习、游戏的本能，能激发孩子的认知兴趣，增强他们听的注意力。小班幼儿的主要跟读方法有词句顿读和接读。

3. 爱护图书，不乱撕、乱扔。

3～4岁幼儿的规则意识开始萌芽，是非观念逐步形成。当他们把书作为自己的朋友、经常翻阅的时候，就会轻轻翻、细细读，不弄脏、损坏图书。并且在成人的引导下，能够把看过的图书放回原处。

有些幼儿不爱护图书，其原因是多方面的。包括幼儿因自身手部肌肉发育不完全、动作不灵活而造成的无意识损坏；家长平日不爱整理家中物品，幼儿受其影响，看完图书随手乱扔；教师没有教给幼儿正确使用图书的方法等。

◆4～5岁幼儿的发展指标

1. 反复看自己喜欢的图书。

他们经常挑选一些色彩鲜艳、线条明快、形象生动的读物，特别是带有情节的故事来阅读。在内容方面，有关小动物的交往、小朋友的日常行为等都会引起他们的兴趣。很多4～5岁的幼儿喜欢反复阅读一本书或一页书。这是因为幼儿认知力、记忆力、理解力的发展还不完善，他们不可能像成人一样在较短的时间内接收大量的文字信息，并且长时间记忆。孩子看过一遍书往往只能记住、明白一部分。他们每读一遍书，关注的内容都不一样，都有新的收获。一般来说，随着幼儿心理的发展，这种现象会逐渐消失。

2. 喜欢把听过的故事或看过的图书讲给别人听。

幼儿喜欢和家人、伙伴分享他们记住的趣事。一方面，这种重复性的活动是他们与生俱来的学习方式，通过反复叙述他们记住的内容，孩子学会了语言表达，形成了独特的情感和态度；另一方面，他们把故事或书中的内容讲给别人听时，会油然而生一种满足感，并体验着重复精彩内容的乐趣。

3. 对生活中常见的标志、符号感兴趣，知道它们表示一定的意义。

标志作为一种简洁而又含有具体意义的符号，满足了幼儿观察的需要。因此，幼儿对各种生活标志、旅游标志、航空标志、汽车标志、运算符号、音乐符号等都很感兴趣，能够轻松地识别。他们还经常主动询问“这个图是什么意思？”由于标志、符号具有形象、生动的特点，它在幼儿的想象力、思维力、记忆力、感知力发展方面都有促进作用。

◆5～6岁幼儿的发展指标

1. 专注地阅读图书。

到了学龄前期，幼儿的识字量、记忆力和理解力都得到一定的积累。他们渴望在书的世界中寻找更丰富的体验。这个阶段幼儿的独立性很强。他们能保持20分钟左右的注意力。在良好的阅读环境下，幼儿能够主动根据自己的兴趣选择图书，并且无需大人帮助就能较长时间地阅读自己感兴趣的图书。很多高智商的孩子喜欢在图画书中找字胜过玩玩具。

2. 喜欢与他人一起谈论图书和故事的有关内容。

孩子会把理解的故事复述、改编后讲给别人听，并结合现实谈自己的感想；向同伴炫耀自己发现了科学的新大陆；讨论各自对书的内容的看法。他们渴望与别人分享读书的快乐，渴望得到认同，增强自身的成就感。在讨论甚至是争论中，孩子能获得更多的信息，提高交流的能力。

3. 对图书和生活情境中的文字符号感兴趣，知道文字表示一定的意义。

经过系统的识字训练，5～6岁幼儿的词汇量可以达到3 000个。他们喜欢把自己丰富的语言与相应的符号联系起来。我们可以发现，孩子很喜欢让家长教自己识字。他们在若干陌生的字当中发现自己认识的字并能准确地读出来的时候，会显得非常高兴、十分满足。

这个阶段的幼儿知道语言和文字是多样的，大多数国家、民族都有自己的语言和文字；每个字都对应着一定的发音和意义，是语言的书面表达形式；汉字是我国各地区汉族居民的公共文字，北京小朋友和贵州小朋友尽管用不同的发音来讲话，但字的写法以及要表达的意思是一样的；生活中一些标志上面虽然没有字却能表达具体的含义。

（二）具有初步的阅读理解能力

◆3～4岁幼儿的发展指标

1. 能听懂短小的儿歌或故事。

童谣和短小的故事内容浅显、想象丰富、富有情趣，能满足幼儿的好奇心和情感体验，让孩子产生愉悦感。3～4岁幼儿对事物的理解力比较弱，倾听的坚持性也比较差，因此对于感兴趣的儿歌、小故事等才能注意听，并理解其中的内容。

2. 会看画面，能根据画面说出图中有什么，发生了什么事等。

因为3～4岁孩子的识字量有限，所以他们一般以图画书为主要阅读对象，通过看连贯的画面，体会故事的内涵。对于一本好的图画书，尽管幼儿不认识字，也可以靠读“图”猜出大意来。

3. 能理解图书上的文字是和画面对应的，是用来表达画面意义的。

图文并茂是幼儿读物的基本特征。一般低龄幼儿读物都会以少量的文字和生动的画面共同描述一种情景、一桩故事。在教师的指导下，幼儿会根据自己的知识储备，建立文字和画面之间的联系，理解画面所表达的意思。有的书图画多而文字少，只要幼儿动脑想象便可知晓故事的情节；对于更多文字和图画一一对应或相辅相成的图书，年龄小的孩子会经常请求教师来阅读文字，帮助他们理解图画以外的意思。

◆4～5岁幼儿的发展指标

1. 能大体讲出所听故事的主要内容。

4～5岁幼儿的听觉力和理解力都有了进一步的发展。他们喜欢听不同风格的故事，不仅能理解故事所要表达的道理，而且能记住故事的主要内容，并能比较完整地将故事梗概讲给别人听。他们还能够结合自己的理解回答大人提出的涉及具体形象内容的问题，比如“故事里有谁，发生了什么事？”但是，对于故事中人物的细节特征、故事背景等重要信息还不能详细地复述。

2. 能根据连续画面提供的信息，大致说出故事的情节。

随着孩子的想象力和推理能力的发展，他们能将一连串的画面联系起来思考，并尝试预测故事情节的发展。这时，孩子预测故事发展的行为，往往依赖已有的经验，其因果关系具有不确定性。6岁以上的孩子才真正有能力预测故事的发展并感受其中的乐趣。

3. 能随着作品的展开产生喜悦、担忧等相应的情绪反应，体会作品所表达的情绪情感。

一部连贯的、有情节的文学作品往往是通过丰富的想象和虚构来塑造形象、反映生活的。4～5岁的幼儿情绪反应非常丰富，其情感的社会性也逐渐增强。他们能理解所听到的文学作品的意义，能简单描绘故事中人物的一般特点，体会浅显的故事的主题，并会通过自己的情绪反应传达故事所表达的情感。比如，教师在讲小朋友狠狠跌倒的情节时，幼儿经常会表现出担心、疼痛的表情；对于教师反复讲的故事，当讲到害怕或有危险发生的情节时，幼儿便会情不自禁地捂上耳朵。

◆5～6岁幼儿的发展指标

1. 能说出所阅读的幼儿文学作品的主要内容。

孩子具备了一定的生活经验以后，在听文学作品的时候容易与已有的经验联系起来产生回忆、分析、联想等。5～6岁幼儿能够听懂稍微复杂的儿童文学作品，把握其主要情节，体会作品的中心思想，并能归纳出该作品的大概意思。

2. 能根据故事的部分情节或图书画面的线索猜想故事情节的发展，或续编、创编故事。

5～6岁幼儿喜欢阅读各种类型的文学作品。他们能够也乐于通过图画中展现的角色关系、结合说明性文字来猜测故事的来龙去脉。他们可以按照图画书上的“人物”改编故事，自言自语，甚至还要讲给同伴或家长听。如果他们对听到的故事结尾不理解或不满意，便会自己来改编故事的结尾，使其符合自己的意愿和期待。教师和家长应该鼓励孩子大胆表述自己的猜想，使之萌发阅读的兴趣。5~6岁幼儿通过阅读能体会故事的前因后果以及各种角色关系。他们会根据自己的想法和情感要求，给故事修改主要情节、增加角色，丰富故事的内容。

3. 对看过的图书、听过的故事能说出自己的看法。

这个年龄段的幼儿喜欢听构思奇异、语言生动、形象丰满、略带夸张的故事。听故事后，幼儿能理解故事中的角色关系、事情的前因后果，简单评价作品中的人和事。如说出自己喜欢或不喜欢的人物，并能在成人的引导下讲出理由。

4. 能初步感受文学语言的美。

幼儿对文学作品具有初步的审美体验。他们能够将作品中描写和抒情类的语言、优美的音乐等与美妙的情景联系在一起，产生情感上的共鸣。故事中夸张的修辞、独具匠心的抒情、鲜活生动的描写、押韵的语言都会让幼儿感到意犹未尽。有趣的内容、曲折的情节、富有感染力的意境将打开孩子们的心灵，让他们投入到书的世界当中。

（三）具有书面表达的愿望和初步技能

幼儿通常会很主动地学习写字，这是幼儿语言发展过程中自然的需求。幼儿充满好奇的天性决定了当幼儿能够流畅地进行口语表达时，他们便会拿起笔开始进一步探索。他们从随意涂写到模仿书写，再到按笔顺书写，逐渐掌握书写技能，为正式的书写活动作准备。

◆3～4岁幼儿的发展指标

1. 喜欢用涂涂画画表达一定的意思。

这个阶段是幼儿自我表现的开始。幼儿通过视觉经验和身体、手指肌肉动作协调产生涂鸦的结果。（杜赟，2011）随着幼儿手部小肌肉协调性的逐步发展，他们能正确拿笔，有意识地在纸上画出直线、圆圈等图形，喜欢给各种形状的空格涂颜色，能在成人的指导下学习书写笔画简单的数字。当笔在纸上戳戳点点、划来划去的时候，幼儿会产生一种愉悦的感受。他们的“画作”，有的能让成人读懂，有的无法让别人看明白。尽管如此，当孩子画出一些奇怪的线条、潦草的符号时，他们总会非常兴奋、充满成就感地告诉别人他画的是什么。调皮的孩子还会抢大人的笔在纸上乱画，口中嚷嚷着自己要画什么。

◆4～5岁幼儿的发展指标

1. 愿意用图画和符号表达自己的愿望和想法。

4～5岁幼儿喜欢描画简单的符号、图形，并尝试使用各种符号表达自己对周围世界的认识和感受。孩子常用的符号包括：

（1）数学符号，如“+”“=”“-”等。

（2）美术符号，如“→”“￥”“☂”“◕‿◕”等。

（3）音乐符号，如“♫”“♪”“♭”等。

（4）常用标志，如紧急出口、卫生间、禁止吸烟等。

2. 在成人提醒下，写写画画时姿势正确。

正确的书写姿势能保证幼儿视力、脊椎、背部、手部、腿部等的健康，也能使书写效果更好。幼儿一般是坐在凳子上写字，要注意身体各部位的姿势：

（1）手部：笔夹在食指和中指间，用大拇指轻握，笔尖离指尖保持一定距离。

（2）上身：头要端正，上身保持正直、不左右歪斜，不扭转身体。

（3）胳臂：两臂自然平放在桌面上，胸部与桌沿保持一拳的距离。

（4）足部：两脚自然平放在地面，既不交叉搭腿，又不将腿伸直、抬起。

◆5～6岁幼儿的发展指标

1. 愿意用图画和符号表现事物或故事。

5～6岁幼儿已经可以把抽象的内容画作具体的形象。他们尝试着用绘画语言与外界沟通，喜欢用自己的符号、图画作品来表达内心的情感和感受，经常用简单的几笔勾勒，来表现一个生动的故事。他们不会像大孩子那样写出一篇作文《我的妈妈》，却能在母亲过生日时画一幅画来表达对妈妈的爱。这一时期幼儿绘画作品的空间结构和画面所表现的形象受到幼儿情感的变化、认知的发展等影响，因此，他们使用的象征符号也会经常改变。（杜赟，2011）

2. 会正确书写自己的名字。

很多家长为了让孩子显示出过人的本领，在孩子3～4岁时就强迫其书写结构复杂的汉字。其实，幼儿的手部肌肉还没有发育完全，手、眼协调性也不够成熟，没有必要过早进行书写训练。在成人正确地引导下，幼儿的思维中逐步建立起音、形、义的联系，也逐渐形成书写的愿望。6岁左右的孩子手、脑的配合已经比较娴熟，能够书写笔画简单的字了。家长可以在入学前教会幼儿准确写出自己的名字。

3. 写画时姿势正确。

幼儿园大班的幼儿能自觉遵守正确的坐式书写姿势。有的孩子在站写、蹲写时也能准确握笔、自由书写。他们了解了一般的书写顺序，知道书写是从上到下，从左到右。而对于信封、邮件等正式书面文体的顺序还没有掌握。

二、幼儿“阅读与书写准备”能力发展与培养的教育建议

读写能力在个体的整体素质当中占有举足轻重的地位。一个人的读写水平在很大程度上决定着他在社会交往、日常生活中是否能取得成功。在幼儿教育中，教师应加强幼儿读和写的训练，遵循幼儿早期读写能力发展的规律，选择合适的教学方法，确保孩子的生理和神经系统发育适应读写能力的发展。

（一）为幼儿选择适宜的读物，提供良好的阅读环境和条件

1. 提供丰富的、绘图精美的早期阅读材料，使识字与阅读同步进行。选择幼儿读物要注意幼儿的年龄特点，读物内容健康、具有知识性和趣味性。品德、科学、安全、益智等题材的文学作品都适合幼儿阅读。幼儿的思维具有形象性，因此，在图书的画面上，要色彩鲜艳、线条明快。

2. 创设轻松愉悦的阅读环境。要鼓励孩子多读书，让他们有充分的时间来阅读自己喜欢的图书。给孩子提供一个相对安静的读书环境。孩子阅读时，大人尽量不要过分干扰，也不要让孩子在噪声中阅读，让他们集中注意，这样读书的效率更高、效果也更好。在幼儿园，教师要为幼儿创设阅读区和图书角，鼓励幼儿自主阅读，让幼儿有机会自己选择要读的书，引导幼儿养成爱读书的好习惯。

3. 要让幼儿学会爱护图书。不论是成人提供的还是幼儿自己选择的书，在阅读之前，都要认真向幼儿介绍书的名字、主要内容，激发他们对新知识的好奇心。要引导幼儿掌握正确的阅读方法，一页一页从前往后翻阅，找出故事的前后联系，理解全书的内容。建

立专门的图书摆放地点，以便幼儿阅读后不随处乱扔书。如果幼儿有撕书、扔书的习惯，大人一定要马上制止，采取专挑撕掉的部分看并表示漏掉了最精彩的部分、适当的惩罚等办法淡化幼儿的这种行为。

（二）锻炼幼儿在阅读中思考，在阅读中体会的能力

1. 给幼儿提供多种有趣的阅读方式，如以音乐为背景的阅读、和伙伴比赛式的阅读、设计悬念式的阅读、配合美工活动的阅读等。鼓励幼儿依据画面线索与细节大胆想象故事情节，表达自己对图书内容的感受和理解。

2. 集体阅读。教师每天都应抽出时间陪幼儿一起看书、讲故事。这样做既能让幼儿体验到榜样的作用，又能帮助幼儿解决阅读过程中遇到的问题，激发幼儿的阅读兴趣。当幼儿有疑问时，有意识地跟他们一起查阅资料，寻求答案，让他们体会到读书的乐趣。幼儿在识字之前，总是愿意让大人给自己讲故事。他们喜欢听各种体裁的文学作品，渴望从书中找到问题的答案。教师可以给幼儿讲解画面与故事内容的联系，引导幼儿讲述故事的大意和大胆地推测、想象故事的发展，与幼儿一起回忆和讨论书中的情节和阅读中的问题，让幼儿尝试给故事起名字等。

3. 注重幼儿阅读中知识的积累，同时培养幼儿的文学欣赏能力。让幼儿接触不同体裁的幼儿文学作品，如童谣、故事和诗歌等。引导幼儿学习理解文学作品，初步感知不同类型文学作品的特点和构成，体会文学作品所表达的情感，掌握图文所传递的信息和常识。教孩子体会文字符号的用途，认识常见的标志图，认识封面、封底，了解书上的文字应逐字逐句地读，每个字都有一定的发音，以及从左至右的阅读顺序。让幼儿在阅读中了解文字的概念、用途，学会识别印刷体词语。还要让幼儿掌握阅读的一般技能：读

懂图画，通过辨字理解句子，进行一般情节推理，监控自我阅读的速度、时间、姿势等。

（三）鼓励孩子创作自己的“作品”

在阅读中成人要注意发展幼儿的想象和创造能力。鼓励孩子依据画面线索与细节讲述故事，大胆推测、想象故事情节的发展。鼓励他们编出不同的故事结尾或者自编故事。读完图书后，要鼓励幼儿用不同的方式表达自己对图书内容的感受和理解，如故事表演、绘画、自制图书等。

在阅读中，幼儿逐渐理解文字使用的意义，自然能萌发书写的意识。他们喜欢模仿图书中的各种形象、符号，愿意把口语中的发音表示出来。教师应善于发现幼儿书写的兴趣，保护孩子的书写热情，为幼儿提供适当的环境，准备书写用品，鼓励幼儿大胆地涂涂、画画、写写，把自己感兴趣的事情记录下来，让他们感受其中的乐趣。

成人要教孩子练习使用剪刀和画笔、穿脱衣服等动作，进而锻炼小肌肉动作能力。同时成人要有良好的书写习惯，以给幼儿做示范；要乐于倾听孩子对自己“作品”的讲述和保存孩子的作品等，让他们感受到成人对自己作品的欣赏与重视。

（四）引导孩子将音、形、义联系起来学习书写

众所周知，幼儿必须在有意义的环境中使用语言和文字，才能学习写字。幼儿经常根据自身的需要，使用一些文字符号、图画等来表达自己。这些符号成人有时完全看不懂，有时一知半解。当孩子的识字水平和阅读理解能力达到相互匹配、熟练应用的时候，就可以接受真正的书写训练了。

对于学龄前幼儿来说，书写汉字有很大的难度。他们要逐渐通过识字、画图、模仿成人的笔画来学习书写。成人可以选择

趣味性的游戏激发幼儿的书写愿望，引导幼儿掌握正确的书写规则。

（1）走迷宫：用笔进行连续书写，帮助幼儿建立由上至下、由左至右的基本书写顺序。

（2）找别扭：辨别两个形近字，找出区别，并进行模仿书写，帮助幼儿初步了解音、形、义的概念。

（3）写名字：成人示范，并鼓励幼儿学习书写自己的名字，激发他们的书写兴趣。

（4）想和画：让幼儿把自己编的故事画成简单的图，成人辅以说明性文字，制成幼儿自己的图书。

（5）说、写练习：把幼儿感兴趣的事情或喜欢的物品用文字表达出来，并念给孩子听，使孩子知道文字可以记录口语的内容、表示具体的事物。

幼儿早期的书写训练，不要过分强调笔顺，可以要求孩子掌握正确的握笔方式和书写姿势。书写活动结束后会整理自己的作品和书写用具。

三、幼儿“阅读与书写准备”能力培养课程与区角活动的关系

幼儿的阅读能力和书写能力是密不可分的。两者的发展应同步进行，以读为先，以写促读。通过语言类课程让幼儿学习欣赏文学作品、锻炼书面表达的知识和技能，通过区角活动促进幼儿读写行为的发展。

（一）课程学习活动重在提高幼儿的读写认识

一般来说，幼儿园的课程是以幼儿审美、认知、情感、语言、体能、社会等各方面能力综合发展为基础，以幼儿的最优化发展为

目标，以重要的概念和技能为教学的重点内容，设计、安排不同领域的教学活动。幼儿园读写课程的培养重点是：让幼儿通过识字、读图理解阅读内容的意义，了解多种体裁的文学作品，能够流畅地阅读，逐步扩大词汇量，初步掌握书写规则。

教师要创设多元的阅读环境，提高幼儿对文字的敏感性。让识字书写游戏化，提高幼儿的愉悦感。尽早发现幼儿的阅读困难，并及时提供支持性阅读。比较典型的幼儿园阅读课程模式有：1.引发兴趣→幼儿自主阅读→师幼共读→重点分析主要情节画面→归纳阅读内容和主题。2.引发兴趣→师幼共读前半部分→幼儿预测讲述后半部分→幼儿画出故事后半部分。前者侧重传递式的教育，有利于幼儿感知能力的提高；后者侧重于发现式的教育，有利于幼儿思维的发展。

在对幼儿进行书写指导时，可采取多种形式，如组织独立写、分享写、交流写等，使幼儿的读写经验与实际生活联系起来，让幼儿觉得书写有意义、能满足其认知与情感的需要。

幼儿园读写课程的设计原则：把握幼儿的“最近发展区”，注重其读写能力的未来发展要求；早期读写训练的内容要适合幼儿发展，并具有一定的挑战性和趣味性；鼓励幼儿的自主阅读与书写，有效进行发展性评价。

（二）区角活动力求满足幼儿的个别读写需求

对幼儿进行读写能力的培养，仅靠二三十分钟的集体活动是不够的。教师应从培养幼儿阅读兴趣入手，让幼儿多听、常看、勤讲、乐写，日积月累，循序渐进，促进幼儿语言的全面发展。

把幼儿园读写区域变成幼儿动脑、动手的乐园。幼儿的读写活动是多个感官同时运用的复杂过程。教师应提供多种适宜的操作材料和阅读材料，调动孩子的感知觉、记忆、注意、思维、动作等因素，使幼儿各种能力互相配合、协调发展。有目的地在区域中投放大量的练习卡和各种笔，指导孩子做手工，鼓励幼儿书写自己喜欢的字。引导幼儿把阅读到的故事讲给同伴听、画下来送给别人，开展故事角色扮演游戏，粘贴各种物品的名字、提示幼儿正确读写的话语，让幼儿体验自主读写的乐趣。

读写活动与其他领域活动相结合。例如，配合美工活动——在阅读图书之后，引导孩子画出对书籍的感受，制作小书并写上自己的名字。大班的孩子还可以自己制作故事道具。配合音乐活动——将图书内容改编成歌谣，配合音乐或乐器进行说唱；师生共编故事音乐剧。

幼儿园读写区域教育活动的设计原则：（1）注重环境的教育性。创设富有情境性的读写环境，将其渗入到幼儿的一日生活和各项教学活动中去，巧妙设计读写类游戏，寓教于乐；运用图示提醒法，在教室墙壁、置物架上张贴有关文明习惯等的图片，让孩子一看就明白。不能因过分强调语言能力培养而忽视了其他区域活动的开展。（2）区角活动的组织应与幼儿身心发展的特点和发展需要相适宜。为满足孩子的好奇心而创设问题情境；用生活中常见的物品当作活动道具，充实孩子的感性知识；提供各种各样的图书和功能多样的玩具材料，丰富孩子的想象力。（3）便于幼儿参与活动。不要购买昂贵的材料而使之成为摆设；不要将环境布置得过于复杂，一方面不便于更换，另一方面容易分散孩子的注意力；活动中提供给幼儿的材料应尽量充足，保证幼儿在活动中的参与度。

（三）课程与区角活动相结合的阶段性读写活动要点

1. 小班幼儿早期读写活动要点

（1）教幼儿看书的基本方法，让幼儿学会爱护图书；

（2）训练幼儿用口头语言将图画书的主要内容说出来，引导幼儿按顺序观察画面，理解故事的主要情节；

（3）让幼儿认读标志、符号，开始感受语言和其他符号的转换关系；

（4）增强幼儿的文字敏感度，启发其认读最简单的文字；

（5）教幼儿描画简单的图形，如圆形、方形。练习横、竖、点等基本笔画。

2. 中班幼儿早期读写活动要点

（1）阅读连续画面的图书，辨析故事中的人物关系和主要情节，引导幼儿预测故事情节的发展和结局，简单评价故事中的人物及其行为；

（2）训练幼儿整理图书，学习图书、文字的一般常识，模仿制作图画书；

（3）教幼儿认读更多的汉字，了解简单的汉字认读的规律；

（4）继续仿画简单的图形，进一步练习汉字的基本笔画，仿写英语字母。

3. 大班幼儿早期读写活动要点

（1）阅读文字较多的图书，让幼儿了解画面与文字的对应关系，引导幼儿改编故事情节、概括作品的大意；

（2）鼓励幼儿在课内外阅读不同形式的文学作品，让幼儿注意文学作品中词汇、语言的规范用法；

（3）师生合作制作图画书和教学道具；

（4）让幼儿反复练习认读常见的汉字，进一步了解汉字认读的规律，学写简单的汉字，如自己的名字；

（5）让幼儿掌握基本的写字姿势，了解书写的常识。

四、幼儿“阅读与书写准备”能力发展与培养的评价

读写能力是个体随着年龄的增长而持续发展的能力。由于幼儿

的动作、认知、感知觉等方面的发育存在着个别差异，教师应该进行深入、细致的了解，不要武断作出评价，忽视幼儿读写能力的进一步培养。

（一）幼儿读写能力发展标准与评价指标的区别

1. 着眼点不同

能力的发展标准着眼于幼儿读写能力、习惯的学习情况，明确幼儿早期读写技能的发展水平，强调技能的阶段性和连续性；评价指标则较关注幼儿阅读与书写行为的掌握程度，评价项目侧重功能性的行为外在表现。

2. 使用方法不同

能力的发展标准按照幼儿发展水平的高低制订，为后续的教育活动提出了针对性的建议；而评价指标关注幼儿实际生活中的确切表现，其操作受到各种条件的影响。

3. 作用不同

发展标准的作用在于帮助幼儿形成良好的读写技能，具有较强的教育性。每一能力标准之后都附有相应的教育建议，这有助于教师更好地开展相应的教育活动。评价指标的作用在于帮助家长和教师了解各阶段幼儿读写能力的发展水平，其教育性表现不明显。

（二）幼儿读写能力的发展性评价

早期读写活动的发展性评价是指成人依据幼儿读写能力的发展目标，运用一定的评价指标，对幼儿在读写方面的发展进行价值判断的过程。其主要目的是为了帮助教师深入、客观、全面地了解幼儿的读写能力发展现状，为科学教养和改进教育教学方法提供依据。

1. 评价方法

对各阶段幼儿的读写能力实施发展性评价，主要侧重对其读写特征的描述和发展水平的认定。教师可参照“幼儿阅读与书写准备能力发展与培养的标准”制作各年龄段《幼儿读写发展情况调查表》，根据教育需要设计具体评价指标，分析每个幼儿读写能力的不同特点及其发展潜力，为每个幼儿提出适合其发展的具体的有针对性的建议。鉴于幼儿能力发展的差异性，《幼儿读写发展情况调查表》确定的指标内容既要包含幼儿实际年龄段读写能力发展的标准，又要适当加入稍低年龄段幼儿相应能力发展的标准。

2.案例分析

XX幼儿园幼儿阅读发展情况调查表（大班）

幼儿姓名 BB　　　　年龄 5岁半

序号	指标内容	A（总是）	B（经常）	C（有时）	D（很少）	E（从不）
1	主动、独立阅读图画书	√				
2	专注于阅读		√			
3	阅读图画书后能与他人交流、讨论			√		
4	愿意认读常见的汉字、符号		√			
5	能根据书中的线索推测故事的情节	√				
6	能续编故事		√			
7	能创编故事		√			
8	把听过的故事讲给别人听，能大体讲出大概意思		√			
9	反复阅读自己喜欢的图书	√				

续表

序号	指标内容	A（总是）	B（经常）	C（有时）	D（很少）	E（从不）
10	叙述语言文字所表现的美感			√		
11	能用画图和简单的符号表达意思		√			
12	能书写自己的名字					√
13	能保持正确的书写姿势				√	

XX幼儿园幼儿读写能力情况分析及培养建议（大班）

幼儿姓名 BB　　　　　　　　年龄 5岁半

（1）评价指标设计思路

调查指标内容参照《3～6岁幼儿学习与发展指南》中规定的“5～6岁幼儿阅读与书写准备能力发展与培养的标准”设计。其中，第9项内容是4～5岁幼儿应具备的基本能力。该项内容在评价中易于操作，可作为辅助指标进行评价。在具体评价中，幼儿达到B（经常）的标准，即认为该项内容已达标。

（2）该幼儿读写能力分析及培养建议

·阅读意识：该幼儿能根据自己的兴趣选择图书，并经常主动、独立地进行阅读，愿意认读常见的汉字、符号等。阅读后与他人交流的意识稍差。

·阅读能力：整体阅读能力较强。能根据书中的线索推测故事的情节，并会改编故事。

·书写意识：乐于用画图的方式表达语言，书写姿势不正确。

·书写能力：能画出简单的符号，不能写出自己的名字。

·综合建议：加强阅读之后的口语表达训练和书写技巧方面的锻炼。引导孩子在书写时保持正确的姿势。

参考文献:

布鲁克斯. 2001. 早期文字教育［M］. 贾立双，译. 沈阳：辽海出版社.

陈帼眉. 1994. 学前幼儿发展与教育评价手册[M]. 北京：北京师范大学出版社.

崔同花. 2002. 幼儿全语言教学理论与实践[M]. 北京：科学出版社.

杜赟. 2011. 解读幼儿画中隐藏的密码[J]. 学理论（35）：162–163.

费广洪，张丽娟，杜锦绣. 2010. 幼儿早期阅读中需要梳理的几个问题[J]. 早期教育：教师版（4）：12–14.

高振敏. 1995. 幼儿智能培育必读[M]. 北京：新华出版社.

黄瑞琴. 1997. 幼儿读写萌发课程[M]. 台北：五南图书出版股份有限公司.

李毓秋，张厚粲. 2001. 关于小学四年级至初中一年级学生阅读理解能力的研究[J]. 心理科学（1）：29–31.

李燕芳，董奇. 2004. 幼儿早期读写能力发展的环境影响因素研究[J]. 心理科学，27（3）：531–535.

梁联强. 2002. 幼儿语言能力获得的特点[J]. 广西民族学院学报：哲学社会科学版，5（S1）：245–247.

林崇德. 1995. 发展心理学[M]. 北京：人民教育出版社.

林泳海，李琳，崔同花，等. 2004. 幼儿早期书写与书写教育：思考与倡导[J]. 学前教育研究（3）：8–10.

刘花雨. 2006. 幼儿早期读写能力发展研究综述[J]. 幼儿教育：教育科学版（Z1）：76–79.

刘伟，解飞. 1998. 听力正常幼儿的听觉发育[J]. 国外医学耳鼻喉科学分册，22（6）：344–345.

陆慧菁. 2007. 幼儿自传体记忆与词汇定义的性别差异[G]. 第十届全国心理学学术大会论文摘要集：164.

祁文慧. 2011. 国外幼儿语言研究综述[J]. 南京邮电大学学报：社会科学版（3）：65-72.

王江洋，张馨尹. 2010. 3～5岁幼儿自传体记忆的发展及语言表达能力的作用[J]. 沈阳师范大学学报：社会科学版，34（3）：101-105.

杨丽珠. 1996. 幼儿心理学纲要[M]. 北京：社会科学文献出版社.

张豹. 2003. 幼儿阅读发展及家庭文化环境对其的影响[D]. 北京：北京师范大学.

张必隐. 1992. 阅读心理学[M]. 北京：北京师范大学出版社.

赵寄石，楼必生. 1993. 学前幼儿语言教育[M]. 北京：人民教育出版社.

赵建明，白爱宝. 2008. 两种早期读写课程标准比较及其启示[J]. 幼儿教育：教育科学版（5）：11-14.

周兢. 2002. 造就成功阅读者的培养目标——美国幼儿早期阅读教育目标评析. 早期教育：上半月版（7）：2-4.

周兢，余珍有. 2004. 幼儿园语言教育[M]. 北京：人民教育出版社.

Fivush R，Nelson K. 2004. Culture and Language in the Emergence of Autobiographical Memory[J]. Psychological Science，15（9）：573-577.

Whitehurst，Lonigan. 1998. Child Development and Emergent Literacy[J]. Child Development，69：848-872.

第三章 社会

第一节 引言

一个个体从出生时所具有的自然属性到逐渐形成具备适应人类社会生存所应具备的一切特征和行为方式的过程就是人的社会化过程。人只有经过社会化，逐渐接受社会文化、习得社会生活技能、掌握社会生活方式，才会“学会认知”“学会做事”“学会共同生活”“学会生存”。个体所具备的先天遗传素质为人的社会化提供了物质前提和发展的可能性。但人所处的社会环境、各种社会关系、行为方式的训练对个体的影响也是至关重要的。幼儿阶段是个体身心发展、行为方式形成的最关键的时期，也是社会性特征获得的关键时期。

幼儿社会性发展是指幼儿在其生物特性基础上，与社会生活环境相互作用，掌握社会规范，形成社会技能，学习社会知识，获得社会性需要、态度、价值，发展社会行为，并以独特的个性与他人相互交往、相互影响，适应周围社会环境，由自然人发展成为社会人的社会化过程中所形成的心理特征（杨丽珠，2000）。幼儿的社会性发展与其将来的社会交往、情绪情感、社会适应性、学业成绩、智力发展等因素具有十分密切的关系。换言之，幼儿将来能否积极地适应社会环境，能否协调好与他人、集体的关系，能否勇敢地承担社会责任，能否乐观地对待人生等，在很大程度上取决于幼儿阶段的经验积累和受教育状况。从这个角度讲，幼儿阶段的教育除了要传播知识、训练技能外，还要培养幼儿积极乐观的生活态度、活泼开朗的性格和良好的社会品德，提高其人际交往和社会适应能力。

我国幼教工作者根据《幼儿园工作规程》的基本精神以及幼儿心理发展的具体特点，对幼儿社会性发展目标进行了较多研究，概括起来包括如下内容：（1）自我系统的发展。包括：自我认识、自我评价、自尊心和自我价值感、成就感与好胜心、自信心、主动性、独立性、自制力与坚持性等。（2）情绪情感的发展。包括：一般情绪状态、情绪情感的表达与控制、同情心、责任感、好奇心与兴趣等。（3）社会交往的发展。包括：交往态度、交往能力（合作、轮流、分享、遵守规则、解决冲突）、人际关系等。（4）品德发展。包括：爱周围人、爱集体、爱祖国、礼貌、诚实、爱劳动等。（周燕，1998）梁志燊等人于1995年对幼儿社会性发展研究进行了总结和概括，认为幼儿社会性发展主要包括三方面内容：一是自我系统方面的发展，这又包括自我认知、自我意识、自我评价、自我反省和自我调节等方面的内容；二是社会系统方面的发展。这又包括亲子交往、同伴交往、师生交往以及其他社会交往等方面的内容；三是社会规则（范畴）系统方面的发展。这包括性别角色、社会角色、社交规则、社会规范和社会道德等规则或范畴方面的建构与发展。这三个方面，可以涵盖我们认定的幼儿社会性发展的所有内容。（梁志燊 等，1995）而《指南》是将上述不同研究的相关内容进行整合，划分为两个维度，即人际交往和社会适应。作为教育者，可以根据幼儿年龄特点和各子领域发展的规律和趋势，有针对性地提供和创设活动环境，提供活动材料，使幼儿在与环境及他人的相互作用中，发展与人交往和社会适应的能力。

本章的主要内容包括以下几个方面：

1.研究的背景和意义。介绍幼儿社会性发展中的相关研究成果和主流的理论，指出其发展历程、基本轨迹及教育的最新动向。

2.发展目标解读。对《指南》中每个阶段幼儿在各子领域中的能力发展与培养目标进行分析，重点说明不同年龄阶段幼儿社会性发展的差异，能力发展的规律。

3.教育建议解析。根据《指南》中所举出的教育建议，对教育建议进行解释和说明，使读者明确活动目标，以利于在设计活动时更有针对性，避免进入活动设计的误区。

4.区角活动设计的建议。根据幼儿园课程设置和区角活动的共同教育目标，说明各子领域的课程设置如何与区角活动更好地联系在一起。

5.能力评价问题分析。说明各年龄段的子领域能力发展的一般评价方法，帮助读者正确理解相关问题，能够较科学地对3～6岁幼儿社会性的发展状况进行评价。

第二节　幼儿社会能力发展与培养的研究背景

《指南》中明确提出：“人际交往和社会适应是幼儿社会学习的主要内容，也是其社会性发展的基本途径。幼儿在与成人和同伴交往的过程中，不仅学习如何与人友好相处，也在学习如何看待自己、对待他人，不断发展适应社会生活的能力。”在此，我们主要从人际交往和社会适应这两方面来进行研究与阐述。

一、关于人际交往能力培养的研究

近些年来，人们开始从其他角度审视幼儿个体的发展，强调幼儿的发展不仅限于生理和心理方面的发展，开始将社会性作为重要的一部分纳入到其中来。教育最终的结果是要使幼儿能够顺利地适应社会生活。而幼儿期作为个体的基础成长阶段，为幼儿日后的发展奠定了基础。

（一）人际交往的内涵

人际交往是指人与人之间的交往，并通过人际关系反映出来。如：亲子关系、同伴关系、师生关系、亲戚关系等。周世华等人提出幼儿社会交往的说法，并将其解释为“幼儿在与成人的接触、交流或与同伴的游戏、学习、生活等过程中，运用语言或者非语言符号系统相互沟通、情感交流的活动；是其逐步学会表达自己的愿望，了解别人的情绪和想法，调节自己的行为，促进相互之间的理解协调，并使这种关系得到延续和保持的活动。”（周世华等，2011）从某种意义上而言，笔者更认可周世华等人关于“社会交往含义”的界定，因其涵盖自我意识、情感、认识他人等几个方面。

（二）幼儿人际交往行为发展的规律及特点

在整个幼儿期，幼儿人际交往的范围由家庭开始逐步走向社会；交往对象开始由父母转向同伴、师生、其他人群等；随着年龄的增长，交往的方式与类型也在随之变化。具体如下：

1. 由亲子交往发展到同伴交往

幼儿在步入幼儿园以前，主要以发展亲子关系为主。幼儿与父母之间建立了深厚的情感联结，特别是与母亲之间的依恋。

在步入幼儿园后，幼儿开始尝试适应集体生活，开始接触更多的与自己年龄相当的同伴。他们在活动水平、认识事物方面有诸多共通之处，沟通起来较为便利，权利上的对等性都有别于家庭中“一对一”的交往方式，从而形成了一种全新的人际关系。这种关系的建立，促进幼儿的社会性行为向友好、积极的方向发展。

2. 以游戏或活动为主要互动方式的交流

心理学家帕顿研究发现，根据幼儿在游戏中的社会性参与程度，幼儿的社会性发展水平可以划分为六个层次。一是无所用心的行为。幼儿似乎并不想游戏，碰上有吸引力的玩具或事情才做一做。二是单独游戏。幼儿独自一人摆弄玩具，毫不关心他人的行为。三是旁观。幼儿绝大部分时间在观看其他幼儿的游戏，且常常对被观察者提出些问题或建议，但自己并不参与到游戏之中。四是平行游戏。幼儿与同伴一同游戏，但各自摆弄自己的物品，而很少相互交流。五是联合游戏。幼儿与同伴一起游戏，有交谈，有时还互相借用玩具等，但并不能围绕同一目标分工或组织。六是合作游戏。幼儿与同伴为着某些共同的游戏目标而在一起游戏，彼此分工、合作，有一定的组织性（陈帼眉等，1995）。通过以上研究，我们可以了解到游戏在同伴交往过程中所起到的重要作用。不只是游戏，其他活动也为幼儿的同伴交往提供了便利。幼儿在游戏或活动中自由地交流、大胆地表达，发展了社会能力，形成了友好的态度。

二、关于社会适应能力培养的研究

社会适应能力是指个体对其周围的自然环境和社会需要的适从与对应的能力。（周世华等，2011）幼儿的社会适应能力主要是个体进入到群体的各种适应，包括生理的、身体的、社会的三个方面。为使幼儿拥有良好的社会适应能力，我们应从哪些方面注重培养呢？

（一）家园一致，共同教育

家庭教育乃是人一生教育的准备和奠基阶段，父母是孩子的第一任教师。而幼儿园是幼儿由家庭步入社会的桥梁，幼儿教师是专业人员。因而可以说，幼儿社会适应能力的发展离不开家长和教师的率先垂范。幼儿的思维是具体形象的，凭借观察和模仿的方式来掌握日常生活中的信息。家长和教师应注重自身的修养，坚持言行一致，加强教育的一致性。如：要求幼儿游戏或活动结束后收拾玩具，摆放整齐，可经常自己就将东西乱丢乱放；告诫幼儿不要有说谎的行为，可自己却会发生这样的事情；告诫幼儿要爱护环境，经常自己就随手随处扔东西，等等。自己都做不到的事情，很难让孩子做到。

（二）充分利用社区的资源

社区的超市、诊所、公园、广场、娱乐设施、理发店等物质资源，给幼儿的生活提供了更大的活动空间和场所，幼儿在这些地方会学习到如何与其他人进行交往并培养交往中的态度。如：参观社区的艺术表演，大家同乐，能够激发幼儿参与集体活动的积极性；参观消防设施，积累必备的社会生存经验；参与“文明社区”活动，了解爱护环境的重要性。

社区的文化资源拓展了幼儿生活学习的空间。如：展览馆、战役馆、科技馆、少年宫等文化场所，可以使幼儿了解本土文化的价值，感受祖国文化的繁荣昌盛，使幼儿萌发爱祖国、爱家乡的情感。

第三节 人际交往

一、幼儿“人际交往”能力发展的标准与内容

幼儿的人际交往既是自身需要，也是社会需要。《幼儿园教育指导纲要（试行）》（以下简称《纲要》）中指出，幼儿应乐意与人交往，学习互助、合作和分享，有同情心；爱父母长辈、教师和同伴，爱集体、爱家乡、爱祖国。虽然《纲要》对社会领域的目标分别作了阐述，但其在表述方面略显笼统，缺乏总结性的概括与归类。而《指南》则从“愿意与人交往”“能与同伴友好相处”“具有自尊、自信、自主的表现”及“关心尊重他人”四个方面详细阐述了幼儿期不同年龄阶段幼儿所应具备的行为指标与发展水平，下面我们分别详细说明。

（一）愿意与人交往

幼儿生来就有渴望与外界互动沟通的意愿，早在婴儿时期就通过注视、触摸、微笑等方式来引起别人对自己的关注，而后伴随着各种亲昵的动作以及相互能懂的语言，很自然地开始与人交往。随着自我意识的萌芽与发展，幼儿开始逐渐认清自我与他人的关系，掌握与人交往的基本准则和技巧。研究表明，早期社会交往的经验是建立良好人际关系的基础和前提，将决定和影响着幼儿的未来生活。因此，我们有必要了解不同年龄阶段的幼儿在“愿意与人交往”方面所应达到的发展水平是怎样的。

◆ 3~4岁幼儿的发展指标

1. 愿意和小朋友一起游戏。

这一时期随着运动能力和交流技能的发展，幼儿开始由家庭迈进幼儿园，其社会交往的范围比婴儿时期扩大了很多。幼儿渴望融入各种人群，与他人友好地交往。幼儿的社会性交往关系已不限于父母和其他亲人之间，而是扩展到社会交往，特别是愿意和同伴交往。同伴之间在心理、生理上都处于相似的水平，他们之间的关系是同等的、互惠的。他们很乐意和小朋友在一起，和小朋友拉拉手，跑一跑、跳一跳，做些简单的游戏。

2. 愿意与熟悉的长辈一起活动。

3岁前幼儿的社会性交往关系主要以父母与其他家人为主，3岁后幼儿的社会性交往范围逐渐延伸、拓展，能够与经常接触的长辈们表示友好，并且在发起活动的过程中，能够主动地参与。比如：周末家里来了熟悉的客人或者长辈，幼儿能够主动打招呼问好，并露出喜悦之情；在长辈的指导下，能够一起玩玩具或者做简单的游戏。因此，成人应主动给幼儿创造交往的机会，如：经常走亲戚或邀请亲戚来家里做客等，让幼儿体会交往的乐趣。

◆ 4~5岁幼儿的发展指标

1.喜欢和小朋友一起游戏，有经常一起玩的小伙伴。

游戏是幼儿最主要的活动形式，是幼儿反映社会生活的特殊方式之一。这一时期的幼儿，有意性行为开始出现，不再进行简单的“自我游戏”，而是出现了真正意义上的“角色游戏”。随着游戏形式和内容的逐渐丰富化，更多幼儿开始积极地参与到游戏中去，他们与同伴们进行协商、交流、探讨。因而，幼儿更喜欢和小朋友们一起游戏，一起分享彼此的生活经验。家庭应创造一些条件让幼儿有机会和伙伴一起玩，允许孩子找一两个小朋友到家里玩或让孩子到邻居家玩，发展幼儿的独立交往能力。幼儿只有在直接接触中才能体验到自己和别人的关系，在接触活动中不断适应对方，彼此关心，逐步学会和谐相处。

一般而言，幼儿交往的目的主要是为了获取玩具或寻求帮助，年龄越大，幼儿的交往也就越来越倾向于同伴本身，即为了引起同伴的注意，或者是为了使同伴与自己合作、交流而发出交往的信号（但菲，2008）。在交往的过程中，绝大多数的幼儿开始主动萌发寻求玩伴的需要，并通过共同爱好、共同游戏建立起最基本的伙伴关系。

2. 喜欢和长辈交谈，有事愿意告诉长辈。

随着社会性交往范围的不断扩大，以及幼儿语言发展的连贯性和语言表达技巧的掌握，幼儿能够独立地讲故事或叙述日常生活中的各种事物。幼儿是有表达愿望的，特别是愿意和长辈交谈，会主动将一些事情告诉长辈。如：幼儿会迫不及待地将幼儿园发生的奇事或趣事讲给长辈听，或者说说今天和妈妈在回家路上的所见所闻，等等。

◆5~6岁幼儿的发展指标

1. 有自己的好朋友，也喜欢结交新朋友。

随着年龄的增长，社会经验的积累，交往范围的扩大，一方面，幼儿开始有了自己的好朋友，有了自己小范围的交往圈子，他们经常围在一起说说悄悄话，分享自己心中的小秘密，或是把自己喜欢的图书玩具相互交换，互相邀请彼此到家中玩等；另一方面，幼儿能够适应人际交往的变化，乐意接纳和认识“新朋友”，并能体验认识新朋友的快乐和成功感。因此，成人应为幼儿同伴交往提供良好的机会，并不失时机地引导和鼓励幼儿主动结交新朋友。

2. 有问题愿意向别人请教。

幼儿在成长过程中会遇到各种各样的问题。如：在科学活动中会发现问题，在数学活动中会产生问题，在户外活动中会遇到问题，等等。当问题出现的时候，幼儿会主动向成人（包括长辈）或同伴寻求问题的答案。如：幼儿在自然角观察小动物时，发现兔子的眼睛是红色的，尾巴短短的，这时他会主动请教教师，并主动说出“教师，为什么小白兔的眼睛是红色的？它的尾巴为什么短短的，几乎看不到？”

3.有高兴的或有趣的事愿意与大家分享。

分享行为，是幼儿亲社会行为中的一个组成部分，是把自己的快乐和需要与他人联系在一起，克服以自我为中心的心理。分享行为可以培养幼儿与他人友好相处的能力，体会与他人分享的快乐，理解朋友之间有好东西要分享的道理。高兴的或有趣的事情可以带给幼儿愉悦的情绪情感体验，幼儿达到自我满足后愿意将此类事情说出来与大家共同分享。

（二）能与同伴友好相处

3～6岁幼儿的个性已经初步形成，良好的个性是幼儿能与同伴友好相处的因素之一，不同幼儿的个性是有差异的；同时家庭环境的影响也是幼儿能否与同伴相互交往的另一因素，家庭气氛融洽、家庭和睦是幼儿与同伴友好交往、友好相处的重要条件。这个时期的幼儿最喜欢与同龄的伙伴交往，无论是做游戏还是其他活动都能找到共同语言，能够在相互交往的过程中形成一致性，并且能从交往中体会到交往的真正乐趣。

◆ 3～4岁幼儿的发展指标

1. 想加入同伴的游戏时，能友好地提出请求。

同伴间的游戏吸引着幼儿，幼儿愿意参与到其中与同伴们一同玩耍。想加入到游戏中时，应通过合理的方式来加入。如：看到小朋友们一同游戏想要参与其中时，能够耐心等待寻求合适的机会，礼貌地向别人请求，主动说出：“能带我一起玩吗？”或说：“咱们一起玩行吗？”

2.在成人的指导下，不争抢、不独霸玩具。

玩具是幼儿游戏时必不可少的工具。在各种游戏中，幼儿在成人的语言指导下，能够做到选择自己喜欢的玩具和自己需要的玩具，在不需要时能够将玩具归位，让其他的小朋友去用，而不是争夺自己需要和不需要的玩具，也不会当玩具在自己手里时独占，不与其他人分享。

3. 与同伴发生冲突时，能听从成人的劝解。

3～4岁幼儿的游戏处于初始阶段，游戏过程中有时会因争抢玩具等原因而发生冲突。由于此阶段的幼儿尚不具备自我解决问题的能力，因而在冲突发生时，成人主动的劝解起着至关重要的作用。

◆ 4～5岁幼儿的发展指标

1.会运用介绍自己、交换玩具等简单技巧加入同伴游戏。

随着年龄的增长以及认知能力、思维能力的进一步发展，幼儿在与别人交往时，会讲究一些方法，运用某种策略。调查表明，幼儿在想要加入游戏时，会主动变换角色很巧妙地加入游戏当中，或者会用自己的物品去交换，或者把自己的物品放在游戏当中，作为游戏的道具使用。与同伴交换物品、担当角色等是幼儿主动与人交往的重要表现形式，技巧和策略的运用表明幼儿的交往能力在不断提高。

4～5岁的幼儿在与同伴交往时总会出现种种的问题，如加以正确引导，他们在处理交际问题的过程当中，就会完善认知结构，促进其社会性发展，提高自我适应能力。久而久之，他们就能与同伴之间建立较为稳定的友谊关系，有几个和自己经常一起游戏、玩耍的伙伴。

2.对大家都喜欢的东西能轮流、分享。

4～5岁的幼儿对每个人都喜欢的东西能够拿出来一起玩，而不是独占，能将喜欢的玩具、物品跟其他同伴轮流着用或玩，这是幼儿亲社会行为的一种表现。分享的原则是幼儿愿意与其他同伴共享，共享的过程是愉快和和谐的。分享的结果是每个人都能感受到分享，并能体验到分享的快乐。

3.与同伴发生冲突时，能在他人帮助下和平解决。

幼儿与同伴交往时，常常会因为争夺玩具或者交流有碍而产生矛盾，因此发生冲突。4～5岁的幼儿与同伴发生冲突后，在解决矛盾的过程中，能够听从成人的意见和建议，并在成人的帮助下公平、合理地解决。

4.活动时愿意接受同伴的意见和建议。

同伴的意见和建议可以帮助幼儿顺利地解决问题，同时获取经验。在活动过程中，同伴之间会依据自己的知识经验变换玩法或改变游戏规则等。出现这些问题或发生小的摩擦后，针对同伴提出的要求或者建议，幼儿能够主动接受。如：游戏过程中，×××不遵循游戏规则时，同伴友好地进行提醒：你这样欺负小动物是不好的行为，应该学会爱护小动物。因为小动物是人类的好朋友。×××对于提出的合理要求，表示同意并说出："哦，是的。我们应该学会爱护小动物。"

5.不欺负弱小。

4～5岁幼儿知道同伴之间要友爱、互相帮助，弱小的同伴与自己一样是有自尊的；懂得关心弱小的幼儿，能够产生怜悯之心，并能做到关心弱者。随着年龄的增长，幼儿从知道欺负别人不对，意识到弱小同伴同自己一样有独立的人格，是不能欺负的。这是他道德意识不断增长的重要表现。

◆ 5～6岁幼儿的发展指标

1.能想办法吸引同伴和自己一起游戏。

5～6岁幼儿能够主动地参与到同龄或年龄相近的幼儿的游戏活

动中。随着年龄的增长、认知水平的不断增强、思维能力的发展，幼儿会运用一定的策略或方法吸引同伴和自己一起游戏。比如：拿些奇特的玩具吸引同伴主动和自己游戏，或给同伴分配其喜欢的角色吸引同伴的主动性等。

2.活动时能与同伴分工合作，遇到困难能一起克服。

5～6岁幼儿在活动时已经能够与同伴进行明确细致的分工。幼儿在分工合作中，可以体验到不同工作的不同乐趣，更加愿意与同伴一起进行游戏，激发幼儿参与人际交往的兴趣。幼儿在活动时，难免会遇到种种问题或困难，在解决问题或困难的过程中，能够互相帮忙，或者分头想办法来解决问题和困难，这也是大班幼儿分工合作意识的表现。

3.与同伴发生冲突时能自己协商解决。

幼儿在与同伴共同活动时容易产生冲突，幼儿的冲突主要表现在对物品的争夺，或者对有限空间的强占等方面。5～6岁幼儿要能够在产生冲突之后而解决冲突，进而继续游戏或活动，而不要因为发生了冲突就把活动放弃了。幼儿与同伴间发生冲突并解决冲突的过程在一定程度上有利于幼儿社会交往能力的提高。

4. 知道别人的想法有时和自己不一样，能倾听和接受别人的意见，不能接受时会说明理由。

5～6岁幼儿开始能够认识到自己与他人的不同。特别是在对一些事情的看法上，知道别人的想法与自己不同。在活动或游戏过程中，出现意见不统一等情况时，能够不打断别人说话，耐心倾听和接受别人的意见；如不同意别人的意见时，能够说明理由。

5.不欺负别人，也不允许别人欺负自己。

同伴间的人格是平等的，需要相互尊重、相互信赖。要爱护同伴，不欺负别人，当自己的利益受到威胁时，也不允许别人欺负自己。

（三）具有自尊、自信、自主的表现

自信自尊是由自我评价引起的自我肯定并期望受到他人、集体和社会尊重的一种积极向上的情感倾向（钟兴珉，1995）。教育的作用是影响幼儿，因此在培养幼儿自信自尊方面，成人应从以下几方面进行：一是给幼儿充分的尊重和自由的权利，使幼儿获得良好的情绪体验；二是给幼儿自我实现和成功体验的机会，促进其自我肯定；三是充分发挥对幼儿影响重大的“重要他人”的作用，让幼儿感受到不同群体的爱与接纳，形成正确的自我概念。

《现代汉语词典》对自主的定义是“自己做主”，从心理学和教育学的角度来看，幼儿的自主性应包含独立性、主动性、创造性三个方面，具体指幼儿应遵循自己的意愿，对问题引发自我思考，在自我探索中解决问题，主动完成结果。蒙台梭利强调指出：“必须注意为幼儿期设置一个适当的世界和一个适当的环境，这是一个绝对迫切的需要。”正如《幼儿园教育指导纲要（试行）》中所提到：“应提供自由活动的机会，支持幼儿自主地选择、计划活动，鼓励他们通过多方面的努力解决问题，不轻易放弃克服困难的尝试。”

◆ 3～4岁幼儿的发展指标

1. 能根据自己的兴趣选择游戏或其他活动。

3～4岁的幼儿已经出现注重自己内心活动的意识，能分辨自己的喜好，并可以根据自我的喜好独立自主地选择需要参与的游戏或者活动。在幼儿园的自由活动中，让幼儿自己进行选择：如“我喜欢玩娃娃家游戏”“我喜欢开超市游戏”“我喜欢自然角的动植物”，等等。与家人一起游戏时，可以让幼儿表达自己的喜好，比如，妈妈说：“宝贝，我们一会儿一起读书还是一起画画呢？”幼儿回答说：“妈妈我不喜欢读书，我想要画画。”

2.为自己的好行为或活动成果感到高兴。

当幼儿从事某项活动后自我感到成功，或者做出符合社会期望的良好行为时就会有一种精神上的满足和喜悦体验，并会产生“自我激励”的状态。如在成人的引导下，幼儿热情礼貌地欢迎客人的到来，并主动说出“你好，叔叔（或阿姨、爷爷、奶奶等）”；在与同伴游戏的过程中，不小心踩到别人，会自己主动说出“×××，对不起”等；或者在成人的引导下，幼儿自己完成一幅作品，学会一首幼儿歌曲，能够正确地回答成人所问问题，等等。每当如上的行为或活动成果得到满足时，幼儿会自发地面露笑容，或通过表达向成人显示自己的成功。

3.自己能做的事情愿意自己做。

幼儿的独立自主能力关系到其日后能否良好地适应社会生活。著名的发展心理学家艾里克森指出，3～6 岁是孩子自主性、独立性迅速发展的时期，应注意对其进行独创性的培养。而3～4岁的幼儿身体发展水平已适合做一些力所能及的事情。因此“凡是幼儿自己能做的，应该让他自己做”。这一时期幼儿的独立自主能力的培养主要是从培养自我服务能力开始的。在保证安全的基础上，一方面让幼儿自己学穿脱衣服、独立进餐、洗脸、洗手、如厕、入睡等行为；另一方面幼儿能够通过语言来表达自己内心的意愿，如“我自己来”“我自己能行”等。由此可见，成人应有意地为幼儿创设良好的环境和提供锻炼的机会，强化幼儿的自我服务能力。

4.喜欢承担一些小任务。

任务，通常指分派的工作，担负的责任。教育领域的任务主要是成人依据幼儿身心发展的特点，本着“大人放手，孩子动手”的原则，分配给他们一些力所能及的事情，并由其主动完成。如：在参与活动时，展现出自愿参与的行为。美术活动前，幼儿主动帮教师分发彩笔、油画棒等绘画工具；午餐前，幼儿高兴地为大家分发勺子和碗；活动结束后，主动帮教师将活动的玩具放回原处等；离园前，帮助小朋友整理自己的衣物等。幼儿对这些活动很感兴趣，经常会听到他们主动说出“教师让我来发吧”“我来帮您吧！”等此类语言；还有一些幼儿通过动作主动要求将任务留给自己（如举手示意或者跑到教师面前争取）。

◆ 4～5岁幼儿的发展指标

1.能按自己的想法进行游戏或其他活动。

幼儿总是以自己特有的方式去感受、去体验、去适应外在的环境。4～5岁的幼儿与3～4岁的幼儿相比较，更为活泼好动，开始出现有目的的活动。此阶段的幼儿与同伴间的游戏，在形式与内容方面开始丰富化，玩法多样化。除此之外，幼儿对各类教学活动、户外活动、亲子活动及其他活动也较感兴趣。幼儿在活动中完全是自由的，他们自主地选择游戏材料，自主地选择活动内容和合作伙伴，按照自己的想法、意愿进行游戏。在活动中成人应完全尊重幼儿的主体地位，放手让幼儿创造性地主动活动，推动和激励幼儿在活动中发现问题，解决问题。如：幼儿可根据自己的意愿进入不同的活动区域，在同一活动区中还可选择不同的活动形式和活动内容。有时明明提供的是一个人的活动材料，却往往看到几个幼儿能同时很积极地投入到活动中去，我们应尊重幼儿的选择，让他们自主地去进行活动。

2.知道自己的一些优点和长处，并对此感到满意。

4～5岁的幼儿不再以成人的评价为主，而是开始出现自我独立评价。在评价的内容方面，从认识外在的生理特征开始转向关注自我的内心活动。这一阶段的幼儿已经能够认识到自己的部分优点和长处，从而累积起积极的情感体验，充满信心地面对自己。比如：“我是个聪明的孩子，因为我画画特别棒”“我最擅长搭积木”“我最擅长折纸，能折出许许多多的小动物”，等等。成人应充分肯定和欣赏孩子的优势领域，善于抓住他们身上的闪光点，对于他们的点滴进步和成功格外敏感并给予及时、切实的赞赏和鼓励，引导他们看到自己的点滴进步，帮助其树立自信心。

3.自己的事情尽量自己做，不愿意依赖别人。

这一阶段的幼儿动作发展更为完善，活动积极性大大提高。在做一些事情时他们表现得更加自主，不愿意按照成人的要求去做；日常生活中，开始明确哪些事情是自己能做的，自己可以做的（如整理玩过的玩具，自己吃剩的饭菜自己倒掉，自己学习叠被子，种植小植物等）；独立做事情时，不再像3～4岁幼儿般总是依赖于成人的帮助，开始想要摆脱成人的束缚。

4.敢于尝试有一定难度的活动和任务。

活动和任务为幼儿的发展提供着成功的机会。幼儿愿意并敢于尝试有一定难度的任务，因为富有挑战性的任务能够激励幼儿通过自我努力更好地体验取得成就的满足感。如：在健康活动“过小桥”中，要求幼儿尝试用不同方法（前提是不可以使用走、跑、跳）来移动身体，使自己顺利通过前方的小桥。幼儿在明确活动目标后，自愿“站出来”尝试，达到目标后内心有种自我满足感，强化自己进一步地尝试。但需要指出的是，对于活动的难度应适时地进行调整，一定是幼儿经过自己的努力可以达到的。

◆ 5～6岁幼儿的发展指标

1.能主动发起活动或在活动中出主意、想办法。

幼儿心理是在活动中发展起来的，幼儿心理的发展又促进着活动的发展（陈帼眉，1995）。5～6岁幼儿参与活动的积极性极高，在活动前已经能够提出比较明确的活动目的（比如几个小朋友在一起，可以主动提出玩“过家家”游戏等）；在活动过程中，对于临时出现的状况，能够主动提出解决的方案或策略，使活动得以继续开展下去。比如：“过家家”活动中，某个小朋友临时要退出活动，角色发生变化，幼儿能够在现状的基础上，提出“我们假设这个小朋友生病好了。那我们制作个漂亮的蛋糕，去家里看看她，你们说怎么样？我们先找东西来做蛋糕吧。”类似于这样的思考，能够帮助幼儿顺利应对当前的窘况。

2.做了好事或取得了成功后还想做得更好。

幼儿做好事会体验到成功的喜悦，做好事可以帮助自己或他人，因此会产生自我满足感，从而形成正强化，并愿意将事情做得更好；当幼儿做某件事取得成功后，这种成功感让幼儿产生积极的情绪体验，获得自我肯定的满足，从而使幼儿的主动行为在被强化的基础上得以形成习惯，能更加积极地去做并希望或争取更好。如：幼儿第一次主动帮成人扫地，倒垃圾，成人表示满意并适时表扬幼儿；在下一次承担任务的时候，幼儿可能不但要扫地、倒垃圾，还会将垃圾筒洗干净。

3. 自己的事情自己做，不会的愿意学。

此阶段的幼儿，自己的事情已经不需要依赖别人，可以独立去做。比如：幼儿可以每天自己动手整理好自己的书包，自己起床叠好被褥，等等。并且对于自己“不会的事情”愿意主动尝试去学。比如：幼儿自己不会洗袜子、手帕，可以在争得成人同意的情况下，将盆里打满水，模仿成人的样子自己动手去做。

4.主动承担任务，遇到困难能够坚持而不轻易求助。

幼儿的主动性就是不靠外力推动而自觉参加学习、生活、游戏等活动的一种积极向上的心理状态。这一阶段的幼儿经常表现出能够独立自主地承担任务，遇到问题或难题时自己主动思考解决，不再不假思索地求助于他人，对他人帮助的依赖性在某种程度上大大减少。比如：自己穿衣服拉拉链的时候，拉了一半，拉链不动了，怎么办？他们会想到自己动手上下滑动尝试，或者一次性将拉链拉到开始的位置等。

5. 与别人的看法不同时，敢于坚持自己的意见并说出理由。

不同的幼儿对待同一事物的看法是有所差别的。5～6岁幼儿能够按照自己预定的想法去做事，在与别人看法不同时，敢于坚持自己的意见并表达出坚持的理由。如：认识蚂蚁的活动时，教师问道“蚂蚁的幼虫由谁来喂养呢？”绝大部分幼儿说是蚂蚁妈妈，有个别幼儿说由工蚁喂养，并说明工蚁的主要任务是照顾幼虫，并学会挖洞、搜集食物等。

（四）关心尊重他人

3～6岁幼儿已经有了明显的关心他人、尊重他人的倾向。这种倾向不是一时形成的，而是在家庭中、在园所中与家人、同伴和教师互动过程中形成的。幼儿能够在活动中关心他人，在交往中尊重他人是其社会性发展过程中的一次质的飞跃。

关心和尊重这些良好的品性，对幼儿道德观、世界观的形成有着非常重要的意义。幼儿期主要是被爱但也要学会去爱他人，关心他人，在关心的基础上还要学会尊重他人，尊重别人的观点，理解别人的行为。

◆ 3～4岁幼儿的发展指标

1.长辈讲话时能认真听，并能听从长辈的要求。

听从长辈的建议、意见和要求是幼儿尊重他人的重要体现。幼儿懂得根据成人的要求去做事或活动，是幼儿认识自我和他人的重要原因。听从只在一些简单的力所能及的事情上，对于一些复杂的事情，幼儿需要成人的引导，并逐步提出要求，然后根据指示去做。

2.身边的人生病或不开心时表示同情。

生病的人或不开心的人，需要给予帮助、关心、照顾或者适时的安慰。3～4岁幼儿对于自己比较熟悉的人、身边的长辈和小朋友，能够做到给予关心。因为这时的幼儿已经具有了同情和关怀之心，也只有在别人需要帮助或关心时，幼儿的这种能力才会表现得特别明显。

3.在提醒下能做到不打扰别人。

爱玩是幼儿的天性。通常情况下，成人休息或工作时，幼儿意识不到此时不要去打扰。但是3～4岁幼儿在成人用语言或动作做出提示和提醒下，会自觉地停止无休止的打扰。这说明幼儿已经具备尊重他人的良好品质的倾向。在幼儿的尊重教育中，其实成人的引导还是非常重要的。

◆ 4～5岁幼儿的发展指标

1.会用礼貌的方式向长辈表达自己的要求和想法。

这一阶段的幼儿已经掌握了一些与他人交往的技巧，当幼儿与长辈交往时，能够积极主动地跟长辈攀谈，并能热情、自然、大方地回答对方的问话。同时会使用礼貌的方式向长辈表达自己的要求和想法。

2.能注意到别人的情绪，并有关心、体贴的表现。

4～5岁幼儿能够做到在日常生活中和一些小的细节中，关心父母和长辈，有时是一句话，有时是一些动作或行为。不只是在口头上关心他人以及需要帮助的人，而且能够把自己的关心运用到实际的行动中去。不需要成人的提醒或提示，幼儿能够主动、积极地投身于帮助他人的行动中。这一阶段的幼儿关心别人的主动程度加深，关心别人所涉及的范围扩大，无论是在家、在幼儿园还是在其他的地方，都能主动去帮助需要帮助的人，能帮助父母做力所能及的事，看到同伴不开心能够主动去安慰。

3.知道父母的职业，能体会到父母为养育自己所付出的辛劳。

此阶段的幼儿已经清楚父母所从事的职业是什么，具体做些什么工作。在日常生活中，成人可以借助故事、图书等给幼儿讲解父母抚育孩子成长的经历，使幼儿了解母爱和父爱，并能够体会到父母为养育自己所付出的辛劳。

◆ 5~6岁幼儿的发展指标

1.能有礼貌地与人交往 。

5~6岁幼儿在与人交往方面的经验和策略更加丰富一些，能够礼貌地与人交往。如：见了熟人主动问好，能够根据场合恰当地使用礼貌用语，等等。

2.能关注别人的情绪和需要，并能给予力所能及的帮助。

提醒幼儿关心身边的人，关心他人的情绪和需要，并尽自己的能力做些力所能及的事情。如：妈妈下班回来后，能感受到妈妈处于疲劳的状态，主动给妈妈拿拖鞋或帮妈妈倒水，提醒妈妈休息，等等。

3.尊重为大家提供服务的人，珍惜他们的劳动成果。

幼儿知道常见的社会职业，无论什么职业都是值得尊重的，没有地位高低之分。从事任何职业的人都是值得尊重的，特别是在生活中为我们生活提供服务的人，比如公交司机、街道清洁工、车站协管员等。当幼儿知道了劳动成果来之不易时，他们就能够懂得珍惜。

4.接纳、尊重与自己的生活方式或习惯不同的人。

5~6岁幼儿在与人交往的过程中已经初步了解到有很多与自己的生活习惯和生活方式不同的人，可以接触到不同民族的人，知道中国是一个多民族的国家，有56个民族；知道世界上有很多国家，有不同的种族，不同种族的人生活在不同的文化背景下。5~6岁的幼儿在正确的引导下能够懂得接纳，知道尊重差异。

二、幼儿“人际交往”能力发展与培养的教育建议

《指南》中所提到的人际交往，被赋予了更深层次的概念。它不单单是指与“人”的交往，还应包含幼儿自我的相关内容，即：帮助幼儿增强自尊心和自信心，发展幼儿的自主性等。我们应该给予幼儿体验成功、体验与人交往的机会，倾听幼儿的意见或看法，支持幼儿按照自己的意愿去做事，懂得关心自己与他人，构建和谐的亲子关系、同伴关系、师生关系等。

（一）引导幼儿认识真正的自己，激发兴趣、爱好和能力

1.让幼儿了解真正的自己，从而区分自己与他人

教育者可以以成人为鲜活的例子，给幼儿做示范，比如父母的性别、年龄，使幼儿体会自己的年龄是多少，是男还是女；可以让幼儿自己去认识身体的各个部位，也不要回避男性和女性身体部位的区别。

2.合理的引导，是幼儿了解自身兴趣爱好的重要途径

幼儿通常不能清楚地说出自己的兴趣是什么，哪些是自己喜欢做的事，这就需要成人的引导。成人先把自己的兴趣爱好讲给幼儿听，如“我喜欢唱歌”，然后逐步引导幼儿说出自己的想法，自己的兴趣是什么，喜欢什么，如“你呢？你喜欢什么？”。这样在成人的引导下，幼儿能够说出自己的兴趣爱好。所以说成人的引导是不可忽视的重要方面。

（二）鼓励和保护幼儿的自尊心和自信心

1.多鼓励，找自信

想让幼儿自信，首先成人自己要有十足的自信心，成人的自信可以影响到幼儿，也可以感染幼儿。

幼儿的自信心同时需要鼓励。成人的鼓励可以使幼儿在做某一件事时更有信心，即便是遇到困难也能够克服困难而坚持下来。经常受到肯定和鼓励的幼儿会从成人的肯定与鼓励中产生信任感，从而产生自信心。因此，成人必须注意自己对幼儿的态度和评价，在活动中、生活中肯定和鼓励幼儿，如爱抚、点头、微笑、夸奖等，不要随意批评幼儿，切忌使用消极的语言评价幼儿，即便是做得不好也不能一味地批评。

2.保护幼儿的自尊心、自信心，是培养幼儿自尊自信的前提

注意发现幼儿的闪光点，并耐心去培育，使之发扬光大。闪光点也就是长处和优点，要让幼儿知道自己的优点，并告诉他这种优点是与众不同的，切忌把幼儿的短处跟其他人的长处相比较，这样会挫伤幼儿的自信心。成人也要保护幼儿的自尊心，当幼儿的自尊心受到伤害时也要让幼儿据理力争，不能强迫其接受。

成人对幼儿的教育也不能一味地鼓励甚至是放纵，这样下去同样会影响幼儿的个性发展。当幼儿有缺点时，或做错时，成人要有耐心，帮助幼儿分析原因，并鼓励幼儿克服困难，纠正错误，重新找回自尊和自信。

（二）找技巧、设情境、同交流，促进幼儿独立性的发展

1.教会生活中的技巧，鼓励幼儿独立完成自己力所能及的事，让其做自己生活的主宰

培养幼儿做力所能及的事情的能力，是从让幼儿自己吃饭、自己穿衣服、自己收拾玩具开始的。幼儿通常会积极地去做自己喜欢的事，但是结果往往事与愿违，这就需要成人不单单是鼓励，更要去引导，让幼儿在独立完成自己能做的事的同时，掌握方法和技巧。比如，在穿衣服时，教幼儿先把衣服搭在肩上，抬起右胳膊把右手塞进右边的衣服袖子里，或者在收拾玩具时，可以教幼儿把同

类的玩具放在一起，然后再逐一摆放。

但幼儿的控制力还是比较差的，注意力又容易分散，所以需要教育者耐心细致地引导、鼓励，不能听之任之或者操之过急。

2.记忆能力的培养，有助于提高幼儿的独立自主能力

培养幼儿做力所能及的事情的能力，首先要培养幼儿的记忆力。如果幼儿能记住自己曾经做过的事并且能记住做事情的方法，这样下次再做同一件事情时，就会先回忆自己以前是怎么做的。所以幼儿要想独立完成力所能及的事，学会记住并回忆是非常重要的。

3.创设问题情境，提供实践机会，与幼儿共同讨论，培养独立能力

在培养幼儿独立自主能力的时候，成人可以和幼儿共同讨论。这就需要创设一定的问题情境，创造更多的独立判断问题的机会，让幼儿积极主动地参与到活动中来，锻炼幼儿自己解决问题的能力，还要重视为幼儿提供实践的机会，让幼儿自己能够有思考、有批判、有怀疑决策的权利和机会。

（四）创造交往机会，帮助幼儿学习交往的技能

1.与幼儿平等交往

成人与幼儿的交往是平等的，是不存在任何高低之分的。因此，成人和幼儿交往时要意识到交往的平等性。成人要主动亲近幼儿，让幼儿感觉到，成人的地位和自己是同等的。幼儿对成人提出的问题，成人要态度认真并要及时做出回答。这样幼儿才能有跟别人交往的兴趣，才能在交往中得到快乐。

2.为幼儿创造交往的机会

家庭是幼儿最初接触的社会环境。引导幼儿首先学会和自己的长辈交往或者和自己的兄弟姐妹交往。要让幼儿常跟长辈说话、做游戏，从而对交往产生兴趣。

现代的家庭大多是核心家庭，幼儿接触其他同伴的机会很少，

所以成人应该多领幼儿出去接触其他同伴，包括熟悉的幼儿和不熟悉的幼儿，也包括不同年龄和不同能力的幼儿，使他们在与这些幼儿交往的过程中，建立友谊，从交往中找到快乐。成人也可以给幼儿提供安全、卫生、有趣味的游戏材料，邀请小区的朋友、亲属的孩子到家里来，与幼儿一起游戏、玩耍，创造一种良好的交往气氛。

3.教会幼儿交往技巧，提高交往能力

教会幼儿使用文明礼貌用语来与同伴友好相处。3～6岁幼儿语言能力随着年龄增长已有所增长。引导幼儿正确使用礼貌用语，请求加入到游戏或活动当中，使幼儿在享受群体游戏或活动的快乐中喜欢上交往。

教幼儿对待其他伙伴要友善，正确引导幼儿的攻击性行为。如果幼儿出现攻击性行为，比如脚踢、推搡、抢夺等，应该立刻制止，并让幼儿知道这种行为是不正确的，要向其他小朋友道歉，保证以后要与小朋友和谐相处。

幼儿在与同伴交往时，成人应教育其与同伴共同分享自己的玩具、图书等，在游戏和活动时，也可以分享自己的想法，让幼儿在共同分享的过程中得到满足和快乐。

（五）注重在生活中的情境和机会的教育

1.成人要做幼儿的榜样

家长和教师是幼儿心目中的权威，他们的一言一行影响着幼儿。成人是幼儿模仿的对象。成人在生活中必须首先尊重长辈，关心长辈，这样才会使幼儿在耳濡目染中得到教育。3～6岁的幼儿是非常喜欢模仿的，成人正确的行为必然对幼儿起到榜样的作用，并对幼儿产生深刻影响。

2.利用生活中的各种机会进行尊重和关心的教育

在生活中进行教育是促进幼儿人际交往能力良好发展的重要

途径。成人可以经常性地提醒幼儿关心身边的人，并且教给幼儿学会站在他人的角度考虑问题的方法。让幼儿了解不同的职业，可以先让幼儿了解自己熟悉的人如父母或其他长辈的工作，然后再了解其他人的不同职业。让幼儿知道工作的辛苦，懂得珍惜别人的劳动成果并懂得关心体谅他人。让幼儿接触各民族和各个国家的人，主动上前打招呼、交流，尊重并接受各个民族和各个国家之间的文化差异。

三、幼儿“人际交往”能力培养课程与区角活动的关系

我国特有的幼儿园集体教学模式本身就为幼儿人际交往能力的培养提供了机会和发展的可能性。而区角活动是一种自由、开放、操作性强的游戏活动，为幼儿搭建了一个小型社会的天地，同伴彼此在活动中会遇到诸多问题。要使幼儿通过合理的方式解决问题，并在此过程中发展个体的观点采择能力和社会比较能力。此外，人际交往能力的培养课程渗透在教育领域的方方面面。因此，我们通过以下两种模式来具体说明，一是集体教学活动，一是区角活动。

（一）提高“人际交往”能力的集体活动

皮亚杰指出:“正是产生于同伴关系中的合作与感情共鸣使得幼儿获得了关于社会的更广阔的认知视野， 在幼儿与同伴关系中出现的冲突将导致社会观点采择能力发展并促进社会交流所需技能的获得。”幼儿期是幼儿同伴关系发展的关键时期。而幼儿园是大多数幼儿最早加入的集体生活环境，对培养和加强幼儿的同伴交往能力起着重要作用，所以在幼儿园集体教学活动中探究幼儿的同伴关系显得更加有必要。

《幼儿园教育指导纲要（试行）》明确指出：“引导幼儿参加各种集体活动，体验与教师、同伴等共同生活的乐趣，帮助他们正

确认识自己和他人，养成对他人、社会亲近、合作的态度，学习初步的人际交往技能。”而幼儿的集体活动渗透在一日生活常规里。主要通过游戏活动、教育活动、生活活动三个方面来体现。

1.游戏活动

游戏是幼儿喜闻乐见的活动，能够极大地调动个体的自发性和自主性。我国《幼儿园教育指导纲要（试行）》把幼儿园的游戏活动分为:创造性游戏（角色游戏、结构游戏、表演游戏）、体育游戏、智力游戏、音乐游戏、娱乐游戏等。所有种类的游戏都需要幼儿与同伴的参与，需要幼儿与同伴的合作，因而，游戏本身就为幼儿与同伴间建立良好关系搭建了桥梁。

2.教学活动

教学活动是有目的有计划地引导幼儿学习与探索的过程。除了使幼儿获取知识经验外，也在活动过程中渗透着对幼儿人际交往能力的培养。

（1）集体活动

语言领域：帮助幼儿掌握并正确地使用礼貌用语，如“谢谢、对不起、不客气、没关系”等；在活动过程中提出问题引发幼儿思考，使幼儿学会倾听与接受别人提出的意见；通过故事引发幼儿思考如何帮助小朋友；构建自我阅读活动，主动与同伴自由交流，分享阅读经验等。

健康领域：包括幼儿日常生活习惯教育、幼儿身体认识与保护教育、幼儿饮食营养教育和幼儿安全教育，也包括幼儿园的体育活动。如“找朋友”“认识自己的身体”等活动。

艺术领域：幼儿园艺术活动主要包括音乐和美术活动。其中美术活动又包括绘画、手工和美术欣赏活动。音乐包括歌唱、韵律活动、音乐欣赏活动和音乐游戏、节奏乐。可以多采取小组合作的形式，让小朋友们多学会合作和欣赏。

社会领域：教师组织专门的社会领域活动，如开展“喜欢和你在一起”“一同去郊游”等活动，帮助幼儿掌握与同伴交往的正确方法，提高交往技能。

科学领域：幼儿的思维是从动手操作开始的。应多开展富有探究式、合作式的活动，如在沉浮概念的学习中，通过给幼儿一盆水、石头、铁东西、海绵、木头等物品，让幼儿主动与同伴一同探索、操作，并总结出实验后的结果。

（2）其他形式的活动

其他形式的活动主要是指小组活动、种植活动、社区活动等。这些活动扩大了幼儿与周围人交往的范围，如与长辈、哥哥姐姐、叔叔阿姨等不同年龄层次的人的接触；同时给幼儿提供积极表达自己交往意愿的机会。

3.生活活动

生活活动重视幼儿在共同生活中交往、礼仪、规则、环保、安全等的认识与培养。主要生活环节有：来园、离园、盥洗、饮食、散步、睡眠。（黄建芬，2005）

日常生活教育属随机教育。例如在午睡起床时，发现帮助同伴扣扣子的好事，要及时表扬并抓住机会进行教育；午点时与小朋友主动分享食物；逢小朋友过生日时，让幼儿主动给小朋友送出祝福，一同分享快乐等。

（二）区角活动

区角活动是一种开放、分层、自主的活动，能让幼儿在随意、愉快、没有压力的氛围下按自己的意愿自主选择操作内容、操作方式和伙伴，并能按照自己的节奏去操作（苏红伟，2003）。在活动过程中，促进了幼儿与人交往能力的发展。一方面，区角活动促进了幼儿之间的交往与合作，扩大了幼儿的交往范围，提升了交往技巧，满足了交往的需要，加强了交往的信心。同时，在活动中，幼儿逐渐学会了如何与同伴相处，如何帮助别人，如何与他人协调，如何控制自己的冲动，学会了谦让和与人交流、接触的技巧，学会了尊重和宽容，学会了自尊自爱。另一方面，区角活动加强了师生之间的交往。在活动中，教师的悉心指导使幼儿感受到教师的关注和爱，满足了幼儿情感的渴望，建立了良好的师生关系。

1. 角色游戏区

教师在区角活动中有目的、有计划地创设角色游戏区，角色游戏的主题应来源于幼儿的日常生活，是幼儿接触过的、熟悉的、了解的、感兴趣的。教师应鼓励每个幼儿以自己喜欢的方式选择游戏，选择玩伴，在自主活动开始前就为幼儿提供与人交往的机会。如：为幼儿设立玩玩家、开商店、开餐厅、图书馆等区角活动。在活动过程中，教师以观察者和指导者的方式介入幼儿的活动中，可以教幼儿一起商量做什么游戏，怎样玩，在游戏中既能积极地提出建议，又能尊重别人的意见，不强迫别人接受或服从自己的意见；最后要教给幼儿和同伴共同分享玩具，有好的玩具大家一起玩，能平等地与他人交往，愉快地与同伴合作。其实，游戏不同角色之间的分工与合作，本身就是同伴间合作的最大体现。活动结束后，提醒幼儿与同伴一起将玩具归放原位。这样看来，教师在游戏过程中的指导作用是显而易见的。

2. 建构游戏区

建构游戏区，是幼儿利用各种不同的结构玩具或结构材料（如积木、积塑、金属片、泥、沙、雪等），通过与结构活动有关的各种动作构造物体形象。不同年龄阶段的具体准备是不同的，小班幼儿的建构游戏缺乏目的性，通常是平行游戏，自己玩自己的，需要成人逐步引导他们合作游戏。对于中大班幼儿应提供部分能吸引幼儿在一起的材料，或适合多数幼儿在一起合作操作的材料，并视情况提供不同材质的活动素材，如成品玩具、半成品和废弃材料等。在搭建的过程中，他们会针对遇到的平衡、空间和结构的难题，能够共同动手操作尝试解决。

3. 表演游戏区

表演游戏是幼儿通过扮演文学作品中的角色，根据作品中的情节和内容，用对话和形象的游戏动作进行表演的一种游戏活动（但菲，2008）。它可以培养幼儿良好的集体观念和团结合作精神。如：在游戏活动的准备工作阶段，吸引幼儿一起准备道具、服装、头饰等；表演过程中根据幼儿的经验，合理分配角色，吸引更多的孩子参与到活动中去；对于活动中出现的问题，教师可以示范、引导，然后和幼儿一起表演，丰富游戏的内容。

四、幼儿"人际交往"能力发展与培养的评价

幼儿的人际交往能力的发展不是一蹴而就的，也不是生来就有的，更不是脱离环境自己形成的，而是在与成人的交往过程中、与在环境的相互作用中产生并发展的。

对幼儿人际交往能力进行评价时，教师必须考虑到以实践为基础，并应用于实践。教师可以利用自己创设的各种关于"人际交往"能力培养方面的游戏活动，以及创设一定的情境来评价幼儿人际交往能力并在实践中教会幼儿如何去处理自己与他人的关系。在以后的研究中，还可以采取干预和追踪研究的方法，探讨人际交往能力是否随环境和时间的变化而发生变化的问题，这样既能使研究在自然情景中进行，保证研究的生态性，又能探明因果关系，得出科学结论，指导教育实践，有效促进幼儿人际交往能力的形成和发展。

（一）3～4岁幼儿“人际交往”能力发展与培养的评价

1.回答问题

让幼儿回答简单的四个问题，如：“你是谁？”“你喜欢小朋友吗？”“你愿意和长辈一起游戏吗？”“你会做哪些事情？”能够回答正确的，算通过。

2.做指令性的动作

让幼儿做一些简单的、力所能及的事情，如“把桌子上的玩具整理好”“教师的书掉在地上了，请帮教师捡起来”“把自己的毛巾放在毛巾架上”。做好的，算通过。

3.创设情境

（1）安排角色游戏，让幼儿把平时在家里和幼儿园能做的事，在游戏中做出来。能做出的算通过。

（2）安排场景，如几位教师在休息室休息，幼儿从休息室经过，看他的表现。不打扰教师休息的算通过。

（二）4～5岁幼儿“人际交往”能力发展与培养的评价

1.回答问题

让幼儿回答简单的四个问题，如：“你最喜欢做什么？”“你的优点是什么？”“自己为有这样的优点高兴吗？”“别人不开心的时候你要做什么？”回答准确的，通过。

2.做指令性的动作

让幼儿做几个有难度的动作，如“把被子叠好，放在床头中间位置”“给每个小朋友发一双筷子”“在墙的指定位置贴上刚刚画好的画，墙的位置比较高”。能去尝试的，算通过。能去尝试，并完成任务的算优秀。

3.创设情景

（1）安排一项有难度的工作，看幼儿能否去尝试。可以去尝试的算通过。

（2）安排一名教师假装不开心或是生病很难受。能去主动安慰的算通过。

（3）一件玩具是幼儿都非常喜欢的，安排一项活动，这件玩具只有一件，看幼儿是否能够轮流使用。能够自己用完交给别人用的算通过。

（三）5~6岁幼儿“人际交往”能力发展与培养的评价

1.回答问题

让幼儿回答问题，如：“你和别人有哪些不同？”“你喜欢自己吗，为什么？”“自己能做的事有哪些？”“自己不能做的事是什么？”回答准确的，通过。

2.做指令性的动作

安排较难的动作。能够坚持，并自己完成的，算通过。

3. 创设情境

（1）交给幼儿一项任务，看幼儿能否分工合作、互相帮助。能够协商、轮流、合作的算通过。

（2）出一个话题，让幼儿进行讨论，自己的想法和别人不一样时，是否能够倾听和接受别人的意见。能倾听或接受的算通过。

（3）教师提出一个不合理的要求，看幼儿是否能够拒绝。能拒绝的算通过。

第四节　社会适应

“社会适应”能力是指人为了在社会上更好地生存而进行的心理上、生理上以及行为上的各种适应性的改变，是与社会达到和谐状态的一种适应能力。“社会适应”能力一般包括以下一些方面：个人生活自理能力、基本劳动能力、选择并从事某种职业的能力、社会交往能力、用道德规范约束自己的能力。

幼儿的“社会适应”主要包括喜欢并适应群体生活、遵守基本的行为规范、具有初步的归属感。

一、幼儿“社会适应”能力发展与培养的标准与内容

(一)喜欢并适应群体生活

亚里士多德说：“人在本质上是社会性动物。”这说明人的存在不是完全独立的，是建立在同他人交往的基础上并受到他人的观念和行为的影响。随着社会交往范围的不断扩大，幼儿开始喜欢群体生活，并逐渐适应群体生活。

◆3~4岁幼儿的发展指标

1.对群体活动有兴趣。

刚刚入园的幼儿对集体生活存在着渴望，对群体活动也有较大的兴趣，但他们也存在着交往焦虑，怕不被群体接受，不知如何与同伴交往。如果成人及时给予适当的鼓励和引导，消除他们的交往焦虑，他们能够积极参加各种活动如角色游戏、户外的体育游戏、结构游戏，等等。当他们体验到群体活动的乐趣时，就会对群体活动产生兴趣。

2.对幼儿园的生活好奇，喜欢上幼儿园。

幼儿在幼儿园里所接触到的一切都是陌生的：和蔼可亲的教师、年龄相仿的同伴、温馨舒适的环境、一日规律的生活、色泽新颖的玩具，等等。陌生的事物容易引起幼儿的兴趣，激发幼儿的好奇心。因此，幼儿喜欢到处看一看，摸一摸，动手试一试。另一方面，同伴之间的游戏，富有趣味性、生活化的教学方式都是幼儿所

喜欢的，能激发出孩子“想上幼儿园”的欲望。

◆4~5岁幼儿的发展指标

1.愿意并主动参加群体活动。

4~5岁幼儿已经熟悉了园所的自然环境和人文环境，对于集体已经不陌生，能够在园所中积极主动地参加各种群体活动，不会有拘谨和陌生感。

2.愿意与家长一起参加社区的一些群体活动。

4~5岁幼儿正处于游戏或活动的高峰期，愿意参加一些社会活动。特别是在有家长陪同的情况下，愿意参加一些社区的群体活动。如：参加社区举办的亲子读书活动等。

◆5~6岁幼儿的发展指标

1.在群体活动中积极、快乐。

5~6岁幼儿相比较前两个阶段的幼儿，在活动方面表现出群体活动增多，孤独游戏减少的趋势，因而更愿意参与集体活动，并且在活动中能够主动积极地与别人进行合作，如想办法出主意等，使活动变得更加丰富有趣。幼儿以饱满的热情投入到活动中去，收获无比的快乐。如：在“老鹰捉小鸡”的传统游戏中，“老鹰”疯狂地偷袭小朋友们，小朋友们通力合作，积极配合，不让老鹰得逞，最终取得了胜利，大家欢呼雀跃。

2.对小学生活有好奇和向往。

5~6岁幼儿即将结束幼儿园生活，开始为步入小学生活做准备。带领幼儿参观小学，讲讲小学有趣的活动，使幼儿明确了解两种生活的不同，唤起幼儿对小学生活的好奇和美好向往。

（二）遵守基本的行为规范

3~6岁幼儿已经有了规则意识，知道遵守各种行为规则是进行各种活动的前提，知道每种活动都有自身的活动规则。让幼儿养成遵守基本的社会规则的习惯，能加快幼儿社会性发展的速度。

◆3～4岁幼儿的发展指标

1.在提醒下，能遵守游戏和公共场所的规则。

游戏规则是游戏发展到一定阶段之后才出现的，游戏的规则是幼儿游戏能够顺利进行的基础和保证。游戏的规则主要有两种，一种是潜在的游戏规则，它是在游戏中所体现出来的情境，或者是游戏过程中的制约感，是幼儿在游戏时不用人规定而能共同遵守的感觉；另一种是规定的行为规则，是在游戏时由大家共同制定并遵守的行为准则。3～4岁幼儿行为处于无意识阶段，需要在成人或同伴的提醒下，遵守游戏规则。

成人会经常带幼儿到公共场所去活动或玩耍，幼儿在公共场所会出现一些不合时宜的行为：在安静的场所大声喧哗、在公共场所乱涂乱画、随地大小便，等等。针对这些行为，小班幼儿能够在成人的提醒下约束住自己错误的行为。同时需要成人以身作则，也可以用其他幼儿作为榜样来引导幼儿跟着学，培养幼儿养成从小遵守公共场所规则的良好习惯。

2.知道不经允许不能拿别人的东西，借别人的东西要归还。

3～4岁幼儿应知道，别人的东西自己不能随便拿走，只有在经过别人的允许后才可以。但幼儿的自制能力差，有时还不能有效地控制自己的意志，因此有时会不经允许拿了别人的东西。在这种情况下，成人可以提醒幼儿，幼儿会主动归还的，因为他们知道拿了别人的东西要归还。

3.在成人提醒下，爱护玩具和其他物品。

玩具和其他物品是幼儿所喜欢的物件，但幼儿尚未形成爱护的概念，因而会发生乱扔、破坏等现象。成人应在合适的机会下，适当地提醒幼儿。引导幼儿明白玩具和其他物品是我们每个人的好朋友，它们给我们的生活带来方便与乐趣，是不能私自拿回家的，也不能随意破坏的。要通过对孩子爱护玩具和其他物品的行为的及时肯定，强化幼儿爱护公物的意识。

◆4～5岁幼儿的发展指标

1.感受规则的意义，并能基本遵守规则。

这一阶段的幼儿已经具备了遵守社会公德的意识，知道在公共场所自觉遵守秩序是一种良好的道德行为。自觉是内在的自我发现的过程，幼儿的自觉性表明幼儿已经在内心中对遵守规则有了深刻的认识，从而产生外部的表现。在带幼儿参加公共场所的活动或者到公园游玩时，幼儿知道并遵守在公共场所里的相关规则。如：吃完食物后自动把废弃物扔到果皮箱内；在影剧院中，安静地观看影片、不大声说话；横穿马路时左顾右看，要走人行横道、地下通道或过街天桥；要红灯停，绿灯行，等等。

2.不私自拿不属于自己的东西。

不私自拿不属于自己的东西是幼儿具有良好品德的重要表现。为幼儿制定行为规则，让幼儿知道在别人不同意、不允许或不知道的情况下拿别人的东西是不对的。如果幼儿想要拿别人东西，他就会想到这是一种不好的行为，这种行为是不被承认的。道德品质的良好发展是幼儿心理健康的重要基础，因此在保证幼儿遵守潜在的规则时，培养幼儿良好的品德，从而促进幼儿的心理健康。

3.知道说谎是不对的。

幼儿阶段说谎现象是很常见的，一般而言，绝大多数的幼儿说谎主要是为了掩盖事实；或是为了证明自己，使自己得到嘉奖；或是把想象的事情作为事实表述出来。不管是哪一种说谎行为，随着思维能力的不断发展和语言能力的不断增强，4～5岁幼儿已经能够意识到自己说谎是不对的，是会受到惩罚或批评的。

4.知道接受了的任务要努力完成。

让幼儿明确任务概念，激发他们完成任务的信心。在接受任务的过程中明白自己所要做的具体是什么，而且要经过自己的努力去完成任务。

5.在提醒下，能节约粮食、水电等。

资源是人类赖以生存的重要条件，越来越多的人都在关注资源。大自然有着丰富的物质资源，但是有些资源并不是取之不尽、用之不竭的，如：粮食、水、电等。这些资源一旦出现能源短缺现象，人类的生活将岌岌可危。因此，要教育幼儿学会节约粮食、水电等资源，为人类的生存和发展作出贡献。

◆5~6岁幼儿的发展指标

1.理解规则的意义，能与同伴协商制定游戏和活动规则。

规则是协调人们之间关系和行为冲突的社会标准，它对幼儿来说就是日常行为规范。规则的建立有益于促进幼儿身心健康发展，使其形成一定的行为习惯。该年龄段的幼儿对规则的理解处于对规则认知的第三阶段，即“清楚认识”阶段。这个阶段的幼儿已知道了生活规则对维持团体和社会秩序的重要性。他们已开始了解个人在与社会的相互作用下必须学会遵守社会规则。在游戏和活动中，协商产生的规则是自发的自律规则。当自我与他人的需求产生冲突、出现分歧，活动环境变得杂乱无章的时候，自我就会自发对自己的行为作适当的调整。彼此开始协商，逐渐产生可行、匹配的规则共同遵守。

2.爱惜物品，用别人的东西时也知道爱护。

爱惜物品是一种美德，也是一种良好的品质。日常生活中，要教育幼儿爱惜物品，知道使用他人的东西时也应做到爱护。如：在幼儿园时能爱护桌椅，不乱涂、乱画；爱护幼儿园的贴画，不去用手撕扯，等等。使用同伴的文具、玩具时，要像爱护自己的物品一样，不损坏、不破坏，用完及时归还。

3.做了错事敢于承认，不说谎。

幼儿敢于认错，是因为他懂得自己触犯了行为规则，违反了规定。而做了错事，必须要承认错误，不用说谎话来遮盖事实真相。这是幼儿品德素质的提高，也是幼儿规则意识的提高。

4.能认真负责地完成自己所接受的任务。

任务意识是指在心理上具有努力完成别人交给的任务的意识倾向，是建立在强烈的责任心基础之上的，也是其责任心的具体体现。这一阶段的幼儿有很强的责任意识，不但能接受任务，还能够认真负责地完成任务。因此，应树立幼儿的主体地位，调动幼儿完成任务的主动性和积极性。如：通过人人争当值日生的任务，调动幼儿的主动性；安排检查人员，负责各项工作的检查，让幼儿有意识将任务认真负责地完成。

5.爱护身边的环境，注意节约资源。

5~6岁幼儿已经萌发了保护环境的意识，能够对动植物进行保护，有关爱之心；懂得环境对人类的意义，保护环境是自己应做的，有强烈的责任意识；关注环境的变化，有意识地去了解环境变化的原因。

大自然提供给人类丰富的自然资源，这些资源可分为再生资源和不可再生资源。无论哪种资源，我们都不能随意浪费，应学会保护环境、节约资源。

（三）具有初步的归属感

幼儿的归属感主要来自于家庭、幼儿园和社会，在这些群体中可以得到温暖、帮助和关爱，从而消除或是减少孤独和寂寞感，获得一定的安全感。

◆3~4岁幼儿的发展指标

1.知道和自己一起生活的家庭成员及与自己的关系，体会到自己是家庭的一员。

通常情况下，父母是幼儿最先接触或者是接触最多的人。婴儿来到这个世界，首先接触的就是自己的父母，依赖的也是自己的父母，所以，对自己的父母是最熟悉的。由于教养方式的不同，家庭结构的不同，幼儿接触的人也是不同的。在核心家庭中，只是父母子女，很容易知道自己的家庭成员都有哪些人；在扩大的家庭和联合家庭中，幼儿接触的人比较多，不但有父母、祖父母，还有叔侄、姑舅等，幼儿在认识家庭成员时会更多地和家庭中每一个成员接触，知道在这个家庭中自己有一个明确的定位，知道每个家庭成员的位置。

不论是核心家庭、扩大的家庭、联合家庭甚至是不完整的家庭，基本都是根据姓氏、血亲组合在一起的，这就要求教育者能够让幼儿记住自己家庭中成员的姓名，知道自己的父母的名字，自己兄弟姐妹的名字和其他成员的名字。幼儿大脑是很活跃的，识记的时候要掌握一定的方法，可以轻松愉快地记忆。

2.能感受到家庭生活的温暖，爱父母，亲近与信赖长辈。

家庭是幼儿成长的第一大环境。在家庭生活中，夫妻和睦、孝顺父母、疼爱孩子的每一个细节，幼儿都看在眼里。和谐的家庭关系，使幼儿感受到家庭生活的温暖。同时，在日常生活中成人应让幼儿认识到父母长辈为养育自己而付出的辛劳，体验到父母长辈对自己的爱，并激发出他们爱父母、亲近与信赖长辈的情感。

3.能说出自己家所在街道、小区（乡镇、村）的名称。

从小建立幼儿对自己家庭住址的初步认知，让其对自己生存的环境有简要的了解，清楚并能够表达出自己家所在的街道、小区

（乡镇、村）的名称。

4.认识国旗，知道国歌。

国旗、国歌是国家的象征，幼儿已经懂得国旗是神圣的，国歌是高昂雄壮的，是不可以侵犯的。能够尊重国旗，知道国歌是《义勇军进行曲》，能够记住大致的歌词，能够简单地哼唱，这是幼儿爱国主义的表现。

◆4～5岁幼儿的发展指标

1.喜欢自己所在的幼儿园和班级，积极参加集体活动。

4～5岁幼儿有了集体意识，热爱自己的幼儿园，每当讲起自己所在的幼儿园，会感到非常的满足和得意。喜欢自己的班级，能为班级做一些力所能及的事情。幼儿喜欢与小朋友一起游戏、一起玩耍、一起学习和活动，有困难能主动帮忙，不轻易地脱离集体自己去做事，关心集体中的每一件物品等。

2.能说出自己家所在地的省、市、县（区）名称，知道当地有代表性的物产或景观。

4～5岁幼儿对自己所在地的了解更加深入，能够说出自己家所在地的名称，比如某某省、某某市、某某县（区）。能够知道自己的家乡，能讲出关于家乡的一些故事，家乡有哪些有名的景观或家乡的特色、特产。

3.知道自己是中国人。

随着年龄的增长，幼儿有了国家意识，知道自己是中国人；知道除了中国人之外还有其他国家的人，并且能够做到区分；知道我们共同生活的地方叫中国，也能意识到自己是一名中国人。

4.奏国歌、升国旗时能自动站好。

升国旗、奏国歌时，能够约束自己的行为，不乱讲话，自动站好，并自发地产生光荣的神圣感和使命感。

◆5~6岁幼儿的发展指标

1.愿意为集体做事，为集体的成绩感到高兴。

5~6岁幼儿已经有了集体荣誉感，把集体的利益放在非常重要的位置，愿意为集体做事，愿意为集体付出，并且当集体得到某项荣誉时，会爱护集体的荣誉并为这种荣誉而感到高兴和自豪，这种自豪感来自自己对集体的热爱，对集体的关心，知道自己是集体中的一份子，所以集体的荣誉就是个人的荣誉的一部分。

2.能感受到家乡的发展变化并为此感到高兴。

5~6岁幼儿能够说出自己的家乡，从最初认识的家乡到现在的家乡，能够看到其中发生的变化与发展，如能够看到现在的建筑物或其他事物与以往的差异，并为此感到高兴和感动。

3.知道自己的民族，知道中国是一个多民族的大家庭，各民族之间要互相尊重，团结友爱。

中国是一个拥有56个民族的国家，幼儿知道自己属于其中的一个民族。各个民族在一起，是一个多民族的大家庭、是一家人，幼儿知道各个民族之间，或者说人与人之间应该相互尊重，你谦我让，相互团结，互相关爱，不能纷争，否则不利于民族的团结和民族共同发展，也不利于整个中国的发展。

4.知道国家一些重大成就，爱祖国，为自己是中国人感到自豪。

5~6岁幼儿已经有了民族自豪感和自尊心，能够主动了解国家的一些重大成就，如：神州九号发射成功；伦敦奥运会中国代表团取得88枚奖牌，等等；热爱祖国，并知道自己是中国人，能够为自己是一名中国人感到骄傲和自豪。

二、幼儿“社会适应”能力发展与培养的教育建议

幼儿来到这个世界之后，就不是一个人的生活，他需要与外界

不断地接触，才能不断地成长。能否适应集体生活是幼儿社会适应的重要体现之一，因此教育者应该重视幼儿的群体生活教育。另外，教育者如何培养幼儿良好的行为习惯，使其遵守公共的行为规则，也是我们应该探讨的问题。根据3～6岁幼儿的行为规则的标准，教育者要有目的、有计划、有组织地去实施。良好规则习惯的养成又有利于良好道德品质的形成，也是幼儿能够积极地适应社会的重要表现。

（一）家园配合，共同做好幼儿集体生活的适应工作

一方面，在家庭中，遵守正常的作息时间，即使是周末也要坚持。有意识地培养孩子的生活卫生习惯，经常带孩子外出走动，让他习惯有其他人的环境，久而久之，他就会觉得集体生活是理所当然的了。在与外界接触时，经常和小区的小朋友或其他熟悉或不熟悉的伙伴玩一些互动的游戏，也能从中学会与他人进行交流，强化适应能力。

另一方面，在幼儿园里，用游戏方法提高幼儿的适应能力，培养他们良好的行为习惯和人际关系，为幼儿提供更多交往的机会。比如，我们根据小班幼儿的认知水平，将若干主题游戏同时进行，像娃娃家、医院、商店等，让幼儿自由结伴、自愿选择；要求幼儿商量角色，提高游戏协作性；让幼儿玩得自在融洽，充分体验集体生活的乐趣。其次，日常生活中教育幼儿主动去关心、帮助别人，小朋友遇到困难了，教师要引导幼儿一起想办法。通过“饲养小动物”，“帮助小弟弟、小妹妹”等活动，让幼儿逐步学会团结互助、友好相处的文明行为，增强同伴间的友好关系，提高与同伴间的交往能力，使幼儿更快更好地适应群体生活。

（二）在教育中重视成人的榜样作用

幼儿的行为习惯是在成人的影响和帮助下形成的。成人具备良

好的行为习惯，幼儿就会耳濡目染，潜移默化，从中受到熏陶，得到启发，从而形成好的习惯。榜样的作用对幼儿行为规范的养成有非常重要的意义。成人首先以身作则，在生活中的小事上，也要注意细节，如公共场所遵守秩序，幼儿就会向成人学习，虽然对幼儿来说还不是很明白这是为什么，但是在成人的潜移默化的作用下，幼儿自然而然就形成了习惯，也会在生活中慢慢地体会和理解这种行为的原因和意义。

成人的一言一行都影响着幼儿，日常行为中，幼儿会通过成人的言行举止来判断自己如何去做，当成人的言语在不同场合有差异时，幼儿就无法判断自己要按着成人的哪种行为去做，这样会影响幼儿的诚实、守信的良好行为习惯的形成。另外对幼儿的承诺一定要兑现。成人如果总是随意地允诺孩子，事后又不兑现，使幼儿认识到成人老是说话不算数，长此以往，不仅会降低成人在孩子心目中的地位，使幼儿丧失了对成人的信任，甚至学会了欺骗。因此，成人要做到凡是答应的事一定要兑现。如因情况有变兑现不了，也要向幼儿说明情况，解释清楚。

无论是家长还是教师都要做到“一碗水端平”，对每个人都公平对待，无论是幼儿与幼儿之间，还是幼儿与成人之间，对于幼儿来说他是不会区分成人和幼儿的差别的，幼儿受到成人给他带来的公平的待遇，以后他也会公平地对待任何事情。成人也要公正地对待任何事情，正确的就要鼓励、表扬，错误的就要批评、改正。成人首先做到知错能改，幼儿就会在自己做错事时，感到后悔，能够接受批评。

（三）有效的教育作用

1.让幼儿了解规则，鼓励遵守规则

在活动时，成人首先向幼儿介绍活动的规则，让幼儿了解规则，有规则意识，并在活动中体验规则的重要性，知道没有规则，活动将无法继续下去。成人在日常生活中强化规则意识，要细心观察幼儿，发现幼儿有不符合行为规则的行为，要及时提醒幼儿，让幼儿及时改正，这样才不会使他们养成不遵守规则的习惯。成人及时的提醒，对幼儿的成长是非常重要的。提醒的同时，要激励和鼓励幼儿，如果幼儿在活动中表现好，或者对于成人的要求表现得愿意合作，可以对幼儿进行言语激励和鼓励，也可以是小小的物质奖励。

2.通过图书、影像资料让幼儿掌握好坏善恶的标准

高级情感是幼儿在与周围环境相互作用以及认知能力的发展中不断形成和发展的。幼儿形成人类高级的情绪情感，就需要成人的教育与引导。在读书时，书上的图片可以引发幼儿的各种情感，书上的文字可以由成人为幼儿讲解。影像资料也是另一重要形式，如一些英雄人物的故事、一些反面人物的情节都是对幼儿进行好坏善恶的教育方式。

3.教育幼儿要诚实公正

3～6岁幼儿是形成诚实公正的品质的比较关键的时期，也是幼儿最容易说谎、最容易做不公正行为的时期。因此，成人要对幼儿进行教育和引导，不要错过最佳时期。

成人对待幼儿的不诚实和不公正事情的行为态度要端正，既要严厉对待也要细致耐心地开导，掌握一些技巧，来帮助幼儿成为诚实、公正的人。成人也要尽量弄清楚不诚实的行为的原因，根据原因去教育幼儿。

三、幼儿“社会适应”能力发展与培养课程与区角活动的关系

打破原有的教学模式，是对课堂教学和集体教学的延伸和发

展。区角活动是幼儿适应群体生活的有效手段，同时在活动过程中可以使幼儿掌握基本的社会行为规则，并形成初步的归属感。在这里，我们主要是从规则的建立和有趣的形式两个方面来推进幼儿社会适应能力的发展。

（一）规则的建立

区角活动中的规则提示保障了活动的基本进程，保障了幼儿在活动中的基本权利，制约了不合时宜的社会性行为。在活动过程中，幼儿开始学会约束自己，与同伴积极协商，逐渐学习控制调整个体的行为，提高社会适应能力。如：在“图书馆”游戏中，幼儿能够根据指示，自己寻找合适的位置安静地读书，如遇到别人抢先看了自己喜欢的书，能够耐心等待，不抢夺，同时能够爱护书籍，看完后主动归还到相应位置。

（二）有趣的形式

社会性教育需要自然渗透在各类活动中。因而，教师应通过观察，敏锐地发现能够吸引幼儿的游戏和活动，设计出与幼儿发展需求相适应的丰富多彩的、自由舒适的，满足不同类型幼儿发展需要的活动环境。特别是对于小班幼儿而言，丰富的活动和环境，可以使其有归属感，愿意主动参与集体活动，与同伴一起玩耍，能够适应集体生活。如各种类型的区角活动、教学活动等等。

四、幼儿“社会适应”能力与发展培养的评价

对幼儿“社会适应”能力发展水平的评价可以采取多种方法，单一的方法不能保证评价的可靠性。

观察法是幼儿社会性评价中最普遍使用的方法。它特别适合教师通过日常教育活动搜集幼儿社会性发展的有关信息。可以从适

应群体生活、遵守基本的社会行为规则、具有初步的归属感三个方面去评价。其中，时间抽样法和事件抽样法是较常用的方法，前者是指在规定的时间单位内进行观察，对观察内容进行分类或记分，后者是观察者事先确定观察目的，选择某种或某类事件作为观察目标，在观察中等待该种事件的发生并仔细观察事件全过程的方法。另外，情境测验法也是评价幼儿社会适应的有效方法之一。它是在教育实际中，教师根据研究目的，控制一些条件，将幼儿置身于这种实际的生活当中，观察其在这种特定的环境下的表现，并对幼儿进行测量，从而达到评价的目的。

参考文献：

陈帼眉，冯晓霞，庞丽娟.1995.学前儿童发展心理学[M].北京：北京师范大学出版社.

但菲.2008.幼儿社会性发展与教育活动设计[M].北京：高等教出版社：58.

方洲.2008. 孩子的好习惯是这样培养出来的[M].北京：中国华侨出版社.

龚燕，刘娟.2009.儿童规则意识与行为的培养[J].学前教育研究，(1).

华桦.2004.游戏中教师指导对儿童社会性行为的影响[J].学前教育研究.

黄建芬.2005.在全园活动中发展幼儿的交往能力[J].幼儿教育，(3)：8-9.

黄俏甜.2009.在区角活动中提高儿童合作的有效性[J].教育导刊.

教育部基础教育司.2003.幼儿园教育指导纲要(试行)》解读[M].北京：北京师范大学出版社.

李兰生.2004.幼儿园游戏与家庭、社区合作共同教育研究[M].上海：华东师范大学出版社.

梁志燊，李辉.1995.关于幼儿德育与社会性发展教育的几个基本问题[J].学前教育研究，（3）.

刘焱.2000.幼儿园游戏教学论[M].北京：中国社会出版社.

刘焱.2004.儿童游戏通论[M].北京：北京师范大学出版社：12.

林正方.1998. 儿童行为的塑造与教正[M].北京：北京师范大学出版社.

玛利亚·蒙台梭利.2009.蒙台梭利教育法[M].李浩然，译.北京：中国商业出版社.

墨森，等.1990.儿童发展与个性 [M]，缪小春，等，译.上海：上海教育出版社.

庞丽娟.2003.教师与儿童发展[M].北京：北京师范大学出版社.

宋玮.2010.试论幼儿园规则教育与自由的关系[J].学生之友：小学版，（6）.

苏红伟.2003.谈谈幼儿园数学区域活动的开展[J].学前教育研究，（10）:51-52.

石淑华，张静，胡美荣，等.2002.学龄儿童自我意识影响因素的研究[J].中国公共卫生.

王雯波.2008.儿童行为习惯养成教育的实践研究[J].宁波教育学院学报，10（5）.

向海英.1997.幼儿社会性发展评价方法初探[J].山东教育科研.

杨枫.2006.幼儿园教育环境创设与玩教具制作[M].北京：高等教育出版社：120.

杨丽珠.2000.幼儿社会性发展与教育[M].大连：辽宁师范大学出版社

杨丽珠，吴文菊.1990.儿童社会性发展与教育 [M].大连：辽宁师范大学出版社.

张明红.2008.学前儿童社会教育[M].上海：华东师范大学出版社.

周世华，耿志涛.2011.学前儿童社会教育[M].北京：高等教育出版社.
钟兴珉.1995.注意培养幼儿自信自尊[J].学前教育研究，（5）：63.
周琼.2011.充分利用区角开展幼儿园主题活动[J].小学时代.
周燕.1998.我国儿童学前社会性发展研究中存在的问题[J].学前教育研究，（2）:3-7.
郑三元.2006.规则的意义与儿童规则教育新思维[J].湖南师范大学教育科学学报.
郑淑杰.2005.儿童社会性发展[M].呼和浩特：内蒙古人民出版社.
郑秀香.2004.让农村进城儿童的心灵充满阳光[J].学前教育研究.
朱智贤.2005.儿童心理学[M].北京：人民教育出版社.

第四章　科学

第一节　引言

幼儿的科学学习是在探究具体事物和解决实际问题中，尝试发现事物间的异同和关系的过程。

《指南》首先强调了科学学习对于幼儿的重要性，认为科学学习能够发展幼儿的逻辑思维能力，为其他领域的深入学习奠定基础。其次，《指南》还指出科学学习的核心是激发探究兴趣，体验探究过程，让幼儿在体验和探究的过程中学会发现问题、分析问题和解决问题。最后，《指南》进一步指出科学学习过程中要适应幼儿具体形象思维的特点，不应为追求知识技能等结果而破坏幼儿探究的热情。

那么对于3～6岁幼儿来说，在科学方面应该达到何种水平？成人在幼儿科学学习方面应该注意什么，提供哪些支持性策略呢？《指南》阐述了明确具体的目标、指标与教育建议，以此反应国家对3～6岁幼儿科学学习与发展的方向与应达到水平的合理期望。以《指南》对各年龄段幼儿科学学习与发展的要求为参考，教师可以制定适宜的教育活动目标、选择适合幼儿学习的内容、评估和反思教育活动的效果，并有针对性地改善教育活动，提高教育的有效性。参考《指南》提供的内容框架，教师还可以创设活动区、投放活动材料，评估幼儿在活动区情景中的表现，给予有针对性地指导，评估和反思活动区的创设与活动指导；参考《指南》的教育建议，教师可以设计和拓展教育活动，把各项指标灵活地融入到一日生活和各种教育活动中。

本章的主要内容包括以下几个方面：

1. 研究背景介绍。简述国内外幼儿科学探究和数学认知方面相关研究成果和主流的理论，指出各项能力培养的发展历程、基本轨迹及教育的最新动向。

2. 发展目标解读。对《指南》中各年龄段幼儿的科学探究和数学认知方面的能力发展与培养指标进行分析，突出说明不同年龄阶段幼儿科学探究和数学认知方面的差异，解释依年龄阶段来设定不同标准的原因。

3. 教育建议解析。对《指南》中列举的教育建议进行简要解释，使读者明确活动目标，设计活动时更有针对性，避免进入活动设计的误区。

4. 课程与区角活动设计建议。根据幼儿园课程设置和区角活动的共同教育目标，说明各子领域的课程设置如何与区角活动更好地联系在一起。

5. 能力评价问题分析。说明各年龄段的子领域能力发展的一般评价方法，帮助读者有效地理解相关问题，能够较科学全面地对3～6岁幼儿的科学探究和数学认知能力进行测评。

第二节　科学探究

幼儿天生具有好奇心，从婴儿期就开始关注身边的事物，如摸摸各色的石头，踢踢石子让它不断推动，盯着蚂蚁看看它们究竟能爬到什么地方，拆开玩具看看里面的构造，等等。这些都是幼儿的科学探究行为，这些科学探究行为激发着幼儿不断去探索、了解、认识整个世界。

一、幼儿科学探究能力发展与培养的研究背景

十一届三中全会以后，我国教育处于全面恢复和走向正常化时期，原来被批判否定的幼儿常识教育得到了恢复并重新开始了教学实践研究。这一时期的幼儿教育受到前苏联分科教学的影响，把幼儿园的科学教育称之为“常识课”。顾名思义，“常识课”就是向幼儿传授最基本、最简单、最常见、最常用的知识（袁爱玲，2000）。教育目标重心是科学知识与经验的获得。教育过程上，重视教师的“教”（张玉梅，2004）。这样就造成了那个时期，我国幼儿科学教育过于强调科学结论和科学知识、不能以科学的态度对待幼儿的科学体验和科学学习、甚至以超过幼儿科学认识能力的方法进行科学教育等问题（叶宝生 等，2011）。

20世纪90年代，随着我国进一步改革开放，西方先进的早教理念和发展心理学理论的逐渐引入，我国传统的幼儿课程受到极大的冲击。我国《幼儿园工作规程》试行和正式实施后，“幼儿园教育活动”的观念深入人心。这一时期，幼儿科学教育的研究非常活跃，从现代科技发展的需要出发，借鉴国外的自然常识教育的优势进行改革，扩展和更新了幼儿科学教育的内容，增加了反映现代科技发展的内容，拓展和丰富了幼儿科学教育的活动形式。

2001年，《幼儿园教育指导纲要（试行）》提出，幼儿园的教育内容是全面的、启蒙性的，可以相对划分为健康、语言、社会、科学、艺术等五大领域。提出的幼儿科学领域教育目标、内容、方法和评价更加幼儿化，更加科学化。

从“常识”到“科学”再到“科学领域”，幼儿科学教育变化的不只是名称，更是教育观念。“科学领域”与“科学”“常识”课程相比，摒弃了单纯的科学主义的价值观。幼儿科学教育作为针对幼儿实施的科学启蒙教育，其目的不在于追求幼儿掌握科学知识的数量，而是重在激发幼儿认识自然现象的兴趣与探究科学真理的欲望，鼓励幼儿主动求知，培养其实事求是的科学态度。

2001年除了颁布了《幼儿园教育指导纲要（试行）》外，幼儿科学教育领域还发生了一个变革——“做中学”项目的推进。我国“做中学”科学教育实验是从法国引进，国家教育部和中国科协共同倡导和推动，在幼儿园和小学开展的科学教育改革项目，旨在让所有幼儿和小学阶段的幼儿以亲自动手操作和实验的方式学习、探究和亲历科学，使他们在观察、提问、设想、动手实验、表达、交流的探究活动中，体验科学探究的过程，建构基础性的科学知识，获得初步的科学探究能力（刘少文 等，2003）。

与“做中学”相对应的哲学思潮是建构主义视野下的幼儿科学教育。建构主义认为，意义不是独立于我们而存在的，事物的感觉刺激信息本身并没有意义，意义是由人建构起来的，它取决于我们原来的知识经验背景，是主客体相互作用的结果。建构主义非常强调学习过程中的动态的、非结构的、具体情境的特征，强调学习者对意义的主动建构以及对知识经验的重组改造（陈琴，2004）。建构主义对我国幼儿科学教育有如下启示：在幼儿科学教育中，幼儿科学知识的获得和科学概念的形成固然是其中一项重要的教育内容，但并非最终目标；关注“幼儿的问题”，面向生活，面向社会；辩证地处理“幼儿主体”与“教师主导”的关系；注意加强幼儿间的合作与交流。

最能体现“做中学”实质精髓的学习方式便是探究。近年来我国幼儿科学教育中提的最多的也是“探究”。探究一词源于英语

“inquiry”。这一词语最初主要指向于科学家的科学研究，但现在科学界，特别是科学教育界使用这一概念，已具有双层含义，如《美国国家科学教育标准》中就明确指出：“科学探究是指科学家们用以研究自然界并基于此种研究获得的证据提出种种解释的多种不同途径。科学探究也指学生们用以获取知识，领悟科学家们研究自然界所用的方法而进行的各种活动（黎安林，2004）。”幼儿的学习方式依据幼儿学习本身的特点，可以分为多种，比如观察学习、操作学习、倾听学习、交往学习、模仿学习、合作学习，等等。这些学习方式在具体的教育中都需要整合才能被实际利用。这种整合性的学习方式，在幼儿科学活动中，可较为恰当地表述为探究式的学习方式，并且探究式学习方式应当成为幼儿学习科学的基本方式。首先，探究式学习方式符合幼儿学习科学的本质特点。幼儿学习科学的过程，具体表现为感知、观察、摆弄、操作，在操作过程中与同伴和成人共同学习。从本质上说，幼儿学习科学的过程是认知、运动、情感、社会的多方面经验的主动建构过程。而探究式学习就是主体不断主动建构过程的表现。其次，探究式学习满足幼儿学习科学的需要。幼儿天生就对整个世界充满好奇，探究性学习能够帮助幼儿不断感知、分析外界的刺激。再次，探究式学习促进幼儿科学素养的养成。探究式学习就是帮助幼儿仿照科学研究完全或部分的过程来学习科学内容，从而在潜移默化中，有效地养成尊重科学、勇于探索、关爱周围环境、勇于提出问题、解决问题等方面的素养。

从以上梳理可以看出，当前幼儿科学教育不再仅仅注重静态科学知识的获得，而是更加重视科学素养的养成，即科学精神、科学探究、解决问题等方面能力的培养。当前较为公认的幼儿科学学习方式便是探究。

二、幼儿科学探究能力发展与培养的标准与内容

幼儿的探究与思考是可贵的，《幼儿教育指导纲要（试行）》中指出，幼儿应能对周围事物、现象感兴趣，有好奇心和求知欲；运用各种感官，动手动脑，探究问题；爱护动植物，关心周围环境，亲近大自然，珍惜自然资源。然而《纲要》只是针对“科学”领域，笼统地提出了幼儿在科学探究方面的发展目标，《指南》则从“亲近自然，喜欢探究”“具有初步的探究能力”及“在探究中认识周围事物和现象”三个方面详细阐述了各个具体年龄段所应该具有的学习行为与发展水平，下面我们分别详细阐述。

（一）亲近自然，喜欢探究

幼儿天生就对整个世界，尤其是自然世界充满好奇，他们自发地会对各种现象产生兴趣和疑问，并会用自己的方式，比如摸、闻、看等方式去探究并发现其中的奥秘，从这个角度来看，喜欢探究应该是幼儿的天性。另一方面，喜欢探究又是幼儿后续学习与发展的基础，因为探究是幼儿学习过程中难得的学习品质，探究是幼儿了解这个世界的第一步，那么在“亲近自然，喜欢探究”这方面，各个年龄段的幼儿都应该发展到何种水平呢？

◆3～4岁幼儿的发展指标

1.喜欢接触大自然，对周围的很多事物和现象感兴趣。

大自然是最接近幼儿天性的，幼儿喜欢小草、花朵和泥土的芳香，喜欢各种植物和动物，并对其充满好奇。比如看到妈妈在花盘里种的花发芽了，幼儿会被这“神奇”的现象所吸引：“土里为什么会冒出小芽芽？”幼儿还会对周围的事物和现象感兴趣，如幼儿看到父母在上网，也会非常好奇：“妈妈在电脑前做什么呢？电脑里有什么呢？”有些幼儿还会模仿父母，坐在电脑前“假模假样”地打字。幼儿的这种好奇心是可贵的，作为成人一定要积极鼓励，

不能打击幼儿的这种热情。

2. 经常问各种问题，或好奇地摆弄物品。

幼儿对于周围一切事物都表示新鲜而好奇，他们的世界充满了“为什么”，为了了解这些事物，满足自己的好奇心，他们会提出各种问题。这些在成人眼里不是问题的问题对于幼儿来说却非常重要，因为提出问题是幼儿思考、专注的表现。

幼儿还通过摆弄物品来认识世界。在摆弄物品的过程中，幼儿这一主体通过动作作用于被认识的物体这一客体，正如皮亚杰提出的“动作是幼儿认知发展的基石”。比如幼儿拿到一个皮球之后会尝试着“摆弄”皮球，他可能会让皮球滚一滚，在平地上滚，在斜坡上滚，在光滑的地上滚，在铺着地毯的地上滚；他还可能拍一拍皮球……在摆弄皮球的过程中，幼儿会有所发现，有所学习。

◆4～5岁幼儿的发展指标

1. 喜欢接触新事物，经常问一些与新事物有关的问题。

幼儿来到这个世界，周围很多事物对他们来说都是新鲜的，幼儿应该对这些新鲜事物充满好奇，喜欢接触这些新鲜事物。现实生活中，幼儿不仅喜欢接触新鲜事物，而且还喜欢一直问“为什么”。比如看到阴天小蚂蚁搬家，会问成人：“为什么蚂蚁要搬家呢？”看到花朵上有小蜜蜂，会问成人：“小蜜蜂在干什么？”听着收音机，会问：“为什么里面有声音？”看着猫和老鼠的动画片会问成人：“猫会爬树吗？”这些问题都是幼儿对生活中事物或现象的观察与思考。幼儿天生爱问为什么，成人应该耐心倾听，细心回答。如果发现4～5岁幼儿对新奇有趣的事物不感兴趣或者不爱提问，成人应该引导幼儿观察事物，并鼓励幼儿大胆提问。

2. 常常动手动脑探索物体和材料，并乐在其中。

当一个物体出现在幼儿面前时，幼儿首先会被其吸引，他们会本能地去看一看、闻一闻、摸一摸、试一试。比如幼儿第一次看到削皮器，会翻来覆去地观察并想弄明白“这个东西是干什么的”，他们会动手试一试，以“寻找这个东西的用处”。再如一盘水里有铁片、木块等材料，有的浮起来了，有的沉下去了，幼儿会觉得非常好奇，乐此不疲地一遍一遍地把这些东西从水里拿起来，又扔到水里，一遍遍探索这些物体。

◆5～6岁幼儿的发展指标

1. 对自己感兴趣的问题总是刨根问底。

对于5～6岁的幼儿来说，不仅要能够对感兴趣的问题进行提问，还要想方设法刨根问底、寻求答案，并热衷于此。这是发展幼儿动手动脑探究事物、养成科学探究精神的重要基础。比如几个小朋友站在班里的鱼缸前，讨论起了小鱼究竟吃什么的问题。有的小朋友说小鱼吃鱼食，有的小朋友说小鱼吃更小的鱼和虾，有的小朋友说有些鱼还吃水草。于是这些小朋友对“鱼到底吃什么”这个问题感兴趣，并通过询问教师、询问家长、让家长帮忙在网络上查询的方式“一定要找到答案”。

2. 能经常动手动脑寻找问题的答案。

发现问题并想方设法寻找答案解决问题是幼儿认知方面最重要的发展目标。幼儿会经常一边思考一边动手来寻找问题的答案，比如把收音机拆开以探究为什么收音机里会发出声音呢；比如通过查阅资料寻找答案：在父母的帮助下在网上查阅“冬眠”的相关知识，以了解动物为什么冬眠，哪些动物冬眠，等等；再如幼儿与同伴共同把不同材料投入水中探究哪些物体会沉下去哪些物体会浮上来。

3. 探索中有所发现时感到兴奋和满足。

当幼儿通过自己的探索有所发现时，会感到兴奋和满足，这是一种正常的情绪情感。比如一个矿泉水瓶里放入一个木块，让幼儿想办法把这个木块拿出来。前提是不能倒出来，提供给幼儿的工具是一根筷子、吸铁石和一瓶水。当幼儿试图利用吸铁石和筷子取出木块失败之后，有些幼儿会联系先前经验用水使木块浮起来取出，这时他们会有莫大的成就感与兴奋感。

（二）具有初步的探究能力

探究是幼儿发现问题、解决问题、认识世界的重要方式与途径。对于幼儿来说，应该具备一定的探究能力，如用多种感官或动作去探索物体、通过简单的调查收集信息、能观察比较和分析事物的异同，等等。下面我们就详细阐释一下各年龄段幼儿应该具备哪些探究能力。

◆3～4岁幼儿的发展指标

1. 对感兴趣的事物能仔细观察，发现其明显特征。

观察是一种非常可贵的学习品质，幼儿通过观察能够获得诸多发现。对于3～4岁幼儿来说，应该能够对感兴趣的事物认真、仔细地观察，比如通过观察石头，发现石头是硬的；通过观察汽车，发现汽车的轮子都是圆的；通过观察树叶，发现大部分树叶都是绿色的；通过观察大海，发现大海是蓝色的；通过观察大象，发现大象的鼻子是长长的。

2. 能用多种感官或动作去探索物体，关注动作所产生的结果。

对于自己感兴趣的事物，幼儿总想走近它去探索。对于3～4岁幼儿来说，一种探索的方式是运用多种感官，比如幼儿可以看、可以听、可以闻、可以摸、可以尝……3～4岁幼儿认识事物时会自发运用多种感官来摆弄物品。比如他们会通过摸认识到石头是硬的，通过摸认识到冰是凉的，通过听辨别小鸟、昆虫的叫声，通过尝了解什么是酸甜苦辣，通过看和闻认识各种花朵的形状、颜色和香味。另一种探索的方式是动作，比如幼儿可以用力压弹簧，发现弹簧的弹性；幼儿可以通过摔泥，认识泥的特性，等等。并且在作用于物体时，幼儿会关注到自己的动作所带来的结果，比如自己捏橡皮泥，会使橡皮泥变形；自己挤压的动作会使海绵收缩。

◆4～5岁幼儿的发展指标

1. 能对事物或现象进行观察比较，发现其相同与不同。

通过观察、比较发现事物的异同，通过归纳发现事物的特征，从而有利于认识到事物的本质。3～4岁幼儿往往不能把事物联系起来考虑，而4～5岁幼儿则可以把两个或更多事物或现象联系起来考虑。比如通过观察不同植物和动物，发现小兔子尾巴短、猴子尾巴长；梧桐树的叶子宽、松柏的叶子窄；通过观察、比较不同的寒带植物，幼儿发现这些寒带植物的叶子都是细细的；通过观察、比较不同的寒带动物，幼儿发现这些动物都有着厚厚的皮毛。

2. 能根据观察结果提出问题，并大胆猜测答案。

日常生活中，幼儿会观察到很多的现象，而对这些现象并不十分了解的他们会有很多的疑问，4～5岁的幼儿能大胆猜测答案。比如幼儿观察到秋天的树叶变黄了，便问："树叶为什么变黄了呢？"随后会自己猜测："是因为天气变冷了吗？"再如"冬天的窗户上为什么有雾气和水滴呢？是因为屋里比外面暖和吗？"

3. 能通过简单的调查收集信息。

调查是一种重要的社会科学研究方法，作为幼儿，从小接触并体验这种实证的方法和精神有助于他们科学素养的形成，长大成人之后也不会人云亦云，偏听偏信。对于4～5岁幼儿而言，应该能用一些简单的调查方法来收集信息，如调查班里的小朋友都是几月份出生的；调查小区里垃圾桶上不同的标志；调查班里小朋友对不同游戏的喜好；调查去某个地方出行的路线，等等。

4. 能用图画或其他符号进行记录。

符号表征是幼儿对自己的探索或发现进行梳理的一种方式，同时，幼儿能够以自己的记录为载体与别人交流。在符号的选择上，对于4～5岁幼儿来说，不必非要用阿拉伯数字，可以用图画或其他符号，比如用图画记录哪些物体容易滚动，用图画记录哪些物体是圆形的，用图画或箭头等符号记录活动举行的地点，用点子或竖线表示物体的数量。

◆5～6岁幼儿的发展指标

1. 能通过观察、比较与分析，发现并描述不同种类物体的特征或某个事物前后的变化。

5～6岁幼儿具有一定的综合分析能力，他们不只是简单地、静止地、孤立地观察一个事物，而是把不同事物联系起来观察、比较和分析。在此基础上不仅能发现还能描述不同种类物体的特征或某个事物前后的变化，因为描述是一种输出的过程，通过描述能更加深化幼儿的思维，对幼儿来说也具有更大的挑战性。比如，幼儿通过观察、比较与分析，发现长青树木的叶子都是窄窄的，并把这一发现描述出来；再如，幼儿通过观察、比较与分析，发现把冰拿到屋里放一会儿就会变成水，并能把这一有趣的现象描述出来。

2. 能用一定的方法验证自己的猜测。

科学探究中非常重要的一环便是幼儿能根据自己提出的问题和自己的猜测，搜集证据，进行验证。这个过程是学习推理、预测，找到事物的属性、现象的因果关系的过程。5～6岁幼儿应该有这方面的能力，比如幼儿看到妈妈晾衣服，便想："湿衣服是怎么变干的呢"，他猜测是太阳晒的，还是风吹的呢，于是他把一块湿毛巾晾到院子里的太阳下，一块湿毛巾晾在屋子里，来看看到底哪块毛巾干得快。

3. 在成人的帮助下能制订简单的调查计划并执行。

制订计划是行为的前提，是对整个行为的统筹规划，5～6岁幼儿在成人的帮助下应该能制订简单的调查计划并执行。比如，全家旅游之前要调查一下大家的意愿，成人可以引导幼儿画一个表格，用不同符号代表家庭中的不同成员，然后通过询问，记录不同家庭成员的想法，最终得出调查结果。再如，从幼儿园到海底世界有三条不同的路线，地铁、公共汽车、出租车，那么到底哪条路线最节省时间呢？教师可以将班级中的幼儿分成三个小组，让其分别采取不同的路线到海底世界，最后比较每组所花费的时间。

4. 能用数字、图画、图表或其他符号记录。

记录下探究的过程和结果可以帮助幼儿梳理自己的学习，同时促进这种学习进一步深化，比如幼儿在记录种子发芽和生长过程时，会更加理解生命的成长过程与意义。另一方面，记录本身是一种学习方法与手段，在日后的社会科学和自然科学活动中，记录都起着重要作用，幼儿应该在幼儿阶段就积累一些记录的经验。对于5~6岁幼儿可以适当要求使用数字来记录，如画出观察到的种子发芽和生长过程，并标记出记录的日期。但是由于年龄的限制，不能对所有幼儿强求使用数字进行记录，我们要允许幼儿运用多种记录方式，如图画、图表或其他符号记录。

5. 探究中能与他人合作与交流。

社会建构主义学习理论认为幼儿在与同伴合作学习过程中获得高于自己原有能力的新的信息，他们需要将新的知识内化，去建构新的意义，认知的改变就发生了。幼儿间的讨论、争辩以及倾听等都是合作学习极为重要的成分。同伴间的协作可以为发现学习提供场所并鼓励创造性思维。5~6岁幼儿应该能够在探究中与他人合作，共同解决问题。

与同伴交流自己探究过程或结果是一种重要的学习过程，通过交流和讨论幼儿之间可以相互评价和修正对某个问题的解释。幼儿的表达又进一步加深了幼儿的理解和认识，促进了幼儿认知、情感和社会性方面的协调发展。

（三）在探究中认识周围事物和现象

幼儿科学学习的重要方式是探究，探究的目的之一是认识周围事物和现象，包括对常见的动植物、天气、科技产品、物理现象等方面的认识。那么3～6岁幼儿在这方面应该达到何种水平呢？下面我们进一步阐述。

◆3～4岁幼儿的发展指标

1. 认识常见的动植物，能注意并发现周围的动植物是多种多样的。

通过到植物园、动物园游玩参观，通过班级或者家庭饲养小动物、种植植物，3～4岁幼儿应该认识一些常见的动植物，比如小兔子、小蝌蚪、青蛙、金鱼、乌龟、水仙、大蒜、仙人掌、黄豆芽等。并且在认识这些常见动植物的基础上，能够注意发现这些动植物都是不同的，它们是多种多样的，如，有的小动物生活在水里，有的小动物生活在陆地上；有的植物开花，有的植物不开花，有的植物叶子细细长长的，有的植物叶子宽宽的，还有的植物身上长满了刺，等等。

2. 能感知和发现物体和材料的软硬、光滑和粗糙等特性。

对物体和材料特性的认识有利于幼儿后期对物体功能的认识。对于3～4岁幼儿来说，只要求通过平日里与不同物体和材料的接触，感知其软硬、光滑和粗糙等基本特性。比如通过摸石头、铁块、棉花、面包，发现石头和铁块是硬的，棉花和面包是软的；通过摸丝巾、鹅卵石、地毯、毛巾，发现丝巾、鹅卵石是光滑的，而地毯、毛巾是粗糙的。

3. 能感知和体验天气对自己生活和活动的影响。

我们生活于大自然中，天气的变化会影响到我们自己的生活，3～4岁幼儿应该了解这方面的知识。比如下大雨会影响人们的出行；下大雨时，幼儿园会取消户外活动；下大雪时，路面湿滑，容易堵车，很多小朋友会迟到；如果发洪水，人们会无法出行，吃喝、上学等方面都会受到影响；出去游玩时，都会选择风和日丽的天气；刮风、下雨、下雪时，天气寒冷，妈妈会多给自己添件衣服，等等。

4.初步了解和体会动植物和人们生活的关系。

了解和体会动植物和人们生活的关系，对于3～4岁幼儿来说并不是一件十分容易的事情，这方面的知识不可能通过教师抽象地讲述而获得，而是通过幼儿在平日生活中的感受而获得的。比如，奶奶种了很多花花草草，奶奶告诉幼儿这些花花草草不仅可以让家里变得漂亮，还有一些花花草草是可以吃的呢。比如，秋天时，幼儿园组织小朋友参观农场，让幼儿体验丰收的感觉，回到幼儿园之后开展系列农作物品尝活动，让幼儿感知农作物与自己生活的关系。再如，幼儿家里养狗看家，幼儿到田地里看到水牛在为农民耕地。

◆4～5岁幼儿的发展指标

1. 能感知和发现动植物的生长变化及其基本条件。

生命成长的感知对于幼儿来说是一个非常重要的学习方面，要想让幼儿热爱生命、尊重生命，首先要让他们感知和发现生命。这方面的感知和发现往往是从幼儿的生活经验中得来的，比如班级里养了几只小蝌蚪，幼儿每天观察，感受着小蝌蚪先长出后腿，再长出前腿，最后变成青蛙的整个生长变化过程。再如，幼儿种下一棵种子，每天观察、测量、记录种子发芽、长高的过程。

在种植植物、饲养动物的过程中，幼儿还需要对其进行管理和照顾，在这个过程中幼儿会感知和发现动植物生长的基本条件。如要经常让植物晒晒太阳，还要给它浇水，甚至施肥。如饲养小金鱼的话，要经常给它换水、喂食；饲养小兔子的话，也要每天喂食、打扫它的“家”。

2. 能感知和发现常见材料的溶解、传热等性质或用途。

通过对多种材料的接触与探究，4～5岁幼儿应该能感知和发现常见材料的溶解、传热等性质与用途。如看到妈妈冲泡奶粉，发现奶粉是可以溶解的；通过把糖、食盐等放在水里并搅拌，发现糖和食盐也是可以溶解的；冬天摸到暖气，发现暖气（铁质材料）可以传热；冬天握着装有热水的杯子，发现杯子（塑料材料、玻璃材料）可以传热。

3. 能感知和发现简单物理现象，如物体形态或位置变化等。

生活中充满了各种物理现象，对于4～5岁幼儿来说，不必灌输他们抽象的物理原理，只需在生活中让其感受和发现。

一方面，要让其感受和发现物体形态的变化。比如，冬天把冰拿到屋里来，过一会儿就会融化成水，再过一会儿就蒸发掉消失了。比如，幼儿园进行包饺子活动时，让幼儿体验面粉加水之后成为面团的过程。比如，幼儿玩泥巴时，也会体会到土加水变成泥巴的过程。另一方面，要让幼儿感受物体位置的变化。比如氢气球充满气之后会飘在空中；苹果长在树上的时候在空中，但落下来的时候只会落在地上。再如，器皿中放有铁块、木块等材质的物体，不断往里面加水，会发现铁质物体沉在底部不动，而木制物体则会漂上来。

4. 能感知和发现不同季节的特点，体验季节对动植物和人的影响。

对于4～5岁幼儿来说，已经熟知了一年有不同的季节。但是还需他们进一步感知和发现不同季节的特点，如春天小草长出来了，花儿也开了；夏天天气很热，身上容易出汗；秋天很凉爽；冬天会下雪，刮很冷的风。

4～5岁幼儿不仅要单纯的感知和发现不同季节的特点，还要体验季节对动植物和人的影响。比如春天，春暖花开，小朋友们会去春游；夏天天气炎热，人们会选择游泳进行避暑；秋冬天气变凉，很多树叶变黄掉下来，人们也需要添衣防寒；冬天到了，很多动物会冬眠。这些认识使得幼儿能更加关心自然、关心自己的生存环境，用一种联系的眼光看待周围事的物。

5. 初步感知常用科技产品与自己生活的关系，知道科技产品有利也有弊。

如今的高科技带给我们生活巨大的改变，4～5岁幼儿应了解常用的科技产品与自己生活的关系，如空调可以降低炎热，让我们在炎炎夏日感觉舒适；电视里播放的各种节目让我们了解世界，增长更多知识；电脑开拓我们的视野，让人们之间的沟通变得更加容易；手机可以让人们之间随时保持联系；汽车、地铁、火车、飞机、轮船等交通工具让我们的出行变得更加快捷，等等。

然而高科技产品给我们的生活带来方便快捷的同时，也对我们的生活形成了一些消极影响，4～5岁幼儿也应该了解这方面的知识。比如汽车方便人们出行，但是尾气也造成了环境的污染。

◆5～6岁幼儿的发展指标

1. 能察觉到动植物的外形特征、习性与生存环境的适应关系。

动植物的外形特征、习性和生存环境之间是相互影响、相互促成的关系，5～6岁幼儿应该通过观察、比较，了解动植物这方面的知识。如青蛙的绿皮肤既可以保护自己，又有利于捕食；生活在沙漠中的仙人掌的厚厚的茎有很好的保水作用；变色龙可以跟周围环境相容，保护自己；蛇到了冬天，体温会变得很低，降低自己的新陈代谢以冬眠；生活在寒带的植物，叶子都是细细的，防止水分流失，耐寒。

2. 能发现常见物体的结构与功能之间的关系。

对于5～6岁幼儿来说，不仅要观察、注意到物体的结构，并且要能够发现物体结构和它的功能是有关系的，这样联系起来思考问题的方式有助于幼儿理解世界、发现关联、扩展思维，从而很好地利用物体甚至发明一些小创造。如幼儿在平时的活动中通过滚球发现球滚动起来很快，而后又发现大街上的汽车和自行车的车轮都是圆形的，从而发现圆形车轮使汽车或自行车跑起来又快又平稳。又如，幼儿喜欢下雨天，喜欢听雨声、看雨线……幼儿还会注意到雨顺着屋顶的斜坡留下来，不会留到屋子里，所以他们发现了斜坡有利于雨水留下来。再如，幼儿每天使用的小椅子和小桌子都是四条腿的，进而得知四条腿比较稳固。

3. 能探索并发现常见的物理现象产生的条件或影响因素，如影子、沉浮等。

生活中存在很多有趣的物理现象，对于5～6岁幼儿来说，不仅要对这些物理现象感兴趣、有感知，还要进一步发现这些物理现象产生的条件或影响因素。比如，夜晚在路灯下走路，会发现自己的影子，而没有路灯的时候则没有影子，从而发现晚上的灯光是产生影子的因素。再如，教师提供给幼儿一盆水、铁质材料、木质材料、塑料材料的物品若干，让幼儿自由探索，在探索过程中幼儿会发现不同材质的东西在水里沉浮的状态是不一样的。

4. 感知并了解季节变化的周期性，知道变化的顺序。

成人已有时间循环的概念，他们懂得现在会变成过去，将来会变成现在，也知道有日出就有日落，春季过去就是夏季，周而复始，但幼儿却没有这些动态的时间观念。在他们看来，春天就是春天，而不会把它们看作是时间循环周期的一个片段。但对时间循环概念的认识对幼儿来说确实很重要，而四季对幼儿来说是相对感性的，幼儿可以通过温度的变化，人们衣着的变化等来感知季节的变化与周期性。对于5～6岁幼儿来说，他们已经经历了几个春夏秋冬，此时的他们通过引导可以感知四季的循环并记住四季的顺序。

5. 初步了解人们的生活与自然环境的密切关系，知道尊重和珍惜生命，保护环境。

人类与大自然戚戚相关，5～6岁幼儿应该懂得人们的生活与自然环境的密切关系，尊重和珍惜生命，懂得保护环境的重要性。比如，幼儿知道植物能净化我们的空气，从而爱护花草。比如幼儿可以通过媒体了解到地震、洪涝、干旱、火山、泥石流、海啸的发生及其带给人类的灾难；了解到汽车尾气排放的二氧化碳产生大气污染，造成全球升温等。幼儿在了解人们生活与自然环境密切关系的基础上，萌发保护环境的意识和行为，如不乱扔垃圾、告诉爸爸妈妈少开车，等等。

三、幼儿科学探究能力发展与培养的教育建议

幼儿园科学教育作为针对幼儿实施的科学启蒙教育，不应该采取唯科学知识至上的价值取向。正如前文所述，幼儿园科学教育已经从“常识”转变为“幼儿科学教育”，从单纯追求让幼儿获得静态的科学概念，转变为发展幼儿的科学素养及探究精神。我们应该给予幼儿科学探究的机会，耐心等待幼儿自己解决遇到的科学问题，鼓励和支持幼儿因坚持自己的主张而增加的探究过程，在科学活动的设计上要全面考虑活动本身的探究价值，能够真正激发幼儿的探究需要。

落实到幼儿科学探究能力发展与培养的实施策略与活动，我们可以建构主义为理论基础。建构主义是20世纪80年代以来兴起的一种具有广泛影响力的认识论和学习理论，该理论认为学生是知识意义的主动建构者，学习过程是一个意义的建构和生成的过程，新知识也是在学习者原有认知图式基础上逐步生成的（裴新宁，2004）。它强调知识的动态性，强调学生的经验世界的丰富性和差异性，强调学习的主动建构性、社会互动性和情境性，明确指出学生是自己知识的建构者，只有学生自己才是学习的唯一主体（陈

琦，2005）。

（一）激发幼儿的科学兴趣

科学兴趣是指对科学的好奇心和求知欲，以及由此生发的亲近科学、体验科学、热爱科学的情感。要想培养幼儿的科学探究精神，首先要做的便是激发幼儿的科学兴趣，只有幼儿对科学现象感兴趣、有热情，才会自觉产生科学探究的想法和行为。《幼儿园教育指导纲要（试行）》中科学目标也明确提出：引导幼儿“对周围的事物、现象感兴趣，有好奇心和求知欲。”

作为成人，从教育教学的角度出发，激发幼儿的科学兴趣，主要可以从以下三个方面着手。第一，科学教育要采取多种形式，比如观察、参观、种植、饲养、科学实验等；第二，教师可以利用环境资源激发幼儿对科学的兴趣，比如教师可以在教室内设计科学角，提供大量低结构的、可探索的材料；在园内开辟饲养角、动植物角等。教师还可以带孩子走出幼儿园，亲近大自然，比如带幼儿去蔬菜基地参观、有条件的幼儿园带孩子到山上观察落叶、感受花香，等等。第三，建立平等的探究学习关系，为幼儿提供心理安全的探究环境，也可以激发和培养幼儿的科学探究兴趣。在探究过程中，教师应该给予幼儿充分的探究时间，当幼儿在探究过程中出现困难或犯错的时候，教师要有足够的耐心，容忍幼儿的错误，给幼儿自我纠错的机会。教师还要认真倾听幼儿的想法，与幼儿之间相互平等地合作。

（二）支持幼儿的探究行为

探究是指幼儿在学习情境中通过观察和操作等方法自己发现问题，搜集数据，形成解释，获得答案并与同伴或成人交流、检验的过程。幼儿是天生的科学家，他们对周围事物有着本能的探究欲望。获得静态的科学知识与获得探究的精神和能力相比，前者显然缺乏让幼儿持续发展的动力。那么教师在促进幼儿科学探究能力养成的过程中，可以有何作为呢？

第一，要积极鼓励幼儿提出问题。问题是探究学习的源泉，只有“既适合于学生又有意义的问题才能产生有所收获的探究活动（罗兴凯，2004）”。虽然幼儿是天生的科学家，对周围事物有本能的好奇感，但是由于他们生活经验及科学知识的不足，面对一些现象时，提不出问题。这时就需要教师从幼儿观察的兴趣点，联系幼儿的生活实际或针对幼儿身边及时发生的现象或事情来创设探究的问题情境。用问题情境引发幼儿提问，之后还要通过暗示、示范、建议、设问等手段来引导幼儿去探寻解决问题的方法，积极支持幼儿解决问题。另一方面，在与幼儿一起的日常生活中，成人首先要表现出好奇、爱提问的倾向。成人是幼儿的镜子，如果成人能对周围事物多问个为什么，幼儿也会在潜移默化中习得这一习惯。

第二，积极支持幼儿动手操作。幼儿的思维是从动作开始的，听会忘记、看能记住、做才能学会。教师一定要让幼儿动手操作。比如说沉浮概念的学习，如果教师只是口头上说什么是浮，什么是沉，幼儿终究不明白，最多只能记住教师的话而已。如果给幼儿一盆水、石头、铁东西、海绵、木头等物品，让幼儿操作，然后教师再总结，幼儿会深深理解沉浮的概念。再如让幼儿理解生长的概念，光凭口头上讲也是不行的，要让幼儿亲自种植一盆植物，每天观察记录。“实验”是科学探究中幼儿动手操作的重要形式。幼儿对某种现象感兴趣，表现出疑问，或不知道原委或有自己的猜测，然后用实验的方式寻找原因或验证自己的假设，这样一个过程，完全符合了科学家探究世界的过程，对培养幼儿的探究能力具有极大的促进作用。

第三，积极支持幼儿获得探究的完整体验。完整的探究过程应该包括以下几个必要的环节和要素。一是观察发现，提出问题。幼儿发现问题，提出疑问，并产生想寻求答案的愿望。二是猜想和假设。幼儿运用已有的经验和知识猜想，这个猜想为幼儿主观原有认识与客观物体和事实相互作用，即为幼儿认识的主动建构提供了可能。三是形成问题的解释。幼儿通过实验、查资料等多种形式搜集证据，然后推理、预测，找到事物的属性、现象的因果关系或其他解释，形成对问题的解释。四是交流探究结果。与同伴或成人交流探究结果一方面是分享，促进大家的共同进步，另一方面，这种交流可以帮助幼儿梳理自己的思绪，使得探究行为更加深入。幼儿可以通过图画、记录等方式，与同伴或教师交流探究结果。

第四，在生活中促进幼儿科学探究能力的发展。陶行知先生一向倡导“生活即教育”，在其生活教育理论中，“在生活里找教育，为生活而教育”的观念相当明确。《幼儿园教育指导纲要（试行）》也指出，幼儿园教育应该“寓教育于生活与游戏中”。很多科学概念对于幼儿来说是相当抽象的，如果不与幼儿的生活经验相联系，便无法让幼儿理解。在生活中促进幼儿科学探究能力的发展，我们可以“引导幼儿注意观察周围环境中的明显变化”，比如引导年龄小的幼儿注意洗过衣服的水会变脏，湿衣服放到太阳下会变干，垃圾时间长了会腐败发臭等。再如引导年龄稍大的幼儿通过观察发现天气、季节在变化，家庭、家乡在变化。让幼儿与成人一起种植、培育花草，引导幼儿观察，了解植物与水、阳光的关系，了解生命成长的意义。这些生活中的场景会让幼儿自然而然地习得科学知识，获得科学探究的精神和能力，而不必非要设计所谓的专门的科学教育活动。

四、幼儿科学探究能力培养课程与区角活动的关系

一方面，正如前文所述，我国幼儿园的师生比低，集体教学活动对我国幼儿园教育实践有着重要意义；另一方面，幼儿的科学探

究学习不见得全部都通过直接操作与实验获得，还可以利用幼儿认知结构中原有的概念，以定义的方式直接向学习者提示概念的关键特征，从而使幼儿获得概念，这就是概念的同化。概念同化是奥苏贝尔提出的一种概念学习方式。他认为，概念的同化是指学生以已有的认知结构为基础，通过认知结构的同化作用获得一个新概念或完善一个原有的概念的过程。一方面，随着年龄的增长，幼儿的认知结构中积累了许多初级的概念，这构成了他们概念学习的一个新的基础；另一方面，随着认知能力的不断发展，他们逐渐摆脱了对直接经验和具体形象的完全依赖，而转向以自己的认知结构为基础来建构所接受的信息的具体意义（郑永爱，2004）。由此可见，概念的同化是自上而下的一种学习方式。这种学习方式对幼儿科学探究方面的学习也是必要的，因为有些科学方面的概念可以在幼儿已有知识经验的基础上，通过直接被告知而获得，比如钟表、一年四季等概念。

然而，幼儿毕竟是以具体形象思维为主，很多内容不可能单纯依靠教师的讲述来获得，而需要幼儿亲历科学探究的活动来获得。区角活动是幼儿亲历科学探究活动的重要载体。教师可以设置种植角，还有很多幼儿园拥有自己的科学发现室。

（一）种植角

教师可以在教室内向阳的角落开辟一个种植角，鼓励幼儿种植一些易活的植物，成人也可以种植一些植物。幼儿可以每天在各个环节的过渡时间或者早晨来园的时候随时到种植角去观察，而不需要像集体活动那样要在教师的统一指导下进行活动。由于幼儿能够与种植角中的植物朝夕相处，可以自由地接触种植角中的植物，他们很容易把种植角中的植物看成自己班上不可缺少的一份子，在潜移默化中，植物角就成为了联系自然与幼儿的一个独特纽带。

在种植活动中，幼儿与植物共成长，懂得了生命和成长的意义，在照顾植物过程中，还可以从中获得很多有关植物的知识经验，例如，植物有生命周期，包括发芽、开花和结果。

这些知识来自于幼儿的直接经验，他们对此有深刻的体会，不用成人口头教导，他们在种植过程中培养出来的热爱自然、热爱生命的情愫会让他们懂得珍惜生命，珍视自然环境。年龄稍大些的幼儿可以作简单记录，了解植物的生长过程和变化。

（二）科学发现室

20世纪80年代中期，王志明等幼儿教育专家从美国进修回国，开始鼓励和引导我国的幼儿园建立科学发现室。至90年代中期，科学发现室已经在幼儿园得到普及，一时成为我国幼儿园科学教育的一股新潮。科学发现室的确对于改变我国重讲解轻发现、重知识轻能力的现象有积极意义。但是由于我们对科学发现室背后的理念理解不深，教育实践中科学发现室的利用存在着诸多问题，例如高结构材料过多，缺乏探究空间；环境创设呆板，科技含量少；科学发现室被指令化、形式化，等等（虞永平，2010；王颖 等，2011；张菊艳 等，1999）。为了避免以上这些问题的出现，我们应该将科学发现室作为实施幼儿园课程的一种资源和途径，而不仅仅是物品的陈列室或幼儿的参观室；科学发现室要与幼儿的生活联系起来，发挥教育价值；科学发现室倡导的是发现精神，倡导科学发现室不只是要形成一个特定的发现空间，重要的是培养发现和探索的精神；科学发现室要及时更新充实材料，材料是幼儿“发现”的物质基础，而丰富、新颖的材料才能真正吸引幼儿，使幼儿的探索成为可能，教师要定期不定期地调整、补充科学发现室的材料，这些材料既可以是购买的物品也可以是教师与幼儿一起制作的物品；科学发现室要有目标意识，幼儿园应该根据科学教育的总目标、本园幼儿实际情况以及科学发现室材料投放的情况，设定科学发现室的目标，各班教师则根据以上目标，进一步确定分目标以及实现这些目标的材料、内容。

以上所讲的，主要是创设科学发现室时应该避免的问题及我们需要注意的原则。下面我们再来看看科学发现室究竟可以包括哪些方面的内容。我们以南京市实验幼儿园的科学发现室为例，希望对各位教师来说，有一些参照意义。南京实验幼儿园在上世纪80年代就建立了幼儿科学发现室，目前科学发现室由室内活动室（约160平方米）、室外顶棚场地（约50平方米）和室外阳台（40平方米）组成，可同时容纳数十名幼儿进行多种多样的科学活动（陈国强等，2008）。

1. 室内活动室。相对封闭无干扰，根据科学活动的内容和不同阶段幼儿的探索需要相对划分为若干个操作实验区，在不同区域设置不同的环境、投放不同的材料。

（1）力学活动区：主要提供平衡、斜面、管道等材料，供幼儿探索物体的运动、运动的速度与坡面的关系等。

（2）声学活动区：主要提供多种发声材料供幼儿探索声音的产生、音量的大小、声音的传播等。

（3）磁学活动区：主要提供磁性与非磁性材料，供幼儿感知磁性现象、制作磁性玩具等。

（4）光影活动区：主要提供各种镜面、光学仪器（显微镜、放大镜等）、暗房等，供幼儿感知光的传播、反射、折射。

（5）化学活动区：主要提供安全无毒的简易操作材料，如试管、烧杯、酒精灯、碘酒、淀粉，盐等，供幼儿感知发现奇异的化学变化。

（6）科学小制作区：主要提供各种工具和材料，供幼儿运用简单的科学原理自制科学玩具等。

2. 室外顶棚场地。需要较大的活动场地，以及活动会发出较大声音的区域，如木工区、拆装区和陈列区等，都安排在有顶棚的室外场地上。

3. 室外活动区。他们在科学发现室的阳台上设置玩水区、在草地和操场边缘安装了“人体秤”“把自己拉上去”“滑轮椅”“多功能水流玩具”“净化水装置”等科学活动器材。

五、幼儿科学探究能力发展与培养的评价

正如前文所述，幼儿科学教育已经从原来强调让幼儿获得静态的科学知识转变为整体科学素养的养成，这其中更加重视幼儿的科学精神、科学发现、科学探究。与此相应，对幼儿科学探究能力发展与培养的评价也更应该注重过程性的学习而不是终结性的静态知识，所以我们提倡使用过程性评价。过程性评价最早是指对所确定的方案的实施过程进行的评价，为方案的制订者提供反馈信息，用于发现方案实施过程中的潜在问题（李国庆，2006）。教育领域中的过程性评价是指判断和分析学生学习过程是否朝着既定的目标方向顺利有效地进行，以便及时调整教育教学方法，优化教育过程，它是在教育过程中持续进行的评价。过程性评价的过程相对于结果而言，具有导向性。过程性评价不是只关注过程而不关注结果，更不是单纯地观察学生的表现。相反，过程性评价关注教学过程中学生智能发展的过程性结果，如解决现实问题的能力。

幼儿科学探究能力发展与培养越来越强调非智力因素，由于幼儿的科学素养是在探究过程中逐步形成和发展起来的，故在进行评价时，不能简单地看待幼儿探究活动的结果，而要将评价贯穿于探究活动的始终，尤其要重视幼儿在探究过程中的情感体验。

过程性评价主要对学生学习过程中的情感、态度、价值观做出评价，典型的方法或工具便是“幼儿成长档案册”或表现性评价方

法。这种评价方式导向非智力因素的重视，运用质性评价工具对学生的情感、态度和价值观进行评价。教师可以运用档案袋描绘幼儿的科学活动过程，记录幼儿的科学活动轨迹，展示幼儿的科学探索能力、理解力、创新力的成就和进步。

第三节　数学认知

随着当下计算机的普及、各种计算软件的应用，数学知识和数学思维能力在各行各业的工作技能中也日益重要，掌握了较好的数学知识和技能的人在新的时代下无疑会有更好的个人机遇和选择。研究表明，人类的数学能力自婴儿期就开始发展，而数学认知又是其他逻辑能力发展的重要基础，因此学术界越来越关注幼儿数学认知的发展与培养。

一、幼儿数学认知能力发展与培养的研究背景

（一）人们对数学及数学学习的认识

传统上，数学知识一直作为可靠知识的范式，被认为是不需要判定的基本真理。这类观点被称为数学知识的绝对主义观，即“认为数学真理是绝对可靠的，数学是一种而且也许是唯一一种确定的、不容置疑的客观知识领域”（Paul Ernest，1998）持数学知识绝对主义观的人往往把数学等同于数学知识（特别是“事实性结论”）的汇集，他们对数学持静态的观点。

20世纪初，当许多悖论和矛盾在数学中出现时，数学知识的绝对主义观遭遇到了问题。数学哲学的发展在40年代以后进入了一个停滞的时期，大家开始积极寻求新的思想，慢慢放弃了数学的可靠

性。人们慢慢认识到要允许对假设提出争议，也可以持怀疑态度。这就是数学真理是可纠正的观点，绝不能把数学知识看作是不能纠正或更改的真理。这就直接导致了由静态的数学观向动态的数学观的转变（郑毓信，2001）。所谓动态的数学观，笼统地说，即数学不应该简单地被等同于数学知识的汇集，而应被看成人类的一种创造性活动。

当前人们已经普遍接受了动态的数学观，在教育领域中，人们越来越认识到数学学习是一个思考和建构的过程，进而数学教育应该更加重视幼儿的创造性数学活动，而不仅仅是对某些客观正确的数学知识的机械记忆。具体到数学认知领域，人们越来越重视促进幼儿数学思维的发展，而不仅仅是机械地获得一些静态的数学知识和技能。

（二）幼儿数学认知发展的规律

在整个幼儿时期，数学概念对于他们来说还没有成为头脑中的一个抽象的逻辑体系，它必须借助于具体的事物和形象。同时，幼儿在学习数学的过程中，也在不断努力摆脱具体事物的影响，使那些和具体事物相关联的知识内化于头脑，成为具有一定概括意义的数学知识。具体说，幼儿数学学习的心理特点可以概括为以下几点：

1. 幼儿的数学认知是从动作开始的

幼儿计数，起先不但要用眼看，而且要动手去数，有些幼儿数物体的时候，还要用手指碰到物体才放心，而后，幼儿可以逐渐减少用手点数的动作，主要凭借视觉把握物体的数量，他们用眼看实物，嘴里默默地数，有时候还用点头来帮助数数，似乎以头的动作代替手的动作（周欣，2004）。这些动作确实如一种工具或中介手段，确保了在要数的物体和数词之间建立起可靠的一一对应的关系，这些动作还能帮助幼儿区别那些数过的和没数过的物体。

2. 幼儿的数学认知最初要建立在具体实物的基础上

幼儿的思维主要以形象思维为主，对物体的认识往往需要借助具体直观的材料，比如要求幼儿用几个不同形状拼成一个图形，不能只是让幼儿抽象地想，而是要把材料给幼儿，让幼儿不断摆弄和操作。幼儿数概念学习的这一特点，提醒教师们一定要注意，当幼儿没有过渡到抽象水平时，一定要提供给幼儿具体形象的东西，让其摆弄，帮助他朝着抽象水平前进（黄瑾，2007）。

3. 幼儿数学概念的内化需要借助于表象的作用

幼儿的数学认知开始于外部动作，但是要把它们变成头脑中抽象的数学概念，还有赖于内化的过程，即在头脑中重构实物之间的逻辑关系。表象的作用在于帮助幼儿完成这一内化过程（谢弗，2010）。当具体物体被拿走之后，幼儿的头脑中很可能还在表征这些物体，幼儿可在思维水平上从事量的数学活动，但在思维水平上所表征的东西事实上仍是具体的物体的量和对这些具体物体所采取的行动（张慧和 等，2004）。比如幼儿按照红绿红绿的规律排列物体时，幼儿若要内化模式的概念，头脑中必定有一长串红绿红绿的表象。

4. 幼儿数概念学习经历“从个别到一般”的过程

幼儿数学认知的形成，不仅存在一个逐渐摆脱具体形象，达到抽象水平的过程，同时也存在一个从理解个别具体事物到理解其一般意义的过程。比如，有些幼儿刚开始学习数的组成时，对分合关系的理解往往停留在它所代表的那一种具体事物上。知道3个苹果是3，而不知道3个橘子也是3。所以教师要尽可能地提供给幼儿丰富的材料。可以说，幼儿在概念形成的过程中所依赖的具体经验越丰富，他们对数概念的理解就越具有概括性，即幼儿对数概念知识的理解要建立在多样化的经验和体验基础之上。

5. 幼儿数学认知的巩固有赖于练习和应用的活动

大量练习能够让幼儿获得大量的感性经验，从而促进幼儿的数学认知。比如，让幼儿点数散乱摆放的物体，幼儿往往会漏数、重复数而导致错误，教师往往会教给幼儿一个策略：把点数过的物体拿到旁边去。这个策略虽然简单，但是很少有孩子会自发运用，经过一段时间练习和应用之后，幼儿感觉这个策略的确能够帮助他们正确点数，这个策略就习得了。另外，幼儿在不断搭积木的过程中，慢慢地获得了空间的概念。

二、幼儿数学认知能力发展与培养的标准与内容

根据幼儿数学认知发展的基本特点，我们把幼儿数学认知发展与培养的标准划分为三个方面，即“初步感知生活中数学的有用和有趣”“感知和理解数、量及数量关系”“感知形状与空间关系”。每个方面的发展指标在各年龄阶段都有明确的描述。

（一）初步感知生活中数学的有用和有趣

对数学的情绪会极大地影响幼儿的数学学习，所以成人应该培养幼儿对数学的积极情绪。最重要的使是让幼儿感知生活中数学的有用和有趣，即让幼儿认识到生活中有很多的形状、规律、数字，等等，生活中很多的问题可以用数学知识来解决。

◆3～4岁幼儿的发展指标

1. 感知和发现周围物体的形状是多种多样的，对不同的形状感兴趣。

幼儿周围的物体都是由各种形状组成的，如球是圆的、很多屋顶是三角的、蛋糕是圆的、车轮是圆的、电视是方的、书是方的，等等。在此，这条指标不强调让幼儿认识各种形状，而是让幼儿对

周围这些事物的不同形状感兴趣，感知和发现这些物体的形状是不同的，这种初步的感知为幼儿日后形状的认知奠定了基础。

2. 体验和发现生活中很多地方都用到数。

生活中的数是无处不在的，从生活中发现数、认识数、运用数，既能贴近幼儿生活，让幼儿感到亲切和可接受，又能让幼儿感受数对自己生活的价值。比如幼儿去超市时，会看到标签上的数字，知道价钱；幼儿在马路上会看到红绿灯的倒计时数字；幼儿在路上会看到门牌号码，知道人们的住处；幼儿还应该发现运动员的衣服上有号码、温度计上有数字、钟表上有数字、自己家门上有数字、公交车上有数字；幼儿还应该发现买东西要称斤两、用到计数，去超市算钱、用到计数……成人应该注意引导幼儿多注意这些数字和计数，让幼儿体验到数在人们的生活中无处不在，有着很大的价值。

◆4～5岁幼儿的发展指标

1. 在指导下，感知和体会有些事物可以用形状来描述。

对于3～4岁幼儿来说要求其能感知和发现周围事物的形状是多种多样的，那么对于4～5岁幼儿，会进一步要求其在成人指导下，感知和体会有些事物可以用形状来描述。一方面，在日常生活与互动中，成人在与幼儿交谈或读书讲故事时，适当地运用一些有关形状的词汇来描述事物（如这棵松树像个大三角、屋顶像个大三角、太阳像个大圆球），使幼儿感知和体会到这些事物可以用形状来描述。另一方面，成人可以引导幼儿观察事物，而后启发幼儿用自己的语言进行描述。如，熊猫的身体圆鼓鼓的，全身好像是一个个圆形组成的。

2. 在指导下，感知和体会有些事物可以用数来描述，对环境中各种数字的含义有进一步探究的兴趣。

在成人的引导和指导下，幼儿积极寻找生活中用数字作标志的事物，如电话号码、时钟、日历和商品的价签等。然后，成人还需要引导幼儿了解和感受数用在不同的地方，表示的意义是不一样的，如天气预报中表示气温的数代表冷热状况；钟表上的数表明时间的早晚，超市价签上的数表示价格的高低，球员衣服上的数表示球员的代码，街道上的数表示地址等，从而激发幼儿对环境中各种数字含义进一步探究的兴趣。

◆5~6岁幼儿的发展指标

1. 能发现事物简单的排列规律，并尝试创造新的排列规律。

很多事物的排列都是有规律的，5~6岁幼儿应该发现这种规律的美。比如，幼儿通过观察班级墙饰，发现有规律的花纹很整齐，很漂亮；通过倾听具有重复性旋律和词语的音乐、儿歌和故事，发现这样的音乐、儿歌和故事很有规律，很好记；观察到环境中有序排列的图案（如按颜色间隔排列的瓷砖、按形状间隔排列的珠帘、按花纹间隔排列的屋檐），也会感受到其中蕴含的规律与美感。

2. 能发现生活中许多问题都可以用数学的方法来解决，体验解决问题的乐趣。

如果幼儿能发现生活中的许多问题可以用数学的方法来解决，说明幼儿把已有的数学经验与生活情境联系起来了，而不单纯是习得机械、静态的数学知识，成人应鼓励幼儿这样的思维和倾向。如，给客人准备糕点时，可以先数一数、算一算有几个客人；出行前，算一算哪条路线最省时间或最省钱；拍球、跳绳、跳远或投沙包时，可以通过数数、测量的方法确定名次；在讨论春游去哪里玩时，可以用记录的方式记下每个想去的地方有多少人，根据统计结果做出决定。

（二）感知和理解数、量及数量关系

数、量及数量关系的活动包括数数、大小与多少的比较、简单的加减运算等。对其的感知和理解是幼儿数学认知的“中心结构”，是数学认知发展的重要方面，但是又因为数量关系是看不见、摸不着的，对幼儿的认知提出了巨大挑战。那么到底不同年龄段的幼儿在数概念方面应该达到何种水平呢？

◆3～4岁幼儿的发展指标

1. 能感知和区分物体的大小、多少、高矮长短等量方面的特点，并能用相应的词表示。

对于不同集合或者物体量的初步感知是幼儿认识量的基础，对量的方面的特点与差异的初步感知是后续测量、数量运算的基础。对于3～4岁幼儿，一方面应该能够感知这些差异，比如一堆糖有4块，一堆糖有8块，幼儿会倾向于要8块的那堆糖（喜欢要多的）；再如知道自己矮，成人高；还有，能够分辨出自己的衣服小，妈妈的衣服大，自己的书包小，哥哥、姐姐的书包大。另一方面，对于3～4岁幼儿，还应该用相应的词表达自己对这些量的感知，因为语言与数学思维是联系在一起的，在认知结构改变中，语言是一种有力的调节机制，是思维过程从“简单低级”发展到“复杂高级”的关键。有效的语言交流可以使幼儿进入更高水平的认知加工过程（王小英，2010）。

2. 能通过一一对应的方法比较两组物体的多少。

一一对应是幼儿比较两组物体多少的策略之一，一一对应是指把第一组的物体和第二组的物体一个一个对应地摆在一起，最后哪组物体剩下了，就是哪组物体多。比如让幼儿比较4只小鸟和3条蚯蚓的多少，幼儿可以把每只小鸟匹配一条蚯蚓，最后发现有1只小鸟没有蚯蚓吃，那么幼儿得出结论：小鸟多。对于3～4岁幼儿，教师应该引导幼儿通过动作把两组物体一一叠放在一起的方法，判断哪组物体更多。

3. 能手口一致地点数5个以内的物体，并能说出总数。能按数取物。

这条指标里有3个要求：一，3～4岁幼儿要正确点数5以内物体；二，点数之后知道数量的总数；三，能根据口令或者数字符号取出一定集合量的物体（5以内）。下面我们分别做一简单解释：一，点数正确，要求幼儿手口一致地点数，即数词、手指动作与要点数的物体要同时对应。二，点数完说出数量总数，要求幼儿知道数到最后一个数词就是这个集合的总量（5以内）。三，要求幼儿能够按数取物，幼儿不仅要能够熟练点数、知道集合的总数，还要知道要求取出的物体的总数。又因为3～4岁幼儿数的概念处于初步发展阶段，所以数量范围定在5以内。

由此可知，手口一致点数是“说出总数”的基础，“说出总数”又是按数取物的基础。

4. 能用数词描述事物或动作。如我有4本书。

用数词描述事物或动作，首先要求幼儿有基数概念，即知道一共有几件东西或几个动作。其次，要求幼儿能用正确的数词描述出来，这对幼儿提出了进一步的要求。如，幼儿会说“我刚才摘了3个苹果”“我有4本图书”“亮亮拍了5下球”“我帮教师拿了4根彩笔”，等等。平日教育实践中，教师要注意用正确的数词表示事物或动作，并鼓励幼儿大胆尝试表达。

◆4～5岁幼儿的发展指标

1. 能感知和区分物体的粗细、厚薄、轻重等量方面的特点，并能用相应的词语描述。

物体的粗细、厚薄、轻重都是有差异的，幼儿可以感知两棵不同粗细的树、一斤糖和两斤糖之间的差别，能区分妈妈读的厚厚的书与自己读的薄薄的童话书之间的厚薄差别。周围环境中充满了各种不同量的事物，成人要注意引导幼儿进行观察，4～5岁幼儿不仅要能感知和区分这些量之间的差别，还应该能用相应的词语描述，比如幼儿说“妈妈的书厚，宝宝的书薄”“棉花轻、铁块重”……语言的描述可以加深幼儿对这些量的认识。

2. 能通过数数比较两组物体的多少。

幼儿在比较两组物体数量时，经常有三种策略，第一种是视觉提示，哪组物体多或长，就觉得哪组物体多；第二种是一一对应策略，如把第一组的物体和第二组的物体一个一个对应地摆在一起，最后哪组物体剩下了，就是哪组物体多；第三种是数数的策略，如第一组物体是5个，第二组物体是6个，知道6比5大，从而判断第二组物体多。很明显，三种策略中，数数的策略要求最高。幼儿若想运用数数来比较物体数量的大小，首先要会点数，其次要知道集合有大小，再次应知道越靠后的数词越大（6在5后面，所以6比5大）。4～5岁幼儿应该具备这方面的能力。

3. 能通过实际操作理解数与数之间的关系，如5比4多1；2和3合在一起是5。

数与数之间的关系对于幼儿来说是非常抽象的，因为这种关系是摸不着看不见的，人类文明过程中发明的这套符号系统对幼儿来说是很难理解的，所以对于数与数之间关系的认识，幼儿要借助实验、操作摆弄来理解，比如幼儿手里有5个碗，4个勺子，每个碗匹配一个勺子，即幼儿把每个碗里放上一个勺子，最后幼儿发现有一个碗是空的（没有勺子），进而得出结论“5比4多了1个”；再如，幼儿手里有2块糖，后来妈妈又给了他3块，幼儿把所有糖放在一起，重新数一遍发现一共有5块糖。

4. 会用数词描述事物的排列顺序和位置。

“会用数词描述事物的排列顺序和位置”要求的是幼儿要具备“序数”概念，4～5岁幼儿不仅要知道从左面数第几个是哪个物体，还要知道从右面数第几个是哪个物体。幼儿若想达到这个水平，首先要会手口一致点数，其次要有左右的概念，再次应知道数词和序数之间的关系。比如，幼儿会说“小青蛙跳到了第3片荷叶上”“妈妈坐在第6排”。

◆5～6岁幼儿的发展指标

1. 初步理解量的相对性。

比较两个集合的量时，幼儿可以运用多种方式比较，得出一个大、一个小，或者一个多、一个少，或者一个高、一个矮。但是当比较三个或更多物体时，就出现了相对性，如和小亮比时，小明高；但和小山比时，小明矮。幼儿对事物的认识往往是绝对的，不是大就是小，但是5～6岁幼儿应该能够理解量的相对性，这是思维灵活性和关联起来看问题的表现，成人平时应该多提醒幼儿注意不同事物之间的比较。

2. 借助实际情景和操作（如合并或拿取）理解“加”和“减”的实际意义。

借助实际情景和操作理解和解决简单的实物加减法问题是对数学知识的一种运用，比单纯的加减法机械记忆对幼儿的挑战更大，意义更大。实际情景有助于幼儿理解加减法问题的意义，实物操作可以使幼儿使用演示的方式来再现运算题中的行动和关系。比如，“小明原来有13块糖，给了晓红4块，还剩下几块”这样的减法题，5～6岁幼儿可以把4块糖从13块糖里拿走，而后数数剩下的糖数。再如，5～6岁幼儿可以玩超市的游戏，在超市这种情景下，解决涉及商品、价格的加减法问题更有利于幼儿理解加减的实际意义。

3. 能通过实物操作或其他方法进行10以内的加减运算。

我们不提倡幼儿机械记忆10以内加减法口诀，我们提倡幼儿运用多种方法解决10以内的加减问题。一方面，幼儿可以通过操作来解决，比如3+4这个加法问题，幼儿可以通过摆弄积木来解答，他可以先拿3个积木，再拿4个积木，最后数一数一共有多少积木；另一方面，幼儿可以借助一些加减法口诀来解决问题，比如幼儿记住了3+3=6，在解决3+4的问题时，幼儿可以通过分解3+3+1=6+1=7来解决。另外，幼儿还可以用手指帮忙的方法，比如在计算5-2时，幼儿可以先伸出5根手指，然后合上2根手指，最后数一数剩下的有几根手指。幼儿做减法时，还可以用倒数的方法，比如在解决9-3这个问题时，首先记住减掉3个，然后可以倒数8、7、6，最后得到6这个结果。

4. 能用简单的记录表、统计图等表示简单的数量关系。

数字、图画或其他符号都可以被幼儿利用，用来表示数量关系。5～6岁幼儿应该学会使用简单的记录表和统计图。比如对小朋友喜欢的玩具进行调查：用图画表示各种玩具，而后在相应的玩具下用条形图的长短表示喜欢这种玩具的人数的多少；再如，幼儿每天观察自己种植的小植物，每天都用符号记录（长条图）下植物的生长情况，每一天的长条图都会比前一天的长条图长一些。

（三）感知形状与空间关系

几何形体作为整个数学概念结构中的重要方面，是对客体物体形状的抽象和概括，具有普遍性和典型性。认识几何形体能帮助幼儿对客观世界中形形色色的物体做出辨认和区分，发展他们的空间知觉能力和初步的空间想象力，为涉及几何形体的后续学习打下基础。

空间是客观物体存在的形式，任何物体都存在于一定的空间之中，并且同周围的其他物体存在空间上的相互位置关系，也就是空间方位关系，一般用上下、前后、左右等词语来表示。空间方位的概念具有相对性，如我在天花板下面，在地毯上面；可变性，如爸爸在我左边，妈妈在我右边，当我转身180度之后，原来的方位就变成：爸爸在我右边，妈妈在我左边；连续性，如玩具小猫在我的左前方，玩具小狗在我的右前方。空间方位的这几个特征，决定了孩子对空间方位关系的辨别，既有赖于空间知觉能力的发展，又有赖于思维能力的发展，特别是思维相对性的发展。

◆3~4岁幼儿的发展指标

1. 能注意物体较明显的形状特征，并能用自己的语言描述。

生活中存在着各种形状的物体，物体直观的方面一般都会涉及形状，3~4岁幼儿应该能够注意到物体有自己的形状特征，比如球是圆的、很多屋顶是三角的、蛋糕是圆的、车轮是圆的、电视是方的、书是方的，等等。3~4岁幼儿不仅要能够注意到物体的形状特征，还应该能用自己的语言描述，如这棵松树像个大三角、屋顶像个大三角、太阳像个大圆球，等等。幼儿在获得图形感性经验基础上，再配合说出词，能达到认识图形的目的。

2. 能感知物体基本的空间位置与方位，理解上下、前后、里外等方位词。

空间是客观世界运动着的物质存在的基本形式，任何客观物体都存在于一定的空间之中，并且同周围的其他物体存在着空间上的相互位置关系。空间方位与幼儿的日常生活有着密切联系，3~4岁幼儿应该能感知基本的空间位置与方位，比如幼儿能按照教师的语言指令把椅子下面的纸屑捡起来，排队的时候能按照指令站在某个小朋友的后面，知道自己的鼻子上面有眼睛，鼻子下面有嘴巴，等等。幼儿能够听教师口令，向前进向后退，把皮球放入筐子里，把鞋子脱在门外，知道树上有苹果、树下有小朋友，等等。

相对于上下、前后、里外而言，远近、中间、旁边这些概念的获得更难，但3～4岁幼儿也应该对这些方位词有所感知，例如，如果红黄蓝三个棋子排成一排，幼儿应知道黄色棋子是中间的一颗，红色棋子旁边的棋子是黄色棋子，蓝色棋子旁边的一颗是黄色棋子，黄色棋子比蓝色棋子离红色棋子要近。

◆4～5岁幼儿的发展指标

1. 能感知物体的形体结构特征，画出或拼搭出该物体的造型。

4～5岁幼儿不仅要能够感知物体的基本特征，还要能够用多种方式表现出这种结构特征，另一方面，幼儿用多种方式表现物体形体结构的过程同时是加深幼儿对形体认识的过程。因为幼儿的动手操作可以使幼儿更直观、具体地感受到形体的结构特征，尤其是可以帮助那些空间想象和空间认知发展相对不够好的幼儿，在具体、分解式的材料操作中感受到形体的主要特征，除了拼搭，幼儿还可以按照自己的构思，根据几何体积木的特征进行建构活动与绘画活动。

2. 能感知和发现常见几何图形的基本特征，并能进行分类。

几何图形有自己的特征， 4～5岁幼儿应该知道三角形是由三个角、三条边构成的图形，三角板、屋顶架等都是三角形；长方形是由四个角、四条边构成的，而且四个角是一样大的，门、窗、笔记本等都是长方形；圆形是圆圆的，皮球、碗口、套圈、滚铁环等都是圆形。

在感知和发现常见几何图形基本特征的基础上，幼儿要能对不同形状的物体进行分类，比如把各种各样圆形的图片放在一起，把各种各样三角形的图片放在一起。

3. 能使用上下、前后、里外、中间、旁边等方位词描述物体的位置和运动方向。

对3～4岁幼儿的要求是能感知并理解上下、前后、里外等方位词即可，4～5岁幼儿还要能使用这些方位词来描述物体的位置和运动，比如幼儿能够说"亮亮在我前面""皮球放在桌子下面""墙上有照片""皮球向前滚了""西西在我和美美中间""我的旁边是阳阳"，等等。上下、前后、里外相对于中间、旁边等方位词更易掌握。

幼儿感知和理解方位词在前，使用方位词来描述物体的位置和运动在后，后者给幼儿提出了更大挑战，使用数学语言表达和交流要求幼儿完全理解这些方位词的意思，并能说出这些方位词。

◆5～6岁幼儿的发展指标

1. 能用常见的几何形体有创意地拼搭和画出物体的造型。

对于5～6岁幼儿来说，不仅要认识几何形体的特征，还要以几何形体为工具和载体，表现物体的造型，这对幼儿来说是有一定挑战的。首先，幼儿在日常生活中要积累物体造型方面的经验。其次，幼儿还要知道每种常见几何形体的特征，并能创造性地发挥想象，把这些几何形体组合起来。比如，幼儿用圆形表示小鸡的头，用三角形表示小鸡的身子，用圆形表示小鸡的脚，并把这些图形组合，画出小鸡。再如幼儿用一个长方形和一个三角形组合表示箭头。还有，幼儿用方形表示汽车的车身，用圆形表示汽车的轮子，组合起来拼成汽车。

2. 能按语言指示或根据简单示意图正确取放物品。

理解物品的位置，才能正确取放物品。一般来说，找到物品的正确位置主要靠两个途径，一个是语言指示，一个是看示意图。

通过语言指示找到物品指的是，听到别人运用空间词语描述物体位置，在理解这些空间词语基础上，正确找到物品。比如，幼儿按照教师的语言指示"把小椅子下面的操作材料拿到桌子上”。

示意图是一种符号化的、概括的思维表征，依照示意图行动在思维层面对幼儿提出了更高的要求，反过来又促进了幼儿思维的概括性和抽象性。示意图中包含着箭头和方位等概念，幼儿在依照示意图拿取物体的过程便是灵活运用方位概念的过程，这一过程能够使得方位概念更加内化。

3. 能辨别自己的左右。

左右概念是一种反映事物之间关系的具有明显的相对性和灵活性的概念。在整个幼儿阶段，幼儿只出现最初的左右概念，不能真正掌握比较概括的、灵活的左右概念。5～6岁的幼儿只能固化地辨识自己的左右方位，并把它和词联系起来。比如他们知道自己的左右手，但不能正确地称呼对面人（左右方位反过来）的左右手，他们往往直接按照自己的左右手方位来称呼对面人的左右手方位。他们更不能掌握两个物体的左右方位关系概念，例如面对桌上并排放着的铅笔和橡皮，他们或者把两个物体都说成在左边或右边。所以，对于5～6岁的幼儿，只要求他们能以自己为中心判断左右即可，比如几个人坐在一起时，能说出谁在自己的左边，谁在自己的右边。再如做操、跳舞或进行其他活动时能正确地向左转或向右转。

三、幼儿数学认知能力发展与培养的教育建议

如前所述幼儿数学学习的心理特点可以概括为以下几点：幼儿的数学认知是从动作开始的，幼儿的数学认知最初要建立在具体实物的基础上，幼儿数学概念的内化需要借助于表象的作用，幼儿数概念学习经历“从个别到一般”的过程，幼儿数学认知的巩固有赖于练习和应用的活动。

只有清楚认识到幼儿数学学习的心理特点，才能在此基础上提

出切合幼儿发展特点与实际水平的培养策略与活动。

（一）当代数学认知教育的价值观与导向

当代人们对数学的认识从静态观转向了动态观，与此同时，人们对数学学习的目的也有了相应的转变，即从原来的获得静态的知识技能转变为促进幼儿的数学思维与解决实际问题的能力。人们越来越认识到数学学习是一个思考和建构的过程，进而数学教育应该更加重视幼儿的创造性数学活动，而不仅仅是对某些客观正确的数学知识的机械记忆。非常有影响力的Cockroft报告也肯定了这一数学观念的转变，这一报告引发了新的思考，引起了课程改革的争论，人们越来越认识到，数学不光是让孩子掌握一些概念和技巧，还包括调查和推理方法、交流方式以及对数学环境的关注（Galbraith，1995）。”英格兰和威尔士（Firestone，Winter & Fitz，2000）同样有报告指出，教师不只是单纯解释数学程序和步骤而不深入挖掘概念学习，学生也不是面对问题，复制这些结果的步骤。我国《义务教育数学课程标准（2011年版）》提出，数学教育既要使学生掌握现代生活和学习中所需要的数学知识和技能，更要发挥数学在培养人的理性思维和创新能力方面的不可替代的作用。《幼儿园教育指导纲要（试行）》提出，数学教育最主要的任务是让幼儿学习用简单的数学方法解决生活和游戏中的某些简单的问题（教育部，2001）。

综上所述，当代数学认知教育提倡促进幼儿的数学思维及解决生活中实际问题的能力。

（二）生活中进行数学认知的培养

生活是幼儿学习的源泉，在生活情境下的数学认知学习使得幼儿更容易理解数学的实际意义，生活中的渗透使幼儿对数学知识耳濡目染。比如：

◆引导5岁以上幼儿关注食品、日用品、日历、门牌号码、电话号码中的数字及其含义；

◆坐电梯时引导幼儿认识楼层的数字并理解意义；

◆外出时，让幼儿看看第几棵树最高；

◆排队时，让幼儿看看自己站在第几排；

◆早晨点名时，让幼儿报数，或者请幼儿数数人数；

◆就餐前请幼儿分发碗筷或放好凳子；

◆在生活中结合实际问题，为5岁以上幼儿提供估计物体数量和进行简单的加减运算的机会，比如计算路程远近或者计算付钱的过程；

◆平时生活中，成人多使用上下左右等方位词；

◆生活中与幼儿讨论当天的日期、几月几号、星期几，并回忆昨天的经历，再谈谈今天发生的事情和明天的计划；

◆结合一日生活环节，起床、吃饭、入园、睡觉等，有意识地引导5岁以上幼儿看钟表；

◆引导稍大一些的幼儿用身体部位、绳子、纸条等来比较植物的高矮、桌子的长度、树的粗细等。

（三）动作是数学认知学习的基石

瑞士著名心理学家皮亚杰的研究表明，幼儿的智力既不来源于主体，也不来源于客体，而是来源于“主体对客体的动作”，智能的形成机制是“主体与客体之间的相互作用”。在婴幼儿时期，主体对客体的动作主要表现在幼儿对客观材料的动手操作上，幼儿的智慧是幼儿动作结构逐渐内化的结果，幼儿对客体材料的操作是他们思维运算结构发展的关键。他认为，知识的获得是幼儿主动探索和操纵环境的结果，学习是幼儿进行发明与发现的过程。这意味着我们在教育中要注意发挥幼儿的主体性，不要把知识强行灌输给学生，相反，要设法向幼儿呈现一些能够引起他们的兴趣、具有挑战性的材料，并允许幼儿依靠自己的力量解决问题，由此可以看出，数学认知学习中，应该鼓励幼儿多操作。

数学本身具有较强的抽象性和逻辑性，这对发展幼儿的思维能力具有特殊的作用。在数学活动中，幼儿学习简单的数学概念，也需要对操作材料进行比较、分析和综合，抽象和概括，判断和推理，需要将感性认识上升为理性认识，这一过程既是幼儿初步数学概念形成的过程，也是幼儿思维能力获得发展的过程。幼儿人手一套学具进行实际操作，不仅能使每个幼儿获得练习的机会，更重要的是手的操作活动能引起大脑的积极活动，促进脑的发展。在操作中，要求幼儿眼看、耳听、手动、脑想、嘴说，这样感知较深刻，记忆也较长，有利于促进幼儿智力的发展。在操作的同时，要求他们边“做”边“说”，通过“说”可以使他们对自己的“做”有所了解；通过大声讲述，可以帮助幼儿理解操作内容和要求，更锻炼了幼儿的语言表达能力。平时教育中，我们可以：

◆鼓励年龄小的幼儿用积木、小纸盒、竹段等各种立体材料进行搭建游戏，自己创造或模仿他人的造型；提供一些正方形、长方形、三角形等平面材料，鼓励幼儿拼摆粘贴各种图案。

◆可以为5岁以上的幼儿提供玩“七巧板”的机会，鼓励他们用七巧板拼搭各种图案，并将其还原成正方形。还可以提供几何积木或硬纸板剪成的各种几何形状，鼓励幼儿创造各种不同的造型。

◆让幼儿根据玩具、图书等物品的大小分别摆放；在玩具柜上贴上颜色或形状标志，鼓励幼儿按标志归放物体。

◆鼓励幼儿尝试自己设计有规律的花边图案，创编有一定规律的动作，或者按某种规律进行搭建活动。

◆鼓励年龄稍大一些的幼儿按粗细、厚薄、长短的不同给物体排序。如给木棍、书本、尺子等物体排序。

◆平时教育中经常提供机会让幼儿按照指令或图示取放物品。

总而言之，幼儿的动作发展在幼儿智能发展中占有重要的地位，大脑指挥双手，双手又促进大脑，让幼儿多动手，可以促进他们的感知能力、语言能力和思维能力。促进幼儿的数学认知发展，决不能靠直接的灌输，必须让幼儿在操作中感知、熟悉、内化这些概念。

四、幼儿数学认知能力培养课程与区角活动的关系

培养课程这个概念包涵很多内容，但为了更好地说明问题，我们采取一种狭义的说法，认定幼儿数学认知能力培养的课程主要是指幼儿数学认知能力培养的集体教学活动。另外，还有一种开放式的，更符合幼儿数学认知心理发展特点的活动，即发展幼儿数学认知能力的区角活动。

（一）发展幼儿数学认知能力的集体教学活动

我国幼儿园的师生比相对来说比较低，一般来说班里都有大概30个孩子，2个带班教师和1个保育员教师。在这种情况下，集体教学活动在我国有着非常重要的作用，虽然小组讨论、个别操作、项目探究等学习形式对幼儿非常有益，但是在我国现实状况下，数学集体活动同样有着不可替代的地位与作用。

又因为幼儿园并没有统一的教材，所以各个幼儿园都根据自己的需要选择了数学认知能力发展的活动方案，今后再选择活动方案时，要依据此《指南》中阐述的幼儿发展指标而进行筛选。

另外，集体教学活动并不意味着全部整齐划一，毕竟班里的孩子发展水平是不同的。而且集体活动也不意味着只是教师讲而没有幼儿的操作，经常的做法是集体讲授与幼儿操作相结合。依据幼儿的不同发展水平对操作材料进行分层对教师来说更是一个挑战。南京一所幼儿园的教师们已经尝试着这样教学，她们依据自己平时对幼儿数学发展水平的观察和判断，把班里的幼儿的数学认知能力划分成发展较好、发展一般和发展较弱的三个层次，集体教学中的操作材料也根据这三个水平而划分难易程度，然后让不同的幼儿操作不同难易的材料。这种形式就让每个幼儿都能在自己原有水平上获得一定的发展。当然也可以采取更自主的方式，比如教师只提供难易不同的材料，然后由幼儿自己选择，因为幼儿对自己是有一个大概的认知的，让他们自己选择材料更加尊重他们。

（二）发展幼儿数学认知能力的区角活动

幼儿对数学的学习和掌握，主要是依靠幼儿本身的建构，他们的数学知识是每个幼儿自己从物体的各种关系中建立起来的，是思维的产物。因而组织和创设一个让儿幼儿能在其中尽其所能、充分发展自己的合适的环境相当重要，数学区角活动是一种开放、分层、自主的活动，能让幼儿在随意、愉快、没有压力的氛围下按自己的意愿自主选择操作内容、操作方式和伙伴，并能按照自己的节奏去操作，因为数学区角活动对幼儿的数学认知发展起着非常重要的作用（苏红伟，2003）。同时，在区角活动过程中，教师通过观察能够清楚地了解幼儿的发展水平，包括幼儿使用的策略，遇到的困难，需要的挑战，等等，为后续的数学教育教学提供依据。

1. 如何选择材料

在选择材料时必须考虑三件事情（Rosalind Charlesworth，

2007）。

第一，选择好材料。好材料必须是坚固结实的、制作精良的，幼儿能够安全地独立使用它们；材料必须有多种用途，不只适用于一种活动或教授一个概念。

第二，材料必须是为获得所选定概念而设计的，换言之，材料必须符合目标的要求。

第三，材料必须符合幼儿的发展水平，即必须适宜于发展。幼儿活的概念的获得过程开始于有关真实事物的具体经验。针对课程包含的每一概念的材料必须从具体到抽象，从三维（真实物品）到二维（真实物品的剪切物），再到图画，再到纸笔。步骤一：开始需要使用真实物品，给幼儿时间去探索和操作不同类型的物品，如积木、塑料片、石头、木棍、沙子、水，等等。步骤二：真实物品与图画表征一起使用。例如，积木可以与印刷品或绘画作品相匹配，幼儿可以采用绘画形式记录豆苗每天的高度。步骤三：引入可以动手操作的剪切物，例如可以将剪出的小狗与剪出的狗舍相匹配，虽然材料是二维的，但仍然可以操作。步骤四：介入图画。买回来的图画材料、教师自制的或从杂志、作业本上剪下来的，都可以用来开展卡片游戏、排序、分类等活动。步骤五：引入纸笔活动，但是如果幼儿未达到过渡阶段，就此停止。然而人们经常跳过第一步，在幼儿尚未掌握轻松的执笔书写的感知运动技能之前，在没有储备必需的具体经验之前，就让幼儿埋头于纸笔活动。从具体材料到纸笔活动需要五个步骤。

2. 区角活动中教师的角色

除了布置区角、提供材料，教师在幼儿区角活动过程中应该扮演何种角色呢？很多教师称，在数学区角活动中，自己是“消防员”和“巡查员”的角色，幼儿在操作过程中出现材料方面的短缺或者出现互动方面的冲突，教师就冲过去处理（李娟 等，

2010）。我们说，幼儿在区角活动时，教师应该是观察者与指导者。

首先，教师应该是观察者。幼儿在数学区角活动中操作所表现出来的水平更为真实，教师应该有目的地对幼儿的操作进行观察。然而，教师在此方面却存在诸多不足与困惑。如李娟（2010）年的研究显示，教师在观察幼儿数学操作时，注重的是幼儿的操作结果，如果幼儿操作成功了，他们就认为幼儿的数学发展达到了一定水平，如果操作失败了，他们就认为幼儿的数学发展比较弱。总体来说，教师对幼儿的数学操作过程观察不够，而对幼儿数学操作过程的观察却是十分重要的！

最近有关数学教师学习与教师专业发展、教学与学习的研究都聚焦于学生的数学思维，这些研究认为学生的学习应该引导教师的教学（Elizabeth A. van Esa， Miriam Gamoran Sherin，2008），只有让教师关注学生的数学思维才能促进教师的教育行为及最后的专业发展。

正因为很多研究者都认为学生的数学思维是教育中最关键的因素，所以他们的研究都致力于帮助教师关注学生的数学思维，并通过研究证明了了解学生的数学学习过程的确能够促进教师的专业发展。如Miriam Gamoran Sherin， Sandra Y. Han（2004）的一项研究就是想通过让教师观看教学录像的方式，反思学生的思维，从而让教师们更加关注了解学生本身的学习特点。这项行动研究刚开始的时候，教师们的讨论主要关注于教师，包括教师的策略、教师对课堂的管理，等等，后来随着项目的不断深入，教师们越来越关注学生的行为和想法。讨论学生思维的时候，也从最开始简单重复学生的想法转变到具体分析学生的思维，他们还在试图努力理解学生的说法的同时加入了一些分析，最后能够概括综合学生的思维。同样，Hilda Borko， Jennifer Jacobs， Eric Eiteljorg， Mary Ellen

Pittman（2008）的研究也致力于帮助教师更加关注学生学习过程中表现出来的思维方式来促进他们的专业成长。他们的研究结果表明，刚开始时教师只是关注于寻找孩子在学习的证据。后来，教师们开始关注学生解决问题的办法。Roza Leikin（2004）的一项研究也旨在通过让教师们合作学习，变得对学生的困难更加敏感，了解学生可能的学习方式，根据学生不同的理解水平发放不同的学习材料，从而改善教师的教育行为。

以上这些研究都致力于通过让教师关注学生的学习过程来改善自己的教育行为，并且有些研究已经证明了通过这样的方式确实能达到这样的效果。所以当教师观察幼儿的区角活动时，应该更多地关注幼儿的学习过程和思维方式。

其次，教师应该是指导者。指导者并不意味着一味地干预幼儿的操作或者重复让幼儿练习。指导应该建立在了解幼儿数学学习与发展水平、了解幼儿数学认知发展规律基础、幼儿数学认知教学知识基础之上。所以，“指导者”这个角色对教师来说挑战性非常大。李娟（2011）年的一项研究中，以9名幼儿园教师为研究合作者进行行动研究。研究开始之初，这9名教师面对孩子的操作都是急于纠错，进行“指导”。而她们指导的策略一般是“再次重复题目要求”“把题目要求很慢地再讲一遍”“让孩子多操作几遍”“让孩子跟着教师一步一步操作”，研究结果显示，这些指导策略对于促进幼儿数学认知来说都没有太大意义，教师们也非常困惑：“为什么这些孩子怎么教都教不会？”……后来研究者与9名教师一起深入学习了幼儿数学学习规律和数学教学知识，在观察了解幼儿数学认知发展水平基础上参照这两方面的知识，大大提高了对幼儿的指导效果。由此可见，对幼儿的数学认知学习进行指导不是单纯的手把手的“教”或重复练习，教师必须要清楚幼儿当前所处的水平以及幼儿学习困难之处或需要进一步挑战的地方（李娟，

2011）。《指南》清晰地列出了3～4岁、4～5岁、5～6岁组幼儿在数学认知各个方面发展的“序”，一线教师应该仔细阅读，自觉理解。

五、幼儿数学认知能力发展与培养的评价

正如前文所述，人们对数学的认识从静态观转向了动态观，与此同时人们对数学学习的目的也有了相应的转变，即从原来的获得静态的知识技能转变为促进幼儿的数学思维与解决实际问题的能力。

数学教育目标的转变也给幼儿数学评价带来了相应的变化，因为传统评价方式与现在所提出的新数学目标是不相吻合的（Niss，1993；Schoen，1989）。传统测查时期，人们往往用标准化测试来考察幼儿是否掌握了特定数学知识，是否达到特定数学教育目标。但是当今很多数学评估专家呼吁学生评价的结果应该有助于教师更好地做出教学决定（NCTM，2000）。学生评价的结果要用于改善教学，在学生评价基础上，教师们可以更好地为学生设计学习任务，在各种材料中做出明智的选择，组织学生讨论，给学生提出一些挑战并丰富学生的思维，等等。（Ball，1997；Even & Tirosh，1995；Schifter，1998）

评价目的观的改变又带来了评价方法、评价工具和评价技术的改变。因此，当代更加提倡数学教师运用多种评价方法和工具来收集学生的学习作为日常教学活动的一部分。这些方法和工具包括项目、档案袋、日志、谈话、观察（NCTM，2000；Shepard，2001）。人们希望教师们不单纯是为了评价而评价，而是把评价作为教学的一部分。教师可以通过在课堂上观察学生解决数学问题，倾听学生的数学讨论，关注学生在课堂上的参与程度，或者通过敏锐捕捉学生的感觉来实现对学生数学学习的评价。

以当今所提倡的数学评价理念为基础，很多研究者进行了幼儿数学评价方面的研究，主要聚焦于开发数学评价模式、评价方法、评价工具等。幼儿数学认知能力发展与培养的评价最常用的方式便是“表现性评价”，即让幼儿在真实的教育情境下，教师观察幼儿的数学操作活动，从而了解幼儿数学认知方面的真实水平。

平时教育中，我们可以这样做：

◆通过让幼儿从一堆彩笔中，拿出一定数量的彩笔，来了解幼儿是否有“集合”的概念。

◆通过观察幼儿玩“青蛙跳到第几片荷叶上”的游戏，了解幼儿是否具有“序数”的概念。

◆通过观察幼儿玩“躲猫猫”的游戏、拼版游戏，观察幼儿对空间关系的认识。

◆通过观察幼儿穿珠、排列物体的操作，了解幼儿模式、排序方面的水平。

◆与幼儿谈话中，了解幼儿对星期几和一年四季的理解。

◆设置一些问题情境，让幼儿运用数学知识来解决问题，从而了解幼儿运用数学解决问题的兴趣与能力。比如，设置超市、银行的情境，提供价钱标签以及假钱，让幼儿自由买卖，在这个过程中幼儿会运用加减运算来解决问题。

参考文献：

陈国强，徐娟，赵芯莲，等.2008.南京市实验幼儿园的科学发现室[J].早期教育，（5）:21-27.

陈琦，刘德儒. 2005.教育心理学[M].北京：高等教育出版社：145.

陈琴.2004.建构主义与科学教育[J].当代教育科学，（6）:55-58.
黄瑾.2007.学前幼儿数学教育[M].上海：华东师范大学:6.
黎安林. 2004.对幼儿园科学教育中“探究式学习”问题的探讨[J].学前教育研究:30-32.
教育部.2011.义务教育数学课程标准（2011版）[M]. 北京：北京师范大学出版社.
教育部.2001.幼儿园教育指导刚要（试行）[M].北京：北京师范大学出版社.
李国庆.2006.从评价到评定：美国基础教育课程评估的转向[J].辽宁教育研究，3.
李娟，金震.2010.日常教育实践中教师了解幼儿数学学习发展水平的途径[J].学前教育研究，（3）:34-37.
李娟.2011.如何提高教师观察了解幼儿数概念学习与发展水平的能力——以4-5岁幼儿数概念学习为例[D].上海：华东师范大学学前教育与特殊教育学院.
刘少文，柏毅，朱志启.2003.[做中学]科学教育项目简介[J].学前教育研究，（3）:37-38.
罗兴凯，等. 2004.科学探究与国家科学教育标准[M]. 北京：科学普及出版社：25.
裴新宁. 2004.从学习理论的现代发展谈建构主义在科学教学设计中的实践[J].全球教育展望，（7）:28-33.
史亚娟，庞丽娟，韩小雨.2007.幼儿早期空间非标准测量能力发展研究进展[J].心理科学.（5）：1116-1119.
苏红伟.2003.谈谈幼儿园数学区域活动的开展[J].学前教育研究，（10）:51-52.
王小英，王永杰，孙贺群.2010.幼儿合作学习的理论基础与指导策略[J].学前教育研究.（6）:225-230.

王颖，么娜.2011.幼儿园科学发现室利用现状的调查[J].早期教育，（2）:4-5.

袁爱玲.2000.中美幼儿科学教育课程的差异性比较[J].比较教育究，（1）:38-40.

叶宝生，曹温庆.2011.哲学重演律对幼儿科学教育的启示[J].首都师范大学学报：社会科学版，（2）：51-54.

虞永平.2010.科学发现室与幼儿园课程[J].幼儿教育.（3）:6-7.

张慧和，张俊.2004.幼儿数学教育[M].北京：人民教育出版社:19，161.

张菊艳，陈烨，吴沙红.1999.科学发现室创设和利用中的误区及其对策[J].教育现代化，（1）:27.

张玉梅.2004.正确认识与处理幼儿科学教育中的三个关系[J].教育教学研究，（10）:25-26.

郑毓信.2001.数学教育哲学[M].四川：四川教育出版社:21.

郑永爱.2004.幼儿科学概念的获得及其对科学教育的启示[J].学前教育研究，（9）：22-24.

周欣.2004.幼儿数概念的早期发展[M].上海：华东师范大学出版社:61，70.

鲁道夫·谢弗.2010.幼儿心理学[M].王莉，译.北京：电子工业出版社: 161.

玛丽·霍曼，伯纳德·班纳特，戴维·P·韦卡特.1995.活动中的幼儿——幼儿认知发展课程[M].郝和平，周欣，译.北京：人民教育出版社:294.

Ball， D L.1997.What do Students Know? Facing Challenges of Distance，Context and Desire in Trying to Hear Children[M]// B.J. Biddle， T.L. Good，I.F. Goodson. International Handbook of Teachers and Teaching. Dordrecht， The Netherlands:

Kluwer:769–818.

Elizabeth Avan Esa， Miriam Gamoran Sherin. 2008.Mathematics Teachers' "Learning to Notice" in the Context of a Video Club[J]. Teaching and Teacher Education ， 24: 244 - 276.

Even R， Tirosh D. 1995.Subject– Matter Knowledge and Knowledge about Students as Sources of Teacher Presentations of the Subject Matter[J]. Educational Studies in Mathematics， 29: 1–20.

Firestone W A ， Winter J， Fitz J 2000 .Different Assessments， Common Practice? Mathematics Testing and Teaching in the USA and England and Wales[J]. Assessment in Education： 7， 1， 13 - 37.

Galbraith P. 1995. Assessment in Mathematics: Purposes and Traditions [M]// L. Grimison and J. Pegg .Teaching Secondary School Mathematics: Theory into Practice.Harcourt Brace， Sydney:271 - 288.

Hilda Borko， Jennifer Jacobs， Eric Eiteljorg， Mary Ellen Pittman. 2008.Video as a Tool for Fostering Productive Discussions in Mathematics Professional Development[J]. Teaching and Teacher Education， 24:417 - 436.

Miriam Gamoran Sherin， Sandra Y. Han. 2004.Teacher Learning in the Context of a Video Club[J]. Teaching and Teacher Education， 20:345–367.

Niss M. 1993.Assessment in Mathematics Education and its Effects: An Introduction[M]// M. Niss. Investigations into Assessment in Mathematics Education: An ICMI Study. Kluwer， Dordrecht: 1 - 30.

NCTM. Principles and Standards for School Mathematics. The National Council of Teachers of Mathematics. (prekindergarten—2grade) . (2000)

[2009，12]http://standards.nctm.org/document/appendix/numb.htm.

Paul Ernest. 1998.数学教育哲学[M].齐建华，张松枝,译. 上海，上海教育出版社:1.

Rosalind Charlesworth. 2007.3-8岁幼儿的数学经验[M]. 潘月娟译. 第五版.北京：人民教育出版社，10:31.

Roza Leikin. The Wholes that are Greater than the Sum of their Parts: Employing Cooperative Learning in Mathematics Teachers' Education. （2004，4，27）[2011.4，6]. http://www.sciencedirect.com/science/article/pii/S0732312304000161.

Schifter D. 1998.Learning Mathematics for Teaching: From Teachers Seminar to the Classroom[J]. Journal of Mathematics Teacher Education，1:55－87.

Shepard L A. 2001.The Role of Classroom Assessment in Teaching and Learning[M]// V. Richardson. Handbook of Research on Reaching.Washington， DC: American Educational Research Association:1066－1099.

第五章　艺术

第一节　引言

有些时候，孩子在埋头于一件事情，但在大人们看来这件事情是不足为道的。比如，孩子们会花费两个小时的时间做一个泥人，而我们看到的结果只是毫无规则可言的小泥块而已。孩子们把太阳涂上绿色，把海水涂成红色，喜欢敲击桌子、碗、盘子，并乐此不疲，大人们对这些游戏却并不在意。孩子们对这些大人们认为不足为道的事情之所以能表现出极高的热情，是因为这些游戏所带来的体验，正是扩充着幼儿世界的“发展体验”。这种“发展体验”引导着他们对生活中美的事物的探寻和追求。幼儿对事物的感受和理解不同于成人，他们表达自己认识和情感的方式也有别于成人。幼儿稚嫩的笔触、动作和语言往往蕴含着丰富的想象和情感，成人应对幼儿独特的艺术表现给予充分的理解和尊重，不能用自己的审美标准去评判幼儿，更不能为追求结果的“完美”而对幼儿进行千篇一律的训练，以免扼杀其想象与创造的萌芽。

美在现实生活中是到处存在的，美是想象与创造的源泉，美能陶冶心灵，愉悦心情，塑造人格。幼儿感受美的方式虽然肤浅或幼稚，但是他们已经具有了初步的审美意识。教师需要利用身边的一切美好事物对幼儿进行美的教育，让幼儿充分体会并能够表现生活中的美好，使其美的感受得以深化。

教师还应积极引导幼儿参加艺术活动并能进行简单的艺术创造，即培养他们的艺术表现力和创造力，因为艺术是人类创造美和表现美的重要形式，幼儿对外部世界的感受和理解常常会自发地通过某种艺术形式表现出来，这就是幼儿的天性。“幼儿用唱歌、跳舞、绘画或手工制作等表征方式尽情地表达自己对世界的感悟，抒发内心的情感，感受用艺术与别人交流的喜悦，从而获得一种精神上的满足，一种因自我肯定而产生的愉悦感，由此泛化到生活的其他领域，丰富和发展自己的情感世界，并按照美的标准和美的规律将他们感受世界的审美能力转化为自我发展的内在动力，进而调节自我行为，完善人格。”（孔起英，2005）[30]总之，每个幼儿的心里都有一颗美的种子。幼儿艺术领域的学习关键在于充分创造条件和机会，在大自然和社会文化生活中萌发幼儿对美的感受和体验，丰富其想象力和创造力，引导幼儿学会用心灵去感受和发现美，用自己的方式去表现和创造美。

3～6岁的幼儿在艺术方面的能力究竟是怎样的？一般的幼儿在这些方面应该达到何种水平呢？教师的指导方向是什么？《指南》阐述了明确的具体的目标、教育建议，以此反应国家对3～6岁幼儿在艺术方面的合理期望。

以《指南》对各年龄段幼儿艺术要求为参考，教师可以指定适宜的教育活动目标，选择适合幼儿学习的内容，评估和反思教育活动的效果，并有针对性地改善教育活动，提高教育的有效性。参考《指南》提供的内容范畴，教师还可以创设活动区，投放活动材料，评估幼儿活动区情景中的表现，反思活动区的创设效果；参考《指南》的教育建议，教师可以设计和拓展教育活动，把各项指标灵活地融入到一日生活和各种教育活动中。

本章的主要内容包括以下几个方面：

1. 研究背景介绍。简述国内外学龄前幼儿对美的事物感受欣赏和表现创造方面相关研究成果和主流的理论，指出各项能力培养的发展历程、基本轨迹及教育的最新动向。

2. 发展目标解读。对《指南》中3～6岁幼儿对美的事物感受欣赏和表现创造的能力发展与培养指标进行分析，突出说明不同年龄阶段幼儿美感与表现方面的差异，解释依年龄阶段来设定不同标准的原因。

3. 教育建议解析。对《指南》中列举的教育建议进行简要解释，使读者明确活动目标，设计活动时更有针对性，避免进入活动设计的误区。

4. 课程与区角活动设计建议。根据幼儿园课程设置和区角活动的共同教育目标，说明各子领域的课程设置如何与区角活动更好地联系在一起。

5. 能力评价问题分析。说明各年龄段的子领域能力发展的一般评价方法，帮助读者正确理解相关问题，能够较科学全面地对3～6岁幼儿的艺术能力进行测评。

第二节　感受与欣赏

《幼儿园教育指导纲要（试行）》中将幼儿教育的内容分为健康、语言、社会、科学、艺术五大领域，其中艺术教育作为该五大领域之一有着自身独特的作用，同时又在不同领域的交叉和融合中发挥着中介作用。可以说，艺术教育在整个幼儿教育中占据着举足轻重的地位。在幼儿期，幼儿喜闻乐见的艺术形式有很多种，如音乐、舞蹈、美术、手工制作、书法、影视作品等，其特征也各不相同，教师应以幼儿艺术发展的客观发展规律为依据，通过艺术活动的开展，让幼儿感受不同艺术形式的基本特征，体验审美愉悦，深化幼儿对美的感受能力。日本学者若井邦夫（1986）认为："对每个孩子来说，重要的是由行为表现出来的他自己的世界，是体验的过程。孩子的体验无论显得多么不足取，但他却能在这个体验中发挥能力，看到新的世界，如果在这种体验以后孩子产生了不同于过去的感觉，那么这个体验本身对于孩子的发展一定具有极其重大的意义。"由此可以看出，感受和体验美的事物对于幼儿来说有着非常重要的作用，教师应该有目的地去培养幼儿的美感，丰富他们的情感体验。

一、幼儿"感受与欣赏"能力发展与培养的研究背景

（一）美和美感的内涵

历史上对美的探讨和争论一直就没有停歇过，但一般认为，定义美的本质要从揭示主体和客体的关系入手，具体来说，美应该是"在人的客观的社会实践中产生的（姚梅林，2007）"[98]。

人们可以欣赏的美的形式是多种多样的，有自然美、生活美和艺术美。自然美指的是自然事物的美，如我国壮丽的山河，大自然中的各种花草、动物等，它们都以美的形态呈现在人类的视野中；生活美指的是社会生活中的美，如那些经过人类加工过的建筑或园林；艺术美是指艺术家们通过塑造典型形象来反映社会现实的一种社会意识形态，如音乐、舞蹈、绘画、雕塑、文学、电影等。总的来说，美的事物是人类在实践活动中创造力的生动体现（姚梅林，2007）[99]。

而美感是人们在对美的事物审美过程中所生发出来的具体感受

和体验，因为是一种个人独有的情感方式，所以具有个人直觉性，此外这种体验还带有愉悦人心的效果。由于幼儿身心发展处在一个相对较低的状态，这就需要成人有意识地引导他们对美的事物的感知，增加他们的美感体验，进而能够转化为幼儿自身的情感认识，从而使他们能够正确欣赏艺术作品。

（二）幼儿感受、欣赏的内容

如上文所述，美的基本形态有三种，相对应地，幼儿感受、欣赏的内容也包括三方面，即自然美、生活美和艺术美。

1. 对自然美的发现

幼儿生活在大自然中，自然界丰富的事物和现象给了他们形成美感的源泉，教师应利用周围的自然环境，引导幼儿观察、发现、感受和欣赏美的事物。如让幼儿多接触大自然，体验其中的美。尽量带幼儿到户外去，与幼儿一起观赏蓝天白云、花草虫鸟等，一起倾听自然中各种好听的声音，如鸟叫声、虫鸣声、流水声、松涛声等，发现周围环境中的美。在这个过程中，教师还应引导幼儿感受、欣赏、观察和发现美的事物的特点。如引导幼儿观察常见动植物以及其他物体的颜色、形状、形态等；引导幼儿感知声音的音色、强弱、快慢等，想象是什么东西发出来的，或想象声音像什么，等等。总之，“幼儿从很小开始就接触自然，最初从观看个别的具体的自然物体开始，再扩大到观赏一定范围内的自然景物。随着幼儿理解能力的提高，视野的扩大，逐步提高幼儿领略自然美的深度与广度，从而提高他们审美能力。”（黄人颂，1989）[232]

2. 对生活美的学习

幼儿是在社会生活中不断学习从而达到身心全面发展的，教师可以提供多种途径，让他们接触社会生活中的人文景观、风土人情，形成热爱祖国的积极情感。如可以通过电视、网络、图书、照片等，让幼儿接触有名的建筑、园林、名胜古迹等人文景观；教师还可以带幼儿去实地观赏，参观时要给幼儿讲一些有关的历史故事、传说、小知识，增加幼儿对人文景观的兴趣，同时成人可以用自己的感受去感染幼儿。

3. 对艺术美的追求

欣赏艺术活动对开启幼儿智慧具有重要的作用，欣赏形式多样的艺术形式和作品，能够促进幼儿多感官协调活动，同时也能促进幼儿思维发展，因此教育工作者们要尽可能地带领幼儿接触多种多样的艺术形式和作品。如，和幼儿一起欣赏街边、社区、公园、商场、饭馆内的艺术活动和作品，带幼儿参加各种节日庆祝活动和民俗文化活动，带幼儿上剧院、音乐厅欣赏文艺表演，上美术馆观赏美术作品。

（三）幼儿美感的特点

受年龄和思维发展水平的限制，幼儿的美感除了具有美感的一般特点，如形象性、感染性等外，还有具有自身独有的特征。

1. 直观性

幼儿由于受到自身年龄、知识、经验和思维发展水平的局限，只对那些具体直观的审美对象产生兴趣并进一步萌生美感。我们可以“通过美的事物的具体可感的形象来感染幼儿，触动幼儿的情感以达到教育的目的。形象在美的领域中占着统治地位，美存在于个别、活生生的事物之中，只有通过生动具体的形象，才能唤起幼儿的美感，使他们得到情感的愉悦。”（郑东明，1995）在生活中，我们经常会看到这样的例子，孩子们对色彩鲜艳的图书、漂亮的衣服、新奇的玩具等产生浓厚的兴趣，并引起他们愉快和喜悦的情绪，这说明幼儿在欣赏美的事物的时候具有直观性。

2. 表面性

幼儿生活范围相对狭窄，社会经验缺乏，对事物的感知往往都是停留在表面上，因而他们对事物表面的、简单的形式美很容易感受到，而对于那些内在的、复杂的形式美就难以把握。例如给幼儿看一些色彩鲜艳的毒蘑菇，他们只能从表面上感受到这是一种很美的东西，但是不能透过现象看本质，觉察到这些蘑菇的危害性。（戴珊，1995）幼儿这种把握内在的、复杂的形式美的能力要到幼儿后期才可能得以发展。

3. 多样性

幼儿可以用多种形式表达对美的认识。如他们可以用唱歌、跳舞、演奏乐器等形式来感受音乐内容，认识到音乐中旋律和节奏的美；他们可以通过绘画、泥塑、手工等活动来感受美术作品中的色彩和线条；他们可以通过欣赏文学作品，如童话、儿歌、故事等文学样式，利用看、听、说、角色表演等艺术手段来体验文学的魅力，受到美的熏陶。

4. 行动性

3～6岁幼儿的思维正处于从直觉行动思维向具体形象思维过渡的阶段，因而，幼儿在认识美的事物时，往往通过动作、表情、语言或活动去实现，以整体、形象或直觉的方式去把握。他们更喜欢去看、听、摸，并借助这些直接的动作去感受美、欣赏美。对此，我们成人要采取多种方式激励幼儿更好地表达，不应过多地限制。

二、幼儿“感受与欣赏”能力发展与培养的标准与内容

根据幼儿感受与欣赏美的特点，我们把幼儿“感受与欣赏”能力发展与培养的目标划分为两个方面，每个方面的发展指标在3～4岁、4～5岁、5～6岁各年龄段都有明确的描述。

（一）喜欢自然界与生活中美的事物

美的事物是可以被人们感知的，是具体而又形象的，但是对于美的发现却取决于人们的态度。幼儿由于年龄小，身心发展还不完善，对美的事物的认识和理解往往存在偏差，但是随着年龄的增长，他们能够学会欣赏形式多样的美的事物，同时还能分析出一些美的本质。

◆3～4岁幼儿的发展指标

1. 喜欢观看花草树木、日月星空等大自然中美的事物。

这个年龄段的幼儿心理发生了较大的变化，他们的头脑中已经积累了很多生活印象，他们“主要依靠头脑中已有的印象进行思维活动，思维具有明显的具体形象性特点，属于典型的具体形象性思维”（梁志燊，2010）[137]。他们对生活中的动物、植物、玩具及生活用品充满了兴趣。他们喜欢自然界中任何美丽的事物，看到蝴蝶会兴奋地大叫；参观水族馆时，会对各种样子的鱼类着迷不已；会对每一朵小花说话；去幼儿园的路上会对太阳打招呼，等等。总之，他们喜欢观看大自然中一切美的事物。教师应抓住这个学习的契机，努力扩大他们的生活视野，引领他们多接触大自然，感受和欣赏美丽的景色，使他们在对周围事物的细心观察中增长见识。

2. 容易被自然界中的鸟鸣、风声、雨声等好听的声音所吸引。

这个年龄段幼儿的有意性行为开始发展，其中表现在注意的有意性上。他们容易被周围环境中好听的声音所吸引，并表现出极大的兴趣。如他们会对汽车的喇叭声、卖东西的吆喝声、学校上课的铃声、鸟儿的叫声、哗哗的雨声等特别喜欢。教师可以鼓励幼儿倾听和分辨自然界的风声、雨声、雷声等，以及生活环境中的汽车声、铃声等各种声音。此外，在一些语言课上，一些双音词尾的词、叠词转换的游戏也是他们特别喜欢的。

◆4～5岁幼儿的发展指标

1. 在欣赏自然界和生活环境中美的事物时，关注其色彩、形态等特征。

4～5岁幼儿的思维方式主要是具体形象思维，但是抽象逻辑思维已经明显地发生了，这时候的幼儿开始能够对一些事物进行逻辑抽象的思维活动了。虽然说这时候幼儿的逻辑思维能力还是比较浅显的，但是它标志着幼儿思维能力已经开始了质变，是幼儿进入学习活动非常重要的前提。（梁志燊，2010）[145]。他们开始能够按照玩具、物品的颜色或形状进行分类，据调查显示，4~5岁孩子辨识颜色的比率是50%，例如，这个阶段的孩子能够把大部分红色的玩具归为一类，把蓝色的玩具归为一类，并且能按物品的形状，如长方形、正方形、圆形对其进行分类摆放。

2. 喜欢倾听各种好听的声音，感知声音的高低、长短、强弱等变化。

据台湾学者林朱彦等人的研究结果显示，5岁幼儿喜爱具有规律性的歌曲和舞蹈；能在钢琴上找到正确的音高；可以自己创作简单的旋律；喜爱团体式或互动式的歌唱与律动；能分辨强弱音，并区分简单的音高和节奏的异同等。（林朱彦 等， 2007）由此研究可知，4～5岁的幼儿经训练后能达到正确辨别声音高低、长短、强弱等的发展水平。所以在幼儿园中，教师要让幼儿倾听和分辨各种声响，引导幼儿用自己的方式来表达他们对音色、强弱、快慢的感受，同时带领幼儿玩节奏模仿等锻炼幼儿感受声音高低、长短、强弱等变化的游戏，通过这些游戏活动，发展幼儿的节奏感，同时帮助幼儿获得对音乐的敏锐感知能力与反应能力。

◆5～6岁幼儿的发展指标

1. 乐于收集美的物品或向别人介绍所发现的美的事物。

5～6岁孩子的有意行为逐渐增多，个性特征也有了明显的显现，他们更愿意在伙伴或成人面前表现自己，荣誉感和好强心也更加显露。这个年龄段的幼儿求知欲非常旺盛，好学好问，主要表现在对事物的主动观察和发现上。如春天到了，孩子们会对树干冒出的嫩芽感兴趣，向教师和小伙伴们滔滔不绝地讲自己的每一个新发现；夏天到了，他们捡来蝉蜕做成各种有趣的玩具；秋天到了，女孩子们捡来落叶编成项链挂在脖子上，男孩子们则找来大量的树叶，挑出其中最有韧性的树叶茎来玩“拔牛牛”的游戏；冬天到了，他们用松枝来装点教室环境。自然环境中细小的事物，在孩子们眼中都是美的，在发现美的事物的过程中，他们乐此不疲。

2. 乐于模仿自然界和生活环境中有特点的声音，并产生相应的联想。

5~6岁的孩子能充分感受到生活中的各种声音，如听到风声，他们会用手拢成个筒形放在嘴边，发出“呜呜”的声音；听到市场小商贩的叫卖声，他们也会轻易地学会，并且在区角“小小超市”的活动中，用学来的声音进行吆喝，并模仿买卖的过程，好像自己在进行真正的商品买卖活动。

（二）喜欢欣赏多种多样的艺术形式和作品

《幼儿园教育指导纲要（试行）》对幼儿在艺术领域欣赏方面提出了明确规定：引导幼儿欣赏艺术作品。从《纲要》的指导思想我们可以看出，教育者要引导幼儿欣赏多种多样的艺术形式和作品，努力丰富他们的情感体验和感性经验。同时，艺术活动又是一种带有个人情感的创造性活动，那么3～4岁、4～5岁、5～6岁幼儿在欣赏多种多样艺术形式和作品方面应该达到何种水平呢？

◆3~4岁幼儿的发展指标

1. 喜欢听音乐或观看舞蹈、戏剧等表演。

3~4岁的孩子是活泼好动的，他们对任何事物都充满了兴趣，看到新鲜的东西都想去尝试，会用嘴咬、用鼻子闻或用耳朵听，对形式多样的艺术作品也产生了浓厚的兴趣。那些有鲜明色彩、独特声音、特殊形象的艺术形式或作品对他们有着莫大的吸引力。当孩子们在聆听和观看自己喜爱的艺术形式与作品时也会表现出情绪高涨。3~4岁孩子的神经系统有了进一步的发展，他们能积极参加幼儿园的各种活动，并且集中精力从事某项活动的时间也有了极大的拓展。这表现在他们在欣赏自己喜爱的音乐、舞蹈的时候情绪饱满、兴趣浓厚。

2. 乐于观看绘画、泥塑或其他艺术形式的作品。

3~4岁的幼儿在欣赏艺术作品时，已经能够选用自己感兴趣的色彩符号来表达自己的思想和情感。他们会长时间地专注于某一画作，喜欢涂色，会用颜色表达自己的喜怒哀乐；他们也喜欢泥塑，对自己亲手创造出来的泥娃娃、泥狗感到骄傲。

◆4~5岁幼儿的发展指标

1. 能够专心地观看自己喜欢的文艺演出或艺术品，有模仿和参与的愿望。

这个时期的孩子很喜欢去剧院和美术馆欣赏文艺表演和美术作品，当他们看到一些民族地区的传统工艺和服饰，如刺绣、银饰、木雕等，他们能够集中注意力聆听和观看喜欢的艺术作品，并有自己的想象和理解，同时，他们在欣赏喜爱的艺术形式和作品时，有模仿和参与的愿望。心理学认为，模仿是人类的一种非常重要的学习手段，幼儿正处在学习和模仿的阶段，尤其是当他们在欣赏喜爱的艺术形式和作品时，他们会有强烈的模仿和参与的愿望。4~5岁的孩子模仿性很强，他们经常会模仿周围的人或事物，模仿年龄大的孩子，模仿大人，也会模仿小动物的叫声或动作。但是由于幼儿年龄较低，心理还很不成熟，辨别是非的能力较低，以至于不能正确分辨哪些是值得模仿的，哪些是不值得模仿的，所以教师一定要慎重对待幼儿的模仿行为。

2. 欣赏艺术作品时会产生相应的联想和情绪反应。

在婴幼儿时期，孩子的情绪变化往往被外界情境所支配，随着年龄的增长，他们自我调节能力逐步增强，情绪情感趋于稳定。4～5岁的幼儿在欣赏艺术作品时，对情绪情感对比鲜明的艺术作品有不同的情绪反应。艺术是人类的情感态度和生活方式的创造性体现，任何艺术形式都包含了特定的情感和思想，4～5岁的孩子在欣赏艺术作品时，已经能够初步识别一些简单艺术作品中所表达的情感和情绪，并能够做出相应的反应，但是由于他们智力发展水平相对比较低下，对那些情绪情感对比比较鲜明的艺术作品的情绪反应会更加突出和强烈。如看到小羊被老狼残忍地吃掉，他们会痛哭失声，看到灰太狼被喜羊羊捉弄，他们也会跟着大笑大跳。这也充分说明艺术教育的合理开展能促进幼儿情绪的逐渐丰富。

同时，他们也能跟随熟悉的音乐合拍地做身体动作，表达愉悦的情绪。音乐是靠声音组成的，幼儿凭借听觉来感受音乐，同时音乐又是抒发情感的艺术，看似简单的音乐也能够成为传递人类情感的手段。虽然说音乐是听觉艺术，但是“音乐不仅用听觉，有时它还通过全身来感受音乐。比如，对于节拍、节奏和力度等，就不仅仅是通过听觉来感受的”（姚思源，1992）。所以，幼儿有些时候会用身体的动作来迎合熟悉的音乐节拍，如幼儿园中经常开展的幼儿音乐律动教学，这里所谓的律动就是指一种有节奏的肢体运动。

◆5～6岁幼儿的发展指标

1. 艺术欣赏时常常用表情、动作、语言等方式表达自己的理解。

“幼儿晚期幼儿对美的标准的理解和美的体验都有了进一步

的发展，逐渐会把艺术作品和真实对象加以比较，逐渐会欣赏艺术作品，能初步判别什么是美的，什么是不美的。”（潘庆戎 等，2005）这也说明，这个阶段的孩子在欣赏艺术作品时，能通过自身的理解来发现其中情绪情感的变化。同时在欣赏艺术作品时往往加入自己的语言和动作。比如他们在玩游戏时，会扮演自己喜爱的影视作品形象，如奥特曼、阿童木、大力水手等，当他们在看动画片的时候，也会跟着里面的情节手舞足蹈。所以这个年龄段的孩子对美的标准和体验又有了进一步的发展。

他们欣赏艺术作品的专注还体现在音乐方面，他们能区分强弱、快慢对比鲜明的歌曲、乐曲等。5～6岁的孩子感知分化得更加细致，感知活动的目的性也在逐步提高，此时，教师可以为幼儿提供一些情绪情感鲜明（如摇篮曲、进行曲、舞曲）或不同风格（如歌曲、戏曲）的音乐作品，并鼓励他们用语言、动作、绘画等多种方式表达自己的感受和音乐的特点。5岁以上的幼儿可以欣赏有明显情绪或乐段变化的音乐作品，但是无法感知音乐中力度和速度的细微变化，所以，正确的音乐欣赏教育应该让孩子们感知简单、对比鲜明的曲式，发展他们对音乐的感受力和理解力。

2. 愿意和别人分享、交流自己喜爱的艺术作品和美感体验。

5～6岁的孩子与人交往的意识较前期有了更大的提升，他们渴望在同伴和教师那里得到认同，当看到喜爱的艺术形式和作品时，他们愿意和别人交流，也愿意表达自己的想法。如这个时期的孩子美感体验逐步丰富，在音乐方面，他们能感知歌曲、乐曲中重复出现的乐句或乐段，能够正确辨认熟悉的音乐作品中的情绪、性质，感知音乐作品中的细节部分，初步理解各音乐手段的表情作用。如在学习音乐欣赏课《奇妙的大森林》时，他们会跟同伴交流，在乐曲中高音区跳跃的旋律表现出了小松鼠的欢快，低音区缓慢的旋律则代表了大象的稳重。在分享美感经验的同时，孩子们都感受到了音乐带给他们的快乐。

三、幼儿“感受与欣赏”能力发展与培养的教育建议

《幼儿园教育指导纲要（试行）》对艺术领域内幼儿对美的感受与欣赏能力的教学要求提出了明确的规定：“引导幼儿接触周围环境和生活中美好的人、事、物，丰富他们的感性经验和审美情趣，激发他们表现美、创造美的情趣。”幼儿期是幼儿感受、欣赏美的最佳时机，但是当前的幼儿艺术教育现状不容乐观，在很多艺术课程的设置上忽视了幼儿对艺术的感受，技能的传授偏于形式化，在此背景下如何更好地培养幼儿对艺术的兴趣，提高幼儿感受和欣赏美的能力，我们提出以下实施策略与活动：

（一）培养幼儿艺术欣赏的兴趣

兴趣是孩子们在学习过程中最大的推动力，俗话说“兴趣是最好的教师”，所以在培养幼儿“感受和欣赏”能力时，教师应该充分尊重他们的兴趣、欣赏习惯和独特感受，不要求统一。如在欣赏艺术形式和作品时鼓励幼儿畅谈自己的感觉和喜好，并鼓励稍大些的幼儿在看到喜爱的舞蹈、戏曲、绘画和工艺品时要善于介绍并及时作出自己的评价。逐渐引导幼儿感知、分辨艺术作品中的基本要素（如音乐作品中的音色、速度、力度，视觉作品中的色彩、线条、形状等），比较不同艺术作品在要素上的不同，初步感知艺术要素对作品情绪情感和整体风格的影响。当幼儿主动表达自己看到的或喜爱的艺术形式或作品时要耐心倾听并给予鼓励，对那些不愿用语言表达的幼儿也不强求。

在绘画教学方面，教师应指导幼儿逐步感知艺术作品中色彩、线条、形状、结构等视觉要素的主要特点，以兴趣的培养为第一位。如在大班科学活动“寻找我们身边的线条”中，可以让孩子们

充分地学会用线条的不同形态来表达情感。活动开始，让孩子们先欣赏幻灯片，如斑马的条纹（动物），挺拔的白杨树（植物），高耸的人民英雄纪念碑（建筑物），优美的民族舞蹈动作（艺术），然后让孩子们带着兴趣去寻找生活中常见的一些线条。当孩子们寻找线条的热情被充分激发起来之后，教师继而总结，线条是以多种形态存在的，线条的存在可以让我们的生活更加丰富，从而培养孩子们发现美和感受美的能力。

此时要注意的问题是，当孩子们对喜爱的艺术作品表现出极大热情的时候，我们不应一味地指责他们“人来疯”，我们应该对幼儿在欣赏艺术形式和作品时的手舞足蹈、急于表达和立即模仿等行为给予理解，在不影响他人的前提下应予以鼓励，如果成人们总是压抑孩子们表达的欲望，会让他们逐渐失去艺术欣赏的兴趣。

（二）根据幼儿的发展特点创设适宜的活动

3~6岁幼儿的生理和心理都有突飞猛进的发展，随着社会生活范围的扩大，他们的智力因素和情感因素也在逐渐丰富，教师应根据幼儿的这些特点创设适宜的欣赏活动。

幼儿期是想象力发展最为活跃的时期，想象几乎贯穿幼儿的各种活动之中。4～5岁孩子在想象活动开展之前已经有了明确的主题，并且想象的内容涉及面也比之前宽广很多，有一定的情节，想象内容的新颖性程度也在逐渐增加。（陈帼眉，2003）[174]

拿6岁的孩子来说，这个时期的孩子想象表现出相当大的自由，他们的想象力较之前有了更大的提高，逐渐脱离开知觉形象的束缚，他们喜欢尝试新鲜的事物，能够富有想象力地欣赏艺术作品，根据契雅琴科（1980）等人的研究显示：这个阶段的孩子的创造想象力发展到很高的水平，他们能够把研究者提供的图片中的一些未完成的图形作为细节，纳入形形色色的事物的形象中，从而保证了相应的想象形象的极大新颖性。比如他们把正方形当做机器人的眼睛，而不再像小班的孩子那样把正方形都画成了机器人的头或是电视机。（陈帼眉，2003）[165]

教师应根据幼儿的想象特点开展一系列的艺术欣赏活动。如让孩子们观察四季的变化，带孩子去看各种文艺演出，让孩子们模仿自然界的各种声音，顺应幼儿的特点组织活动。

再如，幼儿对颜色的感知也是随着年龄的变化而逐渐发展的。天津师范学校在对3～7岁幼儿的研究中发现：幼儿根据直观范例正确选择颜色的百分数都很高，其中3～4岁幼儿能够辨认红、橙、黄、绿、天蓝、蓝、紫等7种颜色的百分数平均达到97%，而4～5岁以后则为100%。（陈帼眉，2003）[64]从这个数据中，我们可以看出，5岁的幼儿颜色视觉发展稳步提高，对艺术作品中的色彩、线条、形状和结构的特点都能有很好的感知，如我们在幼儿园中开展的美术教学《学画格子布》，就可以根据幼儿的这个特点，按照格子布的特征（它是由横线、竖线、斜线组成的）来组织教学，教师要指导幼儿感受线条的变化，提高他们对色彩、线条或形状的敏感度，丰富他们的美感体验。

此外，我们在根据幼儿生理特点、年龄特征和审美能力发展水平组织艺术欣赏活动的同时，还要考虑到选择那些贴近幼儿生活、与他们生活经验密切相关的艺术教育内容。如小班的孩子欣赏多以花草为主，这时教师可以适当引入一些小动物的形象，如小狗、小猫、小鱼等，逐渐积累孩子们的形象经验；中班的孩子多以欣赏服装、建筑物、玩具为主，教师可以适当穿插一些美术作品，让孩子们提高对颜色的感知和敏感度；大班的孩子以欣赏绘画作品和泥塑为主，教师可以引导他们对色彩、构图的基本认识，普及他们艺术欣赏的经验，以提高他们的审美表现能力。

（三）创设适合幼儿发展的艺术教育氛围

正如“艺术的本质是审美，艺术教育的本质是审美教育，艺术教育是通过审美来育人的，其独特之处就在于愉悦的氛围中，潜移默化地对幼儿进行美的人格的塑造”（沈建洲，2002），所以，艺术教育氛围的营造对培养幼儿的审美意识至关重要。我们要尽力挖掘幼儿园周围环境中潜在的艺术教育价值，为幼儿创设一个良好的艺术学习环境。如我们可以为幼儿创设一个富有审美情感色彩的日常学习和生活环境，挑选一些色彩丰富、内容有趣的物品来布置室内环境，同时可以结合教学中的艺术欣赏目标进行环境创设，努力为幼儿提供一个丰富的审美空间。

艺术教育是整个教育体系中的重要组成部分。绘画，对孩子来说是一种很重要的表达方式，对幼儿的身心发展具有重要意义。在此过程中，幼儿大脑、肌肉都在参与活动，各个方面的能力都能得到锻炼。其中要特别注意色彩和主题的运用，要尽量选择那些明亮干净的色彩，主题也要符合幼儿日常生活实践，如可以定期举办以音乐、美术、文学等形式为主题的艺术活动，使艺术教育贯穿在幼儿生活和学习的方方面面。

教师应努力为幼儿创设一个具有健康趣味、丰富多彩的艺术生活环境。如经常用收音机、录音机、电视等为幼儿选择和播放适合他们欣赏的艺术作品；用图画、工艺品、手工制作等装饰和美化环境；经常带幼儿参加庙会、花会、各种民间庆典、民俗文化活动和节日庆祝活动，观看文艺表演和皮影戏、剪纸、捏面人等民间艺术活动。还可以有意识地提供或选择适合幼儿的多种形式和风格的美术作品、音乐、动画片、电视节目等，并和他们一起欣赏，在期间利用适当的时机对他们进行审美教育。

同时，在日常生活中，教师也可以鼓励和欣赏幼儿收集的自然或生活中美的物品（树叶、花草、石头等自然物，小工艺品、好看图案的包装盒、漂亮而有益的广告页，等等），并和他们对此进行交谈。让他们学会分析收集品的颜色、形状、图案等特点，说说自己的感觉和喜好。（提示：在交谈中鼓励幼儿表达自己的想法和看法，不要总是纠正他们的说法。）这些良好教育氛围的营造都能在潜移默化中影响幼儿对美的事物的感知和欣赏。

（四）追求教学内容的综合化、多样化

幼儿年龄小，心理发展还不成熟，对艺术标准的认识存在一定的偏差，如何让幼儿掌握优秀艺术作品的内容精髓，教师还需要多下一番工夫。在幼儿期，我们给幼儿提供的艺术教学内容应该注重下列特点：

1. 艺术教育和各学科教学有机结合

《3～6岁幼儿学习与发展指南》把幼儿学习与发展的内容划分为五大领域：健康、语言、社会、科学和艺术。这五大领域标明了幼儿在园所中的学习范围，而不是要硬性分割幼儿的学习内容。所以，在幼儿的艺术教育教学活动中，教师应该注重各学科、各领域的有机结合，形成一个有益的教育整体。如果过于注重各门学科的专门化，会造成教育资源的浪费。如在美术活动中可以贯穿儿歌教学，在手工操作中可以引入科学教育，在歌唱和舞蹈活动中可以增强孩子的团队意识和合作能力等。总之，“幼儿的艺术活动是一种手、眼、脑并用的活动，它需要幼儿用视觉、听觉等感官去感知审美对象，用脑去想象、理解、加工审美意象，用语言或动作以及其他非语言方式去表达自己的审美感受，通过操作工具和材料去表现自己的思想情感和所见所闻。”（孔起英，2005）[31]

试举例说明：在中班诗歌《家》的教学活动中可以体现艺术教

育内容的综合化。《家》这首诗歌帮助孩子们用自己的视角去看待周围不熟悉的事物，扩大了他们的经验范畴。该教学活动的目标除了让幼儿理解欣赏诗歌的语言和意境，把握诗歌的情感脉络之外，还让孩子们懂得一些基本的生活经验，如珊瑚生长在大海里，云朵变黑说明就要下雨了，石油埋在很深的地底下，蘑菇长在森林里。这种教学活动的综合化，能使得教育资源得到充分的利用。

2. 艺术活动游戏化

前苏联著名的教育家克鲁普斯卡娅曾经说过："对幼儿来说，游戏常常是最实际的学习方式。"幼儿的很多认识活动都是在游戏的过程中得到实现的。艺术教育活动以培养幼儿的审美感受能力为主要目的，教师可以有目的地引入适当的游戏活动以增强幼儿的艺术审美趣味。黄人颂认为："在幼儿自愿的、自由的游戏活动中，引导他们反映现实生活中美的事物，美的行为，美的语言。……为此在游戏的内容上，在游戏的方式上，以及玩具的选择和使用上，要使之有利于美育任务的实现。"（黄人颂，1989）[234]

如在小班童话欣赏活动《小兔子找太阳》中，教师可以根据作品开展表演游戏，教师可以操纵兔子木偶展开活动，教师扮演兔妈妈，孩子们扮演小兔子，教师用一系列的动作和场景来提示幼儿开展活动，在游戏的过程中，引导幼儿感受太阳的形状、色彩和特征。在游戏中，孩子们获得了初步的审美体验。

又如，在指导幼儿辨别颜色时，也可以选择到大自然中去，或在游戏中进行。我们可以告诉孩子们：太阳是红色的，树叶是绿色的，柿子是黄色的，大海是蓝色的。当孩子们对颜色有了基本的认识之后，我们再去引导他们逐步观察周围生活中颜色的变化，并提出一系列的问题，如：树叶永远是绿色的吗？天空永远是蓝色的吗？随着问题的解答，孩子们会惊奇地发现，颜色不是一成不变的，也是在不断变化的。在这个过程中，也培养了他们对事物的观察能力。对于形状的认识也是如此，可以在生活中、游戏中引导他们认识正方形、长方形、三角形、圆形等基本形状。

（五）加强活动过程的指导

《幼儿园教育指导纲要（试行）》“艺术”领域的指导要点对教师的指导作用提出明确的要求：教师的作用应主要在于激发幼儿感受美、表现美的情趣，丰富他们的审美经验。

“在艺术教育中要充分认识幼儿的潜能，保护其艺术天性，在引导其自然发展的基础上，在需要的时候给他们提供帮助，而不是无视幼儿与生俱来的艺术潜能，另起炉灶，按照成人对艺术的知识和标准去要求幼儿，对幼儿施加教育影响。”（边霞 等，2003）例如在美术教学中，教师可以进行初步的色彩教学尝试，逐步培养幼儿对色彩的感知能力，从而发展他们的艺术思维。如可以据此开展一些绘画、泥塑等艺术欣赏活动，或者在生活环境中展示一些适合幼儿观看的视觉艺术作品。

再如在音乐教学中，教师应合理指导幼儿开展音乐律动教学，就是让孩子们在音乐的情绪起伏中用身体的各个部位来感受音乐、理解音乐，从而达到提高幼儿欣赏音乐美的效果。教师们应该对幼儿在欣赏各种艺术形式和作品时手舞足蹈、即兴模仿等行为给予理解；对幼儿模仿别人的唱歌、跳舞或表演等行为给予鼓励。此外，教师还应有意识地为幼儿提供一些特点鲜明、差异显著的艺术作品，引导他们欣赏和分辨，可以多利用故事、诗歌、歌曲、影视作品中富有感染力的优秀艺术形象作为幼儿模仿的榜样，引导他们接触好的艺术形式和作品，形成良好的道德品质。如懂礼貌、坚强勇敢、不畏苦难、乐观向上的品质，都可以从优秀的艺术作品中找到范例。比如，当孩子们在看了动画片《孙悟空大闹天宫》后，对孙悟空的本领佩服不已，孙悟空被压在五行山下不能动弹时，会激发他们对孙悟空不幸遭遇的深深同情。此时，教师应该积极参与其间，共同来分享孩子们的喜怒哀乐，引导他们对事物正确的判断力。

此时应该注意的问题是，教师的指导方式不能生硬，不能按照自己对艺术作品的理解去要求幼儿，应该以幼儿为主体，充分发挥作为导师的作用，要做好活动的组织者，顺应幼儿的情感愿望，引导他们去探寻周围环境中蕴含的美，指导幼儿学会用艺术的眼光观察生活，逐步提高他们的艺术欣赏能力。比如在中班教学活动《森林里的声音》，就是根据幼儿喜欢有特点声响的因素来组织教学的。在活动中，教师可以收集或自制一段有关“森林里的声音”的录音磁带，如孩子们比较感兴趣的动物形象的声音，如小鸟、老虎、大象、狼和狮子等的声音，让孩子们通过听录音尝试描述各个动物的叫声特征和形象特征，进而丰富他们的认识特点和发展他们的语言表达能力。

四、幼儿“感受与欣赏”能力培养课程与区角活动的关系

幼儿园区角活动又称为区域活动，是指这样的一种教育方式，即教师根据幼儿园的教育目标和幼儿现有发展水平有目的地创设多样化的活动环境，投放一定的活动材料，让幼儿按照个人意愿和能力以操作摆弄为主要形式进行个别性自主学习。它是集体教育活动的补充和调整，是实施个别教育，促进幼儿个性发展的有效途径。（张琴，2009）区角活动作为介于教师预设与幼儿生成性活动之间的一种学习方式正在日益被幼儿园广泛采用。

从上述概念中可以看出，区角活动注重从幼儿的学习兴趣和需要出发选择活动内容，准备活动材料，在活动的过程中注重调动幼儿主动探究和积极体验的兴趣。对于一线的幼儿教师来说，可以利用文学、音乐、美术等艺术区角的活动来让幼儿自主地发展其“感

受与欣赏”的能力。

（一）文学区角

文学是指以形象、生动、精炼的语言文字为工具，形象化地塑造人物形象和反映客观现实的艺术，它对幼儿有着极大的吸引力和感染力。在文学区角中，教师可以给幼儿提供丰富的读物，指导幼儿自己阅读或与教师共同阅读，使孩子们通过看、听、说等多种感官形式来感受和体验文学作品中美的事物。文学区角的创设，既让幼儿学习到了文学语言，又让他们享受到优美艺术的熏陶。此外文学区角的创设还能培养幼儿热爱图书的情感。

现在很多幼儿园开展绘本阅读教学，绘本又称为“图画书”，是一种以图画为主，配有少量文字的书籍。很多专家一致认为：绘本是最适合幼儿阅读的一种图书形式。教师可以在文学区角中根据不同的主题投放不同的绘本作品，让孩子们在听故事中品味书中的绘画艺术，在欣赏绘画中理解文字，让绘本教学成为幼儿心灵愉悦、提升审美的情感体验。如让孩子养成良好的生活习惯，可以让他读一读《根本就不脏嘛》《鲁鲁的房间》《收拾屋子？明天再说吧》等；引导幼儿感受生命的意义，可以给他们讲讲《外公》《獾的礼物》《一片叶子落下来》等；让孩子们懂得成长的经历，可以让他们读《爷爷一定有办法》《花婆婆》《我是霸王龙》等；让孩子们了解四季的变化，可以让他们去看看《来吧，让我们一起认识春天》《蚂蚁和西瓜》《木之绘本：秋叶》《山林里的故事：雪花飘了》等。绘本通过色彩鲜艳的图画、充满童趣的语言给孩子们带来独特的审美感受。

（二）美术区角

“美术是以线条和色彩塑造形象的视觉艺术，具有直观性、可视性，对幼儿有强烈的感染力。”（黄人颂，1989）[233]幼儿的美术活动形式多样，有画图画、折纸、泥塑等。教师可以根据季节的变化，组织不同的区角活动。春天到了，教师可以找来反映春天的图画书让孩子们观察春天的变化，让孩子们熟悉树枝嫩芽的颜色、迎春花的颜色等；夏天到了，教师可以让孩子们找来各种成熟的水果造型，并配以生动的儿歌，在儿歌的教学中加深对水果的认识。

这里要注意，在材料投放时，教师要经常更换材料，并保持幼儿与活动材料之间的互动。通过这些美术活动，培养幼儿对美术作品的理解和欣赏能力，既提高了幼儿对美术的兴趣，又发展了他们的观察力和想象力。

（三）音乐区角

音乐是以声音塑造艺术形象的听觉艺术形式。随着年龄的增长，幼儿可以接受更多样式的音乐内容。年龄大一些的孩子能够掌握音乐的结构，能正确分辨出歌曲和乐曲中明显的重复和变化关系，从而较自觉地从音乐中获得各种经验，所以说，音乐区角是孩子们进行音乐初步感受的非常好的场所。在这里要注意一个问题，要针对不同年龄阶段孩子的特点选择不同材料来投放。针对小班的孩子，教师可以多选择一些形象逼真的材料，如布置色彩鲜艳的舞台背景等；针对中班的孩子，可以自制一些表演道具，让孩子在合作中体会音乐的乐趣；针对大班的孩子，要充分考虑到他们的兴趣，从激发智力入手，发展他们的想象力，可以提供一些歌词挂图或节奏图谱等。这样在活动的开展过程中，让孩子们逐渐加深对音乐的认识。

五、幼儿“感受与欣赏”能力发展与培养的评价

对幼儿进行美的教育，要重视其中情感的作用。“人们用语言、文字、线条、色彩、曲调等形式来表达自己的情感和对周围世

界所抱有的激情态度，这就是文学、绘画、音乐等文艺作品产生的认识基础。”（成有信，1993）在美育的过程中，如何根据一定的教育价值观和教育目标，采用科学的手段，对整个教育活动作出价值判断，为提高教育质量和教育决策提供依据，这一过程就被称为教育评价。

后现代课程观强调评价标准要注重活动的过程而不是活动的结果。我们在评价幼儿“感受与欣赏”能力的发展水平时，也应该以后现代课程观的评价原则为依据。例如，在幼儿的美术活动中，教师评价幼儿的作品，不能简单用“像不像”来评价，而应该关注幼儿在整个活动过程中的表现，如他们在其中呈现出来的热情、兴趣等。我们不可能把所有的孩子都培养成音乐家和画家，但是如果我们能保护孩子们对艺术活动的兴趣，引导他们正确欣赏艺术作品，他们也会用良好的心情去欣赏生活中一切美的事物，从而促进他们情感体验的丰富和提高。（周俊鸣，2000）

第三节　表现与创造

幼儿的思维是相当开阔的，伴随着想象力和思维力的提升，他们不再仅仅停留在欣赏艺术形式和作品的阶段，而是能够根据一定的目的和任务，运用掌握了的信息，积极开展思维活动，产生出某种新颖、独特的带有明显个人特色或价值的产品，这种能力就是我们通常所说的创造力。在幼儿期，幼儿对各种艺术形式都表现出极大的热情，教育工作者应把握这个契机，积极推动幼儿艺术能力的发展。

一、幼儿“表现与创造”能力发展与培养的研究背景

《幼儿园教育指导纲要（试行）》中提出“艺术领域”的目标之一是：“能用自己喜欢的方式进行艺术表现活动。”同时提出内容与要求，其中有规定：引导幼儿接触周围环境和生活中美好的人、事、物，丰富他们的感性经验和审美情趣，激发他们表现美、创造美的情趣；提供自由表现的机会，鼓励幼儿用不同艺术形式大胆地表现自己的情感、理解和想象，尊重每个幼儿的想法和创造，肯定和接纳他们独特的审美感受和表现方式，分享他们创造的快乐；在支持、鼓励幼儿积极参加各种艺术活动并大胆表现的同时，帮助他们提高表现的技能和能力。

从《纲要》的精神中可以看出，培养幼儿进行艺术活动时要提倡幼儿的参与性，充分挖掘其表现形象的潜力。孩子由于年龄小，认识生活范围有限，他们通常凭借直觉来认识事物，教师应该“积极引导他们内在自然的创造意识，使之与有意识的经验多次相互作用，形成一种既受内在深层结构本身秩序制约，又和外部世界具体实物形象达到同形或同构的新模式”（杨培，2008）。这个过程就是幼儿创造力形成的过程，幼儿在新经验获得的同时发展了自身的表现和创造能力。

关于幼儿创造力的构成特征，国内外很多学者做了大量研究，并提出很多解释。美国心理学家保罗·托伦斯（1966）编制了《创造性思维测验》，特别是针对幼儿创造力的个性特点提出了研究；美国学者谢弗（1973）认为创造性高的幼儿具有独创性和独立性等特征。并且许多学者认为幼儿期是幼儿创造力的萌发时期，他们通过对幼儿的绘画、音乐、手工等活动的分析，得出了一些关于幼儿创造力表现和发展的特点，如马克认为，年龄大一些的孩子创造性想象成分多，持续时间长；托伦斯发现3~5岁是幼儿创造性发展较

高时期；我国学者潘洁在对3~6岁幼儿发散性思维的测验中发现，6岁以前的孩子发散性思维随年龄增长而逐渐提高。由此也可以发现，在幼儿期培养幼儿对艺术的表现与创造能力是开启幼儿智慧的重要保证。

二、幼儿“表现与创造”能力发展与培养的标准与内容

《幼儿教育指导纲要（试行）》中指出：提供自由表现的机会，鼓励幼儿用不同艺术形式大胆地表达自己的情感、理解和想象；指导幼儿利用身边的物品或废旧材料制作玩具、手工艺品等来美化自己的生活或开展其他活动；为幼儿创设展示自己作品的条件，引导幼儿相互交流、相互欣赏、共同提高。然而《纲要》只是笼统地指出了幼儿表现与创造方面的发展目标，但具体到各个年龄段，幼儿在表现与创造方面应该达到何种水平呢？

（一）喜欢进行艺术活动并大胆表现

《幼儿园教育指导纲要》（试行）中艺术领域的目标规定：喜欢参加艺术活动，并能大胆地表现自己的情感和体验；能用自己喜欢的方式进行艺术表现活动。这里强调了在欣赏艺术活动的同时，鼓励幼儿积极参与其间，用自己特有的方式呈现自己对艺术活动的喜爱。那么在艺术活动中的表现这方面，3～4岁、4～5岁、5～6岁幼儿各应该发展到何种水平呢？

◆3～4岁幼儿的发展指标

1. 经常自哼自唱或模仿有趣的动作、表情和声调。

我国著名的幼教专家陈鹤琴先生曾经说过：“音乐是幼儿生活的灵魂。”所以，幼儿参加艺术活动是他们进行自我表达的重要方式之一，《幼儿园教育指导纲要（试行）》中也多次强调艺术是幼儿“表达自己的认识和情感的重要方式”，因为艺术形式或作品中

的丰富的情感总能感染幼儿的心灵，他们也愿意通过艺术活动来抒发自己的感受、体验和情绪，孩子们高兴的时候总会跟着歌曲哼哼唱唱，或跟着别人唱唱跳跳。而且他们喜欢模仿，他们会不自觉地学会大量的广告用语，看过一些警匪片后，会对其他小朋友或爸爸妈妈说“不许动”，会模仿老爷爷走路的样子，对电视或生活中发出的有意思的声调也会去照着学。这时候教师不要认为孩子的这些表现是“讨人嫌”，应该看到他们正是通过这些方式表现出对艺术活动的喜爱。

2. 经常涂涂画画、粘粘贴贴并乐在其中。

我们经常把3～4岁孩子画画的阶段称为幼儿绘画的涂鸦阶段，他们开始尝试用身边的材料涂涂画画、折折剪剪。我们会发现3岁孩子的绘画往往没有明显的作画意图，但是兴趣非常浓厚，这体现了孩子早期的创造意识，是孩子们绘画能力的最早体现。而4岁的孩子在画画时已经从随意涂抹发展为有意涂抹，他们会根据主题画出相应的图案，并能根据图案讲出有意义的对话。并且他们会对折纸、剪纸产生浓厚兴趣，这些活动可以锻炼他们的手部精细肌肉动作能力，从而使他们的左右脑得到充分的开发，同时也能培养他们的好奇心和求知欲。

◆4～5岁幼儿的发展指标

1. 经常唱唱跳跳，愿意参加歌唱、律动、舞蹈、表演等活动。

这个年龄段的孩子活泼好动，喜欢参加各种音乐活动，如有个人演唱的“卡拉OK”或表演的“小小舞蹈家”，有小组合作的“时装表演”，也有集体表演的“旋转小舞台”等。孩子们在表演中体会到了快乐并增长了自己的自信力。

2. 经常用绘画、捏泥、手工制作等多种方式表现自己的所见所想。

我们经常会发现孩子们在画画、手工制作、游戏活动中与同伴交流，或自言自语。比如在泥塑课上，孩子们会捏出小鸭子、小狗、小花猫，然后根据这些实物来自己编排情节，让这些小动物一起做游戏，让小狗去小猫家做客，让小鸭子捉鱼来送给小猫。他们还能根据自己画的图画编故事等。

◆5~6岁幼儿的发展指标

1. 积极参与艺术活动，有自己比较喜欢的活动形式。

5~6岁的孩子参与活动的目的性更加明确，他们对于幼儿园开展的一些艺术活动表现出明显的喜好。有些孩子喜欢捏泥，他们熟悉泥土的特性，着迷于泥土捏出的各种形状，虽然捏制的技术稚嫩，但是他们乐此不疲。有的孩子天生就喜欢戏剧表演，对于幼儿园里开展的各种表演活动，他们都热心参与，即使是演个不重要的小角色，也都很开心。

2. 能用多种工具、材料或不同的表现手法表达自己的感受和想象。

幼儿学会借助恰当的工具和材料进行艺术创作活动是幼儿思维灵活性的表现。5~6岁的幼儿已具有初步的逻辑思维能力，他们能根据活动的目的，在大脑中分析达到目的的不同方式，然后通过对比，选择最优的行为方式。能用不同的表现方式进行艺术创作活动，就是幼儿逻辑思维能力在实践中的具体表现。比如，幼儿会在蜡笔画过的地方再涂上水粉颜料看看会出现怎样的效果；红色的地方再涂上紫色和绿色看看会出现什么奇妙的景象；把折好的正方形再折两个对角看看会出现什么形状，等等。孩子们在选用材料的过程中得到满足，获得成就感。

3. 艺术活动中能与他人相互配合，也能独立表现

合作是指为了完成共同的目标，由两个以上的个体共同完成某一行为，是一种体现了个体间协调作用的最高水平的行为。合作作为幼儿的一种重要社会交往活动，在幼儿的社会性发展中

占有重要地位，体现了他们的亲社会行为，有助于满足他们的个体利益。比如，他们能够按照规定的角色进行戏剧表演，在规定情境中和伙伴良好配合并能发挥自己的想象，也能独立进行朗诵或演唱等活动，在独立表演中也能发挥出自己对艺术活动的初步理解。

（二）具有初步的艺术表现与创造能力

幼儿期是幼儿获得艺术表现力、创造力的最佳时期，幼儿可以通过感受生活中的色彩、形状、声音等来创造性地表达自己的情感体验，创造性地表达对事物的理解。幼儿园的艺术教育主要是指针对幼儿开展的音乐、美术、文学的教育。那么在培养幼儿具有初步的艺术表现与创造能力这方面，3～4岁、4～5岁、5～6岁幼儿各应该发展到何种水平呢？

◆3～4岁幼儿的发展指标

1. 能模仿学唱短小歌曲。

“在3岁以前幼儿已出现模仿性活动，但限于能力，模仿的活动还不多。3岁以后模仿性的活动非常突出，他们模仿过的多是一些具体的外部的活动或动作。”（梁志燊，1998）[131]而唱歌是表情达意的好工具，幼儿园音乐教育中非常重要的一项内容就是学唱歌曲，3～4岁的孩子最开始的音乐学习是模仿，通过多次的聆听和训练，他们逐渐在体验和感受的基础上模仿着和跟着教师学唱歌曲。

2. 能跟随熟悉的音乐做身体动作。

3～4岁的孩子对周围的生活更加熟悉，他们活泼好动，“有一定独立能力，富于想象，这些都是发展表现力和创造力的基础，表现力和创造力是幼儿才能发展的标志”。（梁志燊，1998）[140]如果他们跟随着音乐进行自编自舞的活动，对此，我们不要过于关注幼儿表演得好不好，而应把注意的焦点放在幼儿在表现与创造过程中的认真态度和坚持精神上。

3. 能用声音、动作、姿态模拟自然界的事物和生活情景。

爱模仿是孩子的天性，模仿不仅是幼儿学习的一个重要方法，也是他们能够正常与其他人沟通和交流的体现。当幼儿对外界事物和生活场景进行模仿时，他们好像可以停留在某一种系列的动作中，最终形成他们自己的能力。如孩子们喜欢学小猫小狗的叫声，学警报汽笛的声音，学大象走路的样子，学交通警察叔叔指挥的姿势等，在模仿的过程中，孩子们得到了情感的满足。

4. 能用简单的线条和色彩大体画出自己想画的人或事物。

绘画是以色彩、线条和形状作为艺术传达媒介的，一方面，绘画能展现客观对象的形式，另一方面，绘画也是幼儿主体情感的呈现。通过绘画这种形式，幼儿逐渐把对事物外在形态的模仿转化为主体审美情感。如他们会用红色表达自己喜悦的心情，用黑色和灰色表达伤心的感受，用简单的线条画出爸爸妈妈的样子等。

◆4~5岁幼儿的发展指标

1. 能用自然的、音量适中的声音基本准确地唱歌。

年龄小的孩子在唱歌时会出现说歌、大声喊叫、唱歌跑调的现象。4~5岁孩子随着知识经验和能力的发展，有意注意逐步发展，他们开始注意听教师唱歌的节奏和旋律，能够用自然的声音、适中的音量、合适的表情来演唱，唱的时候基本能做到发音准确和吐字清楚。

2. 能通过即兴哼唱、即兴表演或给熟悉的歌曲编词来表达自己的心情。

在欣赏音乐作品时，成年人可以很好地用语言或文字来表述其中的欢快、雄壮或柔美，但是由于语言组织能力较弱，4~5岁的孩子只能凭借对音乐作品的直觉感受，用律动或舞蹈、简单的编词来表现这些音乐情绪。比如在对《洋娃娃和小熊跳舞》这首歌曲的欣赏中，他们会跟着音乐的节拍晃动手臂、转圈，我们会发现每个孩子脸上都挂满了喜悦的表情，他们虽然不会用语言来描述，但是却能用舞蹈这种表演形式对自己快乐的心情进行细腻的表达。或者有的孩子特别喜欢给一些歌曲按照自己的生活经验编词，在自由哼唱的过程中表达自己喜悦的心情。

3. 能用拍手、踏脚等身体动作或可敲击的物品敲打节拍和基本节奏。

4～5岁的孩子开始出现了相对稳定的兴趣，他们喜欢跳舞、喜欢画画，节奏感强。当听到自己喜欢的乐曲时，能跟随着音乐拍手、踏脚。此时，教师可以搜集一些铁制品、塑料制品、玻璃制品等，让孩子有意识地去敲击这些物品，引导他们逐渐掌握敲打的节拍和基本的节奏。如在中班音乐活动《蛋炒饭》中，孩子们用碗、筷子、擀面杖、塑料桶、勺子等厨房用具，模仿打鼓的动作和声音，在音乐的配合下，孩子们跟着节奏一起敲打，充满了音乐的乐趣。

4.能运用绘画、手工制作等表现自己观察到或想象的事物。

年龄小的孩子，其想象受感知形象的影响很大，而年龄较大的孩子在想象时开始出现了有意想象的成分，在表现生活中的事物时能够采用多种形式，从多个角度看问题。对于色彩的感受，幼儿的内心世界远比我们成人要丰富得多。他们笔下的色彩可能与我们实际生活中的色彩很不一样，如月亮的脸是蓝的，大海是黑的……因为他们的绘画或手工制作常常是他们心中直观感受的表现。如在一次美术活动“我的爸爸”中，有个小朋友给爸爸画的眼镜片上颜色时，一个涂上绿色，一个涂上红色，当教师问她为什么这样涂时，她说：“爸爸的眼镜片是绿色的，但是当他生气的时候，一只眼睛好像变成了红色……”

◆5～6岁幼儿的发展指标

1. 能用基本准确的节奏和音调唱歌。

音准和节奏是构成音乐的基本要素。5～6岁的幼儿在唱歌时能够较好地把握歌曲的音准和节奏，能够恰当地表达歌曲的情绪，充满感情地表达歌曲的思想内容。他们能演唱国歌，在唱的时候小拳头握得紧紧的，音调基本符合标准。

2. 能用律动或简单的舞蹈动作表现自己的情绪或自然界的情景。

文学作品和音乐活动中通常有鲜明的主题，5～6岁的孩子不再是简单地体会作品中的形象带给他们的快乐，而是能看懂其中的主题，并根据作品的主题或情节进行创造性的表演，在此期间，能用一些律动和舞蹈动作表现自己的情绪。例如看了《狐狸和仙鹤交朋友》这个故事，孩子们也会模仿里面的情节进行表演，有的学仙鹤翩翩起舞，有的学狐狸蹑手蹑脚走路的样子。再如，秋天到了，孩子们在户外观察漫天飞舞的树叶时，他们会做出各种适宜的动作来表现树叶飘落的场景。

3. 能自编自演故事，并为表演选择和搭配简单的服饰、道具或布景。

随着年龄的增长，幼儿思维水平和智力程度都有很大提升，他们能够自主地创作快乐的、悲伤的、有趣的等各种主题的作品，并进行自主表演，能基本做到前后呼应，整体感强。正如刘剑眉（2006）在研究中发现："幼儿比成人接受的概念性教育要少得多，他们对世界充满好奇，通过直觉的创造性、灵活性和丰富的体验感受对已有的审美心理意象进行再创造，从而获得艺术创造的主动性。"在表演过程中，他们还能为表演制作头饰、道具，或布置舞台。

4. 能用自己制作的美术作品布置环境、美化生活。

5～6岁幼儿喜欢用自己收集到的东西加工成装饰品，制作物品，并用他们制作的美术作品布置自己的生活环境。如他们会把自己收集到的彩色纸剪成窗花，或把画报、海报中自己喜欢的形象剪下来做装饰。在自然区角布置中，孩子们把家里搜集来的鸡蛋壳做成了种子培育区，相同的鸡蛋壳长出不同的植物，既美化了生活，又引发了孩子不同的创作新意。孩子们可以在布置区角的过程中，学会如何做到多而不乱且富有美感，把物品布置得错落有致、色彩交替。

三、幼儿“表现与创造”能力发展与培养的教育建议

幼儿是最富有想象力和创造力的，但是当前的一些社会环境和不良教育方式却限制了幼儿的想象力，如何更加有效地激发和培养幼儿“表现与创造”能力是我们每一位教育者需要深入思考的问题。

20世纪美国著名的美术教育家罗恩·菲尔德在其专著《创造与心智的成长》一书中指出：“在艺术教育里，艺术只是一种达到目标的方法，而不是一个目标。艺术教育的目标是使人在创造的过程中变得更富有创造力，而不管这种创造力将施于何处。假如孩子长大了，而由他的美感经验获得较高的创造力，并将之应用于生活和职业，那么艺术教育的一项重要目标就已达成。”罗恩·菲尔德的思想在艺术教育界影响颇深，他的这种倡导以幼儿为中心的艺术教育模式，主张发展幼儿的创造性的思维模式也为我们今天在对幼儿进行艺术教育活动时提供了借鉴作用。

（一）利用多种途径提供艺术表现的空间

在幼儿园中，教师要给幼儿提供宽松的环境氛围，如利用身边的资源（如录音机、收音机、电视等）播放音乐、表演等，并鼓励

幼儿模仿、表现。当幼儿跟随着哼哼、唱唱、跳跳的时候，不应过多限制幼儿或给其施加精神压力，应尽可能多地为幼儿提供可以自由参与的条件和机会。教师除了引导他们欣赏音乐、表演等，还可以有意识地组织、邀请和鼓励幼儿参加一些艺术活动，如唱歌、律动、舞蹈和表演等集体音乐活动，让孩子们在愉快的艺术活动中培养美的经验，并达到陶冶情操的目的。

在幼儿园的音乐教学中，教师可以用手势或体态协助歌唱，可以利用音乐活动让幼儿配合做简单的动作，比如教师可以开展一些音乐游戏，借助一些小动物图片、动物头套或动物服装等，教师在此过程中，结合语言动作对幼儿进行节奏训练，利用情境或实物图片帮助幼儿熟悉歌曲旋律，提高他们的音准能力，让幼儿初步体验利用动作、姿态、歌声和他人沟通交流的乐趣。在做游戏的过程中观察孩子歌唱能力的发展，发现了问题及时纠正，让他们逐步养成正确唱歌的方法和习惯。期间教师可以说出一些动物名称，让孩子模仿着来进行游戏，比如小羊走路是嗒嗒的，大象走路是咚咚的，小老鼠的叫声是吱吱的，小狗的叫声是汪汪的等。通过模拟情景的再现，努力创造出学习音乐的生动活泼的气氛，让孩子体会到创造的快乐。

（二）鼓励和支持幼儿对工具、材料、声音等的探索

幼儿对周围的一切都充满了好奇，他们喜欢敲打看到的各种物品或乐器，对它们发出的声响兴趣十足，喜欢模仿这些声音。此时教师应该鼓励和支持幼儿对工具、材料、声音等的探索。精心呈现的物质材料会带给幼儿非常多的发展机会和可能性。“通过与设计巧妙的设备与材料的互动，幼儿将发展出大小肌肉的协调性，对外界的概念、创造性、社会技能和自我认知。”（Dorls Berbetl，2004）

教师要为幼儿提供各种工具、材料，在教室里放置一些可以敲打出声音的材料，如玻璃瓶、铁铝罐、积木、瓶盖、纸盒、小鼓、铃铛、木鱼等小乐器，或者是提供一些幼儿用竹片、木板、易拉罐等自制的乐器，鼓励幼儿探索各种物体发出的声音，模仿和尝试打出各种节奏、节拍。当孩子们表现出喜欢参与表演游戏时，教师可以引导幼儿根据一定的主题或内容选择适宜的工具、材料进行绘画、手工制作和表演等活动。如用各种废旧材料、报纸、塑料瓶、废纸、光盘、细绳、旧钥匙制作风铃，在鸡蛋壳、旧纸盒和泡沫板上画画，为表演幼儿剧《小熊请客》准备服装、道具等。同时我们也可以给孩子们提供足够的空间和时间，让他们沉醉在奇妙的探索中，同时给他们提供探索需要的工具和材料，如各种纸张、胶带、剪刀、蜡笔、水粉、瓶瓶罐罐等，引导幼儿在绘画和制作活动中尝试不同的工具材料，探索它们的多种用法，观察比较用不同材料或不同方法完成的作品的不同。需要注意的是，教师在给孩子们提供工具和材料时，要保证材料的丰富性，让他们多尝试不同的绘画材料和工具，要明确一个原则，绘画、制作或表演不是目的，培养幼儿对艺术活动的兴趣和习惯才是关键。

在音乐教学中，我们也可以有意识地让孩子们利用工具或材料探索声音的美感和奥妙。随着身心发展水平的提高，5岁的孩子开始从随意敲打转变为有意识地敲打，所以这个时候，教师应该引导年龄稍大的幼儿从自发的探索逐渐转向有意义的创作。如引导幼儿聆听和分辨用不同物品、打击乐器或敲击方法发出的声音在音色、强弱、长短、快慢等基本要素的不同，选择适宜的物品、打击乐器或敲击方法模拟自然界和生活环境中有特点的声响，用嗓音和身体动作发出不同的声响和节奏，用身体模仿某一具体事物或生活情景，用自然物、废旧物自制简单乐器等。例如教师可以根据本班幼儿的实际情况，提供不同的音乐材料，如给年龄较小的孩子提供容易打击的乐器，如手鼓、响板、手铃等，随着幼儿打击水平的逐渐提高，可以给他们提供更加复杂的乐器，如三角铁等，对大班的孩子，可以让他们通过废旧物的改造，自己亲手制作音乐区角的操作材料，充分提高他们参与音乐区角活动的兴趣。

同时在此过程中，教师应加强指导，如让孩子们敲打一个物品的不同部位或敲打不同的物品，听听发出的声音有何不同，引导他们观察声音的不同，体验声音的多样化。当幼儿的探索影响他人或有危险时，应及时给予引导，如：幼儿用力地敲打桌椅、瓶瓶罐罐或乐器时，发出了杂乱的声音，教师可以引导他“能不能发出轻一些的声音”或“让我们寻找更好听的声音”，或是根据这些简单的敲打能否编成简单的曲子供幼儿哼唱等。

在美术教学中，如我们在进行中班美术教学《天空中的云》时，教师可以首先让孩子们通过观察和回忆的方式唤起对云朵美的感受，再让孩子们用各种材料画出自己喜爱的云朵的造型。有的孩子画的云朵是白色的，有的画的是红色的，有的画的是方形的，有的画的是立体的，通过在创作云朵的过程中，培养了孩子们的想象力和形象思维能力。再如教师和幼儿一起看图画书时，除了讲述情节内容外，也一起观看画面人物造型的变化、色彩的运用等。鼓励幼儿用多种材料、多种表现手法（如夸张、变形、分解、组合等）尝试艺术创作。其中，手工制作也是非常好的一种方式，如教师可以给幼儿们提供干净的旧衣服、纱巾、彩带、画报、报纸、木棍等，让幼儿选用适当的材料做道具来表演或对一些环境进行装饰，可以利用身边材料装点环境，如：用好看的花布做窗帘、桌布；用废旧画报做门帘；用自然物或废旧材料制作成装饰品等。在教学的过程中，应该顺应幼儿的喜好，充分发挥幼儿在艺术创作中的主体作用。例如秋天到了，我们可以利用很容易找到的各种谷物，让幼儿在美术角自由创作，一方面使幼儿认识了各种谷物的名称；另一方面幼儿可以利用谷物天然色彩进行创作，既锻炼了手指协调能力，又增加了审美感。

例如，教师可以组织孩子们开展以“鞋子”为主题的美术活动。生活中鞋子是再普通不过的物品，如何让普通的鞋子在孩子们的手中焕发光辉，就需要孩子们充分发挥想象能力。教师可以让孩子们观察自己穿的鞋子，或是从家里带来爸爸妈妈的鞋子。活动开始后，有的孩子对鞋底的花纹产生了兴趣，他们让鞋底“舔”上五颜六色的颜料，印在白纸上，这时，一幅幅奇妙的图案就跃然纸上了。更有趣的是，等颜料干了之后，美妙的图案更是呈现出各具特色的形态，有的像盛开的鲜花，有的像斑马，有的像鱼的鳞片……还有的孩子用各种彩色丝带和印章等材料，对各自带来的鞋子开始了再加工。有的小朋友给鞋子粘上彩纸做的翅膀，成了一架直升机；有的孩子给妈妈的高跟鞋系上了五颜六色的彩带，成了一艘漂亮的游轮，等等。在对材料的探索中，孩子们感受到了创造的乐趣。

（三）选择适合幼儿发展的教学活动内容

幼儿园教学活动内容，是实现幼儿园教学活动目标的手段，适宜幼儿发展的教学内容对培养幼儿表现与创造能力发展有推动作用。如在音乐教学中，要考虑到选择歌曲的难易程度（音域节奏、吐字等）是否适合孩子的演唱表达能力。例如唱歌的音域：3～4岁是c1—a1，4～5岁是c1—b1，5～6岁是c1—d2。只有选用合适的歌教给幼儿，才能使音乐真正起到激励孩子的情感，培养他们高尚的情操，丰富他们的情感等作用。（张明红 等，2000）

教师应提供适合幼儿模仿、理解的歌曲、舞蹈或故事表演，鼓励幼儿多听、多看，让他们在欣赏中学习如何表现。在此过程中，教师要做到正确范唱、律动辅助和充满情感，采用多种方式激发孩子们对歌唱活动的兴趣。我们不要低估这时期孩子的模仿能力，这个年龄段孩子的主要学习方式就是模仿，他们通过大量的尝试、学习，最后达到了认识事物的目的。例如，在音乐活动中，教师通过开展各项音乐活动，让幼儿增强对音乐审美特征的敏感性，在不同的表演类型中学习音乐的技能，发展他们的音乐智能，进而全面提升幼儿的音乐素质以及在众人面前大胆表现的自信心，并让幼儿在音乐活动中学会合作，彼此分享成功的快乐。例如教师可以尝试结合不同的主题开展音乐区角活动，选择适合的教学内容，让孩子们学会用不同的乐器表现不同主题的节奏。

再如美术教学中，应该按照幼儿的年龄特点选择适宜的教学内容，注意应避免给幼儿提供着色画本，应该让幼儿无拘无束地发挥自己的想象，充分运用自己的感官去感受和体验生活，发挥他们的艺术创造力。

为了更好地说明选择适合的教学内容，下面选登一篇幼儿艺术教育活动案例，以资借鉴：

大班手工制作活动《我会设计相框》

活动目标：

1.激发幼儿创作相框的欲望。

2.鼓励幼儿大胆创作和装饰，培养他们动手能力和艺术想象能力。

活动准备：

家园共同收集多种相框，布置成“相框欣赏区角”。

活动过程：

1.幼儿自由欣赏、了解各具特色的相框，仔细观察每一个相框的设计。

2.提出任务：我们准备制作一批相框来布置班级环境，现在我们都来做小小设计师，给相框画设计图。

3.鼓励幼儿相互说说自己的想法，然后进行绘画设计，把自己喜欢的相框图画出来。

4.教师鼓励幼儿设计出有创意的相框。

5.把幼儿的作品粘贴在作品展示栏上，让幼儿相互欣赏、交流。

观察与反思：

家园共同收集的相框各具特色，给幼儿提供了充裕的创作灵感，孩子们的设计丰富多彩，有超人相框、苹果相框、时钟相框、游泳圈相框、大白菜相框、心形相框、花朵相框、火箭相框等。幼儿的创作如此出色跟欣赏相框的环节有很多关系，这也说明：任何创作都是建立在经验基础之上的。

评价该案例：大班的孩子想象力更加丰富，独立进行创作的意愿更加明显，在这次手工制作活动中，教师采用相框这种生活中太平常不过的东西加以提示，让孩子们充分利用自己的多种感官去尝试，在教师的鼓励下制作出各具创意的相框。这种教学内容是符合幼儿的年龄特点和发展规律的，实践证明，适宜的教学内容能促进幼儿艺术创作能力的充分发挥。

（四）挖掘幼儿的创造潜能

每个孩子对艺术作品都有自己的欣赏和判断能力，他们会依据自己的个性特点来选择不同的艺术表现方式。幼儿的创造能力是无限的，杜威说过："在教育上可以得出的一个结论是：一切能考虑到从前没有被认识的事物的思维，都是有创造性的。一个三岁的幼儿，发现他能利用积木做什么事情；或者一个六岁的幼儿，发现他能把五分钱加起来成为什么结果，即使世界上人人知道的事情，他也是个发现者。他的经验真正有了增长，不是机械地增加了另一个项目，而是一种新的性质丰富了经验。对于这些幼儿的自发行为，富有同情心的观察者莫不为之赞叹，这是因为看到幼儿具有这种理智的创造力。如果创造性一词不被误解的话，幼儿自己体验到的快乐，就是理智的创造性带来的欢乐。”（约翰·杜威，2001）

孩子们在绘画中，经常喜欢“涂涂抹抹”，教师在这个阶段，不要横加指责孩子的“乱涂乱画”，应该对他们自发的涂涂画画行为给予鼓励，尊重他们的好奇心，支持和鼓励他们的探索行为，理解他们因探索造成的“破坏”或“混乱”，如：将颜色混在一起，变成了“难看”的颜色。幼儿的想象不符合我们成人的逻辑，如他们有时候会把太阳涂成绿色，把大海涂成红色，看到这种情况，我们千万不能批评他们，要在尊重幼儿想象和创作的基础上，多鼓励他们，给他们正确的引导。孩子们在进行尝试的时候，如在尝试用剪刀戳、剪坚硬的物品时成人应给予帮助或为他们提供更适宜的工具。把必要的工具和材料，放在幼儿可以随时取放的地方。同时也不要刻意指示孩子们画这个、画那个，应该以培养孩子的绘画兴趣为主。教师尽量不示范，而是指导幼儿通过观察自然事物和欣赏不同风格的艺术作品，根据作品的主题或题材来学习如何表现。例如，可以通过相互观察笑脸以及欣赏夸张地描绘大笑的漫画作品，让幼儿发现大笑的特征，再画出自己心中大笑的样子。

我们可以在幼儿园中设置艺术涂鸦墙。有些幼儿园为了保持墙面的整洁美观，不让孩子们乱涂乱画，幼儿只能在纸上或作业本上进行作业，使幼儿发散思维和想象空间受到了很大的限制。该墙饰可以设计在走廊，在教师的指导下，孩子们大胆创造，把自己在生活中的所见所闻以画画的方式通过墙壁“说”出来，既不失生活的真实，又让幼儿丰富多彩的想象给墙饰设计以焕然一新的体验。

在我们的观察中，一般来说，性格活泼的孩子喜欢欢快的歌曲，在乐曲的伴奏下经常蹦蹦跳跳，他们喜欢用粗犷的笔触绘画，画面流畅有表现力；而那些性格文静的孩子喜欢优美的音乐，在作画时笔触更精细，画面严谨而丰富。对于这两种性格不同的孩子，教师要根据他们各自的优势，鼓励他们用自己擅长的艺术表现手法来进行创造，而不能简单地依据个人的喜好和成人的眼光让幼儿唱这个、跳那个，这样做只会压制幼儿的创造潜能，应给予幼儿更多自由发挥的空间，发现他们身上的思维闪光点，鼓励他们大胆创造，充分激发他们艺术表现和创造的兴趣。

（五）重视“鼓励”在幼儿艺术创造中的作用

教师应鼓励和支持幼儿大胆表现，对幼儿自发地进行音乐表演的行为给予支持和鼓励。孩子们可以反复地唱喜欢的歌，教师应该仔细聆听、观看幼儿的歌唱、表演和他们的介绍，用赞许的眼光、话语、动作等回应幼儿，如：在幼儿歌唱时为他打拍子，跟随孩子一起唱或跳，真正参与到他们的艺术活动中。

再如在美术活动中，不对幼儿的表达提出统一的要求，和幼儿谈论他们的作品时鼓励他们说出自己的想法和做法，尽量具体地用自己的感觉来赞美他们的作品（如：你的画用了这么多红颜色，就像过年一样热闹；你给小猫画了顶漂亮的帽子，相信它一定非常喜欢，等等），不用准不准、像不像来评价。对班里不敢表现的幼儿也要给予理解，通过教师或同伴的大胆表现和不断的鼓励慢慢影响和带动他们。教师还可以给孩子提供一些图片，教孩子们根据图片编故事，如果孩子们编得正确、合理，应该给予表扬，从而激发他们的兴趣和积极性。

教师还应鼓励幼儿多接触自然界与社会生活，仔细观察、体验、想象各种人、事、物的变化与特点，注意不要把自己的主观意志强行灌输到幼儿身上，让他画这个，不画那个，要充分让他们发挥想象，表现他们自己心中的世界。

四、幼儿“表现与创造”能力培养课程与区角活动的关系

“区角活动以个别化学习为主的方式，使尊重幼儿个别差异这一现代幼儿观得以真正体现。”（周素珍，2007年）在幼儿园的区角活动中，幼儿可以自主地按照自己的兴趣和爱好选择活动的主题，教师也能够根据每位幼儿的发展特点适时调整教育的内容与方式，有助于开出适合每个孩子的个别化教育方案。

现在国内很多幼儿园积极开展幼儿艺术活动体验课程，对课程与区角的关系进行了深入探讨，此处我们以杭州市大地幼儿园的幼儿艺术活动体验式课程为例，希望对各位教师有一些参考借鉴意义。体验式是一种审美策略，杭州市大地幼儿园在教学的过程中提出建立一种新的艺术教育课程，这种课程应具有体验性和综合性两大特点，能将美术、音乐、游戏、活动结合起来，采用“感受—体验—激情—表达”的教学模式，以美的感性教育为基础，以美的知觉体悟为核心，以美的情绪激发为依托，以美的情感表达为载体，进而实现幼儿艺术素养与健康个性的培养。（杭州大地幼儿园课题组，2002）

具体的操作过程有这样三种做法：

第一，选择动物园、植物园、花圃、园林和商场作为幼儿感受生活、积累生活经验的场所，并将很多艺术材料放置在一个大活动室内，让幼儿随意选择。在教师组织的一系列体验活动中，让幼儿对生活有更深刻的认识，并能够引导幼儿用自己喜爱的艺术表达方式传达自己对美的认识。

第二，课程实施通过两种活动形式来实现，分别是体验式活动和表达活动。利用各种手段，既让幼儿对事物和情景亲身去感受，

又让幼儿直接去体悟艺术作品中的思想感情。

第三，建立课程评价体系。在建立体验式课程评价体系时，适当淡化知识、技能，注重情感、想象和个性的挖掘。例如，对实验班的幼儿主要从他们对艺术作品的专注程度、情绪状态、大胆表现程度等几个维度进行考察。

从实验结果可以很清楚地看到幼儿艺术领域的各项指标得到很大的提升，笔者制作图表如下（杭州大地幼儿园课题组，2002）：

	艺术兴趣强	感受性强	想象力丰富	表现欲强	表达力强
实验班	75%	58.3%	60.6%	78.1%	70%
对照班	45%	35.7%	25.9%	35.7%	32%

五、幼儿“表现与创造”能力发展与培养的评价

艺术教育是幼儿全面发展中重要的一环，对幼儿艺术层面的表现与创造能力发展与培养的评价，能帮助我们了解每个孩子的特点，有助于我们尊重孩了之间的个体差异和发展他们的潜能。《幼儿园教育指导纲要（试行）》中指出：“教育评价是幼儿园教育工作的主要组成部分，是了解教育的适宜性、有效性，调整和改进工作，促进每一个幼儿发展，提高教育质量的必要手段。”采用合理的评价手段和方法为幼儿艺术能力的发展提供了保障。

此处我们介绍两种评价幼儿艺术能力的方法。

1.音乐才能核查表

这个核查表是由马乐 · B · 卡那斯（Merle B.Kannes）编制的，具体内容如下：

1. 表现出对音乐活动的浓厚兴趣。
2. 对音乐符号或情调反应敏感。
3. 能够轻易地重复短节奏。
4. 唱歌很入调或几乎不走调。
5. 能够很好地区分两个短节律是否相同。
6. 能够轻易地单靠韵律来识别熟悉的歌曲。
7. 在幼儿自然的声域范围，能唱出与乐器同样声高的声音。
8. 能够轻易地识别较高或较低的两个音调。
9. 能够轻易地识别两个简短的旋律是否相同。

2.幼儿美术活动观察评价标准

该标准由北京师范大学编制，具体内容如下（郑雪，2000）：

项目	标准	水平
构思	A. 事先构思出主题和主要内容，动手之后围绕构思进行创造。 B. 预想出局部内容，完成一项后再做新计划。 C. 动笔后构思，由动作痕迹出发，想到什么画什么。 D. 只有动作活动，没有形象创造，表现为在纸上随意涂抹或反复掰泥、撕纸。	
主动性	A. 由自身、愿望支配，自动进行美术活动。 B. 由特定材料引发，开始进行美术活动。 C. 看到别人从事美术活动，自己跟着做。 D. 在成人的要求下开始美术活动。	

续表

项目	标准	水平
兴趣性	A. 自动从事美术活动，对美术活动灌注大量热情，完全沉浸在活动之中，默默无语。 B. 欣然从命，愉快地从事活动，在做的过程中会自言自语地流露出愉快之情。 C. 对美术活动迟疑不前，活动中企图离开或张望别人做什么。 D. 拒绝参加美术活动。	
专注性	A. 能较长时间持续从事已选定的活动，不受外界的影响，有程度的标准。 B. 能在同龄幼儿一般可维持的时间内持续从事活动，中途偶有离开的现象发生，但还会自动回来，直到活动完成。 C. 需要鼓励，才能把活动进行完毕。 D. 不能把活动进行完，中途改变活动。	
独立性	A. 别出心裁地构思与利用材料进行造型。 B. 重新组织以前学过的造型式样、方法和技能进行造型。 C. 重复以前学过的造型式样、方法与技能造型。 D. 只按教师当时传授的造型式样、方法与技能造型。	
操作的熟练性	A. 掌握工具姿势正确、轻松，操作动作连贯、准确，一次完成动作，作品质量好。 B. 掌握工具姿势正确，操作动作平稳，但欠准确，中途有停顿，作品质量较好。 C. 掌握工具动作正确但笨拙，操作动作迟缓、准确性差，有失误不知，作品显得粗糙。 D. 掌握工具的姿势笨拙有误，只有重复性动作，不能完成作品。	
自我感觉	A. 自己认为很成功，主动请别人看自己的作品，并讲解作品的含义，能慷慨地将作品赠人。 B. 对自己的作品感觉满意，但不主动展示，听到别人的赞赏感到愉快，希望保留作品。 C. 认为不太成功，接受别人的看法，希望将作品交给教师。 D. 感到沮丧，对别人的反应无动于衷或抵触，对作品去向不关心或毁掉作品。	
习惯	（一）工作顺序性 A. 有顺序、有步骤地完成作品。 B. 弄错步骤，发现后主动纠正，完成作品。 C. 想到什么就做什么，混乱中完成作品，作品有缺陷。 D. 只完成局部，作品半途而废。	

续表

项目	标准	水平
	（二）保持工具材料的秩序 A. 保持工具材料的固定位置，用时取出，用后放回。 B. 大致保持原位置，错放后能找到。 C. 一片混乱，用后乱放，取时找不到。 D. 不会取放，拿到什么用什么。	

本章小结

美育是传递人的审美经验的一种教育，培养幼儿对美的事物的认识是幼儿全面发展教育的重要内容之一，《指南》中所提到的艺术领域的目的在于让每个幼儿善于在生活中发现美、感受美，乐于用自己的方式表现美。

《指南》从“感受与欣赏”“表现与创造”两个角度来阐述幼儿艺术领域的学习。其中“感受与欣赏”包括“喜欢自然界与生活中美的事物”“喜欢欣赏多种多样的艺术形式和作品”两个部分的内容；“表现与创造”包括“喜欢进行艺术活动并大胆表现”“具有初步的艺术表现与创作能力”两个部分的内容。

从《指南》的论述来看，我们应该从幼儿的兴趣出发，培养幼儿对美的感受，培养其发现美、欣赏美、创造性地表现美的能力，寻求一条更加符合幼儿身心发展规律的教育途径，让幼儿在一系列的艺术活动中体悟生命的价值。在这一理念的指引下，本章分别阐述了每部分的“发展指标”“培养策略”“课程与区角活动的关系”及“评价活动”。

参考文献：

边霞，刘丽玲.2003.关于幼儿艺术教育若干问题的对话[J].学前教育研究，（1）：56.

陈帼眉.2003.学前心理学[M].北京：人民教育出版社.

成有信.1993.教育学原理[M].郑州：河南教育出版社：394.

戴珊.1995.浅谈幼儿美感的培养[J].教育评论，（6）：75.

杭州大地幼儿园课题组.2002.幼儿艺术活动体验式课程实验研究[J].（Z1）：18.

黄人颂.1989.学前教育学[M].北京：人民教育出版社.

教育部基础教育司.2002.幼儿园教育指导纲要（试行）解读[M].南京：江苏教育出版社：141.

孔起英.2005.论同时作为目的与手段的幼儿艺术教育[J].幼儿教育，（6）.

梁志燊.2010.学前教育学[M].北京：北京师范大学出版社.

林朱彦，陈静雯，崔梓渝.2007幼儿音乐概念发展学习与多感官教学游戏应用初探[J].昆山科技大学学报，（4）：81—96.

刘剑眉.2006.5—6岁儿童绘画创作中艺术思维的过程与特点[J].学前教育研究，（6）.

潘庆戎，白丽辉.2005.幼儿心理学[M].南京：河海大学出版社：239.

[日]若井邦夫.1986.幼儿教育心理学[M].上海：华东师范大学出版社：61.

沈建洲.2002.幼儿艺术教育的性质[M].早期教育，（9）.

杨培.2008.如何培养幼儿审美表现力和创造力[J].郧阳师专报，（5）.

姚梅林.2007.幼儿教育心理学[M].北京：高等教育出版社

姚思源.1992.论音乐教育[M].北京：北京师范大学出版社：21.

[美]约翰·杜威.2001.民主主义与教育[M].王承绪，译.北京：人民教育出版社：18.

张明红，朱延麟.2000.3~6岁幼儿心理与优教[M]，上海：上海科学普及出版社：296.

张琴.2009.幼儿园区角活动的组织与指导策略探讨[J].读与写杂志，（9）：168.

周俊鸣.2000.语言、艺术教育实践篇：使艺术教育成为幼儿自我表达和表现的天地[J]幼儿教育，（5）：11.

周素珍.2007.从幼儿园区角活动看幼儿园教育改革必要性[J].内蒙古师范大学学报：教育科学版，（12）：39.

郑东明.1995.浅谈幼儿美育[M].山东教育科研，（4）：74.

Dorls Berbetl.2004.教保小小孩[M].庄享静，译. 台北：心理出版社：6.